2023 敦煌學國際聯絡委員會通訊

2023 Newsletter of International Liaison Committee
for Dunhuang Studies

高田時雄 柴劍虹
策 劃

郝春文
主 編

陳大爲
副主編

敦煌學國際聯絡委員會
中國敦煌吐魯番學會
首都師範大學古文獻研究中心
主 辦

上海古籍出版社

2023.8.上海

2023
敦煌學國際聯絡委員會通訊

目　録

學術綜述

2022 年敦煌學研究綜述 …………………… 張慧潔　郭澤志　鄭長遠（ 1 ）
2022 年吐魯番學研究綜述 …………………… 田麗妍　季煜航　王明鑫（ 41 ）

會議介紹

"敦煌多民族文化的交往交流交融"學術研討會綜述 ………… 陶蓉蓉（ 68 ）

書評

《敦煌仏頂尊勝陀羅尼経変相図の研究》評介 ……… 陳凱源　潘　颿（ 82 ）
俗字不俗：通向古代寫本研究的津梁——《敦煌俗字典》
　　（第二版）評介 ……………………………………… 喻忠傑（ 92 ）
盡精微而致廣大——楊富學著《回鶻文佛教文獻研究》
　　評介 …………………………………………………… 王紅梅（ 98 ）

出版信息

精耕學術　打造精品——寫在《法藏敦煌藏文文獻》出版
　　之後 …………………………………………………… 曾曉紅（ 103 ）
努力打造敦煌學研究高地——鄭炳林教授主編"敦煌與
　　絲綢之路研究叢書"簡介 ……………………………… 劉全波（ 110 ）
書訊二則 ……………………………………… 李　暉　康詩穎（ 114 ）

論著目録

2022 年敦煌學研究論著目録 ……………… 鄭長遠　張慧潔　郭澤志（ 116 ）

2022 年吐魯番學研究論著目録 …………… 季煜航　王明鑫　田麗妍(139)

2022 年日本敦煌學研究論著目録 …………………………… 林生海(160)

1931—2022 年粟特學研究論著目録 ……………………… 韓樹偉(168)

《敦煌學國際聯絡委員會通訊》稿約 ……………………………（193）

2022 年敦煌學研究綜述

張慧潔　郭澤志　鄭長遠（上海師範大學）

據不完全統計,2022 年度中國大陸地區出版與敦煌學相關的學術專著 50 餘部,公開發表研究論文近 400 多篇。兹分概説、歷史、社會文化、宗教、語言文字、文學、藝術、考古與文物保護、少數民族歷史語言、古籍、科技、書評與學術動態等十二個專題擇要介紹如下。

一、概　　説

本年度,敦煌學概説性研究主要涉及敦煌文獻的刊佈與整理、敦煌學學術史、敦煌學人、敦煌學理論以及敦煌學數字化建設等方面。

敦煌文獻的刊佈與整理方面。郝春文等編著的《英藏敦煌社會歷史文獻釋録》(第 18、19 卷)(社會科學文獻出版社),是對英國國家圖書館收藏的漢文非佛教文獻整理的繼續。意如、朱玉麒《中國國家博物館藏段永恩舊藏文書題跋釋録》(《中國國家博物館館刊》2022 年 4 期),對中國國家博物館收藏段永恩舊存寫本殘片册頁(藏品號 C14.1341)中所有的文書題跋予以整理並研究。文章收録敦煌吐魯番文書 145 件,其中段永恩的敦煌文書題跋改變了之前僅知其收藏吐魯番文書的片面認識,王樹柟的題跋提供了早期重要文書流傳的新信息等。段真子、意如《中國國家博物館藏 C14.1341 號册頁解題》(《敦煌吐魯番研究》第 21 卷),依照編號順序,對 C14.1341 號册頁中全部 155 件文書予以解題,説明其尺寸、寫刻時代、異文、題跋等,並對部分殘片録文。敦煌研究院《甘肅藏敦煌藏文文獻勘録》(30 卷)(甘肅民族出版社),收録的敦煌藏文文獻來自甘肅的博物館、圖書館、研究所等 14 家相關機構及 1 位私人收藏者,共編 6690 號(件)。

敦煌學學術史方面。孫寧《也談國立北平圖書館拍攝法藏敦煌文獻經費的籌措》(《古籍整理研究學刊》2022 年 5 期),敍述了 1935—1938 年國立北平圖書館積極推動法藏敦煌文獻的拍攝,可知北平圖書館與各文教組織的互動都較 1910 年代羅振玉獨力主導的被動性拍攝略勝一籌。王冀青《斯坦因所獲敦煌絹畫 Ch.0040 號〈廣目天王像〉流入印度之途徑研究》(《敦煌吐魯番研究》第 21 卷),以斯坦因所獲敦煌絹畫 Ch.0040 號《西方廣目天王毗留博叉像》爲例,介紹這幅畫在大英博物館與印度政府瓜分斯坦因搜集品過程中一度遺失的情況,及其後來失而復得、並以奇特方式流入印度的經歷。張涌泉、周思敏《李盛鐸舊藏敦煌寫卷殘斷原因新探》(《敦煌研究》2022 年 6 期),通過進一步對比寫卷的裂痕類型與毛邊、分層等信息,發現導致這批寫卷殘斷的主要原因並非李盛鐸等人的故意撕裂,而是蟲蛀鼠咬、脆裂老化、搬運顛簸等。朱若溪《道真補經目錄與敦煌藏經洞關係試探》(《敦煌研究》2022 年 6 期),指出《見一切入藏經目錄》所錄佛典在敦煌文獻中的收藏情況、敦煌文獻中遺存的道真補經成果及道真補經材料,可爲"藏經洞係道真補經處"説提供證據。宋翔《整理國故背景下的"敦煌學"》(《絲路文明》第 7 輯),認爲整理國故運動的開展,導致了學界對於敦煌寫卷價值之重估。此爲陳寅恪撰寫《〈敦煌劫餘錄〉序》時的重要學術背景。溫小寧《〈英藏敦煌文獻〉攝影記往》(《敦煌學輯刊》2022 年 4 期)對當年攝影組成員王亞蓉先生進行訪談,以紀念前輩們在《英藏敦煌文獻》攝影中做出的努力。

敦煌學人方面。有關常書鴻及其歷史事件的研究包括:常書鴻《敦煌,敦煌——常書鴻自傳》(湖南文藝出版社),記述了常書鴻的生平、大事年表和著述簡表。此外還有趙大旺《常書鴻與 1948 年的敦煌藝術展覽會》(《敦煌研究》2022 年 1 期)、馬明達《常書鴻與 1948 年南京敦煌藝展》(《暨南史學》2022 年 1 期)、馬明達《常書鴻與國立敦煌藝術研究所的創建》(《絲綢之路研究集刊》第 8 輯)等。段文傑《敦煌是我生命的全部:段文傑回憶錄》(青海人民出版社),講述了作者在敦煌莫高窟壁畫臨摹、宣傳石窟藝術、研究石窟文化、培養青年人才、擴大研究隊伍等方面付出諸多心力的故事,展示了敦煌莫高窟研究和保護的脈絡。常沙娜《花開與敦煌:常沙娜眼中的敦煌藝術》(中國青年出版社),主要分爲兩部分,第一部分選取了常沙娜關於敦煌藝術的文章,第二部分是常沙娜個人的經歷。董洪亮、王錦濤、付文、銀燕《敦煌守護人》(人民日報出版社),注重全景寫真,不僅聚焦常書鴻、段文傑、樊錦詩這些敦煌研究院"掌門人",而且把更多筆墨毫不吝嗇地獻給了一代又一代普普通通的莫高窟人。段兼善《敦煌人生:我的父親段文傑》(浙江人民出版社)是作者翻閱大量文獻、收集衆多資料、整理其父相關往來書信寫作而成。本書共分九章,完整呈現了段文傑先生在不同時期對敦煌莫高窟的守護、傳播和弘揚。朱玉麒《黃文弼與傅斯年——以史語所傅斯年檔案爲中心》(《敦煌學輯刊》2022 年 4 期),以史語所傅斯年檔案爲中心,對他們的往來書信做了箋釋,揭示了黃文弼在西安碑林期間爲史語所搜集史料、在抗戰期間爲考古報告出版奔波、在任職西北大學期間爲聘請人才而與傅斯年的交往。韓琦《建築史研究與敦煌石窟——從新史料看梁思成和伯希和的交往》(《敦煌研究》2022 年 1 期),根據新發現的信件,重現了梁思成和伯希和的交往細節以及梁思成利用敦煌石窟和壁畫進行古建築研究的歷程。高田時雄著、范麗雅譯

《伯希和與内藤湖南》(《美術大觀》2022 年 9 期),依據法、日兩國收藏的第一手史料及大量珍貴照片,追尋伯希和與内藤湖南共同點的同時,亦圍繞敦煌古文獻的研究,考察了他們之間的學術交流互動。高田時雄《内藤湖南的敦煌遺書調查及相關資料》(《絲路文明》第 7 輯),爲日文版《内藤湖南敦煌遺書調查記録》的前言部分,對收入後者的兩種目録——《清國學部所藏敦煌石室寫經翻閲目録》及《敦煌莫高窟書録》(共三種)進行解説,指出了根據這些材料可知的幾個事實。車振華《〈敦煌遺書總目索引〉擬增補"俄藏敦煌遺書目録"考略——兼論王重民、關德棟的學術交往》(《東嶽論叢》2022 年 6 期),詳述了 20 世紀 60 年代爲了完成《敦煌遺書總目索引》的修訂和增補俄藏敦煌遺書目録,王重民與關德棟先生進行的不懈努力。陳民鎮《饒學概論——饒宗頤學術思想研究》(中國社會科學出版社),對饒宗頤先生(1917—2018)在簡帛學、敦煌學等十二個領域的成就與學術思想作相對綜合的介紹,第四章爲饒宗頤的敦煌學研究與敦煌書畫。徐臻《胡適敦煌學研究在英語世界的傳播和影響》(《外語研究》2022 年 5 期),針對胡適敦煌學研究在英語世界引起的爭論,認爲更深層的原因是以 Ames 爲代表的歐美學者在學識背景和文化思潮合力作用之下與鈴木大拙的分歧。

敦煌學人文集出版方面。《寧可文集》(第一、二卷)(人民出版社),彙集了寧可先生 52 年來研究成果中的精華部分,包括四十餘篇已刊和未刊的論文,多角度多層次地闡述了相關史學問題,内容豐富,可讀性強。李偉國《中古文獻考論:以敦煌和宋代爲重心》(上海古籍出版社),是作者重要論文的結集,敦煌、宋史、墓誌、文獻四個方面。趙青山編選《隴上學人文存·鄭炳林卷》(甘肅人民出版社),選編了鄭炳林先生在敦煌文獻學、中國史學等方面的主要學術成就,並對其學術成果做了全面評價。買小英編選《隴上學人文存·馬德卷》(甘肅人民出版社),選編了馬德先生的主要學術研究成果,並對其學術成就做了比較全面的評析。張德芳《簡牘樓劄記》(鳳凰出版社),是作者近三十年學術事業的總結與回顧,凝聚了西北簡牘研究的百年滄桑,以及未來中國簡牘研究與保護的願景。游自勇《壺蘭軒雜録》(鳳凰出版社),爲著者的書評隨筆集,分舊籍新知、評書問學、講論漫談、敦煌學摭言四類,内容涉及唐代政治史、地方志史料、敦煌吐魯番學、中古民衆信仰與日常生活史等多個方面,較爲深入地反映了中國中古史研究的新課題與學界動態。

敦煌學理論方面。任光宇《科學方法、學術發現及考古學道德問題——續論敦煌學起始之"葉裴聯合發現説"的重要意義》(《社會科學論壇》2022 年 1 期),從"清之考證已是科學方法""'學術發現'須排除'行爲發現'困擾"和"斯坦因、伯希和與'考古學道德問題'"三個方面,續論新發表論文《敦煌遺書發現人暨敦煌學起始新論》和《敦煌學術史所涉早期人物整理與評議——兼論敦煌遺書發現人暨敦煌學起始》中的核心觀點。馮婧《西方寫本研究對敦煌寫本研究的啓發——以實物寫本學、比較寫本學爲例》(《敦煌吐魯番研究》第 21 卷),介紹了西方寫本研究的基本内容,並主要從實物寫本學與比較寫本學兩個方面結合已有探究,討論其對敦煌寫本研究的激發。孫寶岩《敦煌學或石窟研究論著編輯中常見問題探究》(《敦煌學輯刊》2022 年 1 期),對編輯敦煌學及石窟研究論著時最爲常見的問題做出了解答,包括石窟結構、遺存的描述問題;壁畫名稱要不要加書名號的問題;人名、術語的統一問題等。以上學者從敦煌學方法論的角度剖析問題,推陳出新,助推敦煌學更好發展。

敦煌數字化方面。羅華慶、楊雪梅、俞天秀《流失海外敦煌文物數字化復原項目概述》(《敦煌研究》2022 年 1 期),論證了流失海外敦煌文物數字化復原的總體目標、實施原則、數字化標準、數字資源獲取模式和實施步驟等内容。吳健《文化遺產數字藝術呈現出新模式——以數字敦煌展陳理念與視覺傳達爲例》(《美術觀察》2022 年 10 期),探索了文化遺產數字藝術呈現新模式,及其形成的新方法、新理念,並以數字敦煌展示爲例,總結了數字敦煌與敦煌石窟的藝術展覽歷史,以及敦煌石窟數字化取得的成果。王巧雯、張加萬《"數字壁畫建築"敦煌壁畫中建築的數字化構建——以敦煌莫高窟第 361 窟南壁西起第一鋪壁畫圖像中佛寺建築爲例》(《敦煌研究》2022 年 2 期),以敦煌壁畫中的建築爲例,結合中國唐代古典建築特點,提出了一種從二維壁畫圖像到三維信息模型的數字化技術方法。鞏一璞、王小偉、王濟民、王順仁《命名實體識別技術在"數字敦煌"中的應用研究》(《敦煌研究》2022 年 2 期),針對"數字敦煌"項目應用命名實體識別技術存在的實體邊界難以確定等問題,提出基於 BERT-BiLSTM-CRF 的命名實體識別基本方法和基於 Multi-digraph 的詞彙增強方法。許麗鵬、吳健、俞天秀、丁曉宏《莫高窟第 172 窟北壁建築圖像的三維數字化呈現》(《文物保護與考古科學》2022 年 1 期),綜合史料進行基於有限數據資料與結構邏輯推導的推測性研究,並集成運用影像處理軟件和三維建模軟件,建立了其三維彩色模型,實現了壁畫中的建築圖像從二維到三維的虛擬轉變,再現壁畫中的建築形象。

另有綜合性敦煌學著作出版方面。榮新江《從張騫到馬可·波羅:絲綢之路十八講》(江西人民出版社),通過對絲綢之路的走向、城鎮、戰事、物質交流、人口流動、政權與聚落、考古發掘與文化遺存等 18 個問題的分析,闡述了絲綢之路在中外文明交流互鑒中的輝煌歷史。榮新江主編《絲綢之路上的中華文明》(商務印書館),是北京大學國際漢學家研修基地主持的"中華文明傳播史"項目的組成部分,學者們就"絲綢之路上的中華文明"這一範圍廣泛的論題進行專題研討。邢耀龍《敦煌大歷史》(北京聯合出版公司),是一部面向普通讀者的敦煌歷史文化通俗讀物。沿著時間脈絡,講述各個時期敦煌相關的重要人物和故事,同時融入了最新的學術進展。

二、歷　　史

本年度有關敦煌歷史的成果主要集中於政治史、經濟史、西北史地等研究領域。

政治史研究方面,包括政治事件與政治制度、敦煌大族等研究面向。有關政治事件的研究。魏睿驁《大中初年張議潮遣使活動探究——以 P.2686V、P.3481Vc 爲中心》(《敦煌學輯刊》2022 年 1 期),根據兩件文書內容,指出張議潮採取兩邊通好的政策,直到唐廷在沙州置歸義軍後,張議潮才完全打出反抗吐蕃的大旗。趙世金《"北周迎后"及北周政權對甘州的經略——以碑刻史料爲中心》(《敦煌學輯刊》2022 年 2 期),根據碑石文獻,對"北周迎后"的時間、地點、人物等進行考證。孫培崗《咸通初年歸義軍與唐朝關係新探——〈裴識墓誌〉再考釋》(《蘭州大學學報》2022 年 6 期),研究發現《裴識墓誌》中記載了裴識在靈武節度使任上的事蹟,並指出在涼州收復前後的咸通初年,歸義軍與唐朝的關係很融洽,唐朝一直在努力接應歸義軍。何美峰《俄藏敦煌文獻 Дx.06031 號文書研究》(《黑龍江社會科學》2022 年 1 期),指出俄藏敦煌文獻 Дx.06031 號文書實爲唐代歸義軍進奏院上給當道長官的狀文,並對文書作者、寫作時間、內容等進行考述。陸離《吐蕃統治河隴西域時期節度使相關問題考論》(《中國邊疆史地研究》2022 年 4 期),辨析吐蕃東道節度使、河州節度使、東鄙五道節度使、五道防務相等性質和權責範圍。米文靖《以姻親視角看歸義軍張氏政權的興衰》(《西夏研究》2022 年 2 期),考察歸義軍張氏統治時期,因張謙逸、張淮深和張淮鼎、張奉承時期各位統治者聯姻對象身份的不同,造成截然不同的政治結局。

有關政治制度的考論方面。吳麗娛《敦煌 BD09349A 號殘卷爭議與開元宗廟禮復原》(《敦煌吐魯番研究》第 21 卷),從宗廟時享儀和禘祫儀的特色出發,對國圖藏敦煌 BD09349A《大唐開元禮》殘卷再次作了考察和分析,並指出對卷子的整理不能忽略禮制的要求。趙耀文《法藏 P.T.1190 漢文書殘片考釋——兼論發文機構與"肅州之印"的相關問題》(《敦煌學輯刊》2022 年 1 期),考釋法藏 P.T.1190 漢文書殘片鈐"肅州之印",根據文書內容進行定名、鑒定文書性質,展現了文書行政背景下,未置印使職履職的基本情況。管俊瑋《從國圖藏 BD11178 等文書看唐代公文鈐印流程》(《文獻》2022 年 1 期),

利用 BD11178 等文書,對唐代四等官制下公文鈐印的一般流程進行復原。王使臻《敦煌公文研究》(光明日報出版社),從公文傳遞方式的下行、上行和平行出發,對敦煌文書裏的公文進行了文體基礎上的研究,對各體公文所蘊含的唐宋時代政治、軍事、文化、地方社會治理等信息進行了解析。張雨《法藏 P.4745 寫本所見總管府三官考》(《敦煌吐魯番研究》第 21 卷),對法藏 P.4745 號文書中涉及總管府的官制信息進行分析,依據構成律疏所引"依式,周、隋官亦聽成蔭"的原則,推測原始詔敕的頒佈年代上限不早於武德四年,下限不晚於武德九年。大西磨希子著、李孝峰譯《綴織當麻曼荼羅與唐王朝——敦煌發現的宮廷寫經與諸州官寺制度》(《絲綢之路研究集刊》第 8 輯),指出綴織當麻曼荼羅中的題記,傳入日本後再添加的可能性極大,故不能判斷爲日本製作。認爲其是在諸州官寺制度下,一件出自宮廷作坊少府監的遺存品。

敦煌大族研究方面。李賀《敦煌儒宗周生烈生平著述探賾》(《敦煌研究》2022 年 6 期),指出在漢末至曹魏黃初前後時代背景下,周生烈的思想主張並未引起廣泛重視,其著述也主要在關隴一帶流傳,然其人其書在整個中國古代經學史和思想史上卻有不容忽視的地位和價值。侯旭東《東漢〈曹全碑〉"敦煌效穀人也"發微——兼論家族研究的視角》(《學術月刊》2022 年 7 期),部分重建了曹氏生活與發展的效穀縣的歷史,並探索當地人的仕進方式與儒學發展的途徑。另外,該文還指出家族史研究更多關注普通庶民家庭家族發展的途徑以及家族研究的可能性。錢伯泉《敦煌張氏家族和高昌張氏家族的關係》(《吐魯番學研究》2022 年 1 期),探討了敦煌張氏家族和高昌張氏家族的淵源,研究了隋唐時期這兩大家族的親密關係,並且論證了這種親密關係對麴氏王朝高昌國和唐朝西州地區政治、經濟、文化和社會習俗所產生的巨大影響。邵郁《出土石刻與晉唐時期武威陰鏗家族研究》(《敦煌學輯刊》2022 年 3 期),通過對新出墓誌碑刻等諸多陰鏗家族科第仕宦及婚姻材料的考察,指出陰氏家族在晉唐時期不僅具有較高的家族地位,其家族文學活動的繁榮正是河西文化與中原文化良性互動的一個鮮活的樣本。周倩倩《7—10 世紀敦煌地區慕容氏研究》(蘭州大學博士學位論文),對 7—10 世紀敦煌地區的吐谷渾王室後裔慕容氏進行研究,包括其對歸義軍政權的軍事支持、聯姻、佛教活動等。

經濟史方面。陳雙印《敦煌西漢金山國人口及其出現低谷原因蠡測》(《敦煌研究》2022 年 6 期),根據敦煌文獻的記載,指出金山國後期出現人口低谷的主要原因是張氏歸義軍時期的軍事行動、戍守和移民屯駐的策略,加之張淮深統治後期歸義軍高層一系列權力更迭的殘忍滅根行爲等。圍繞西漢敦煌郡的商貿、水利、畜牧業等經濟生產方式的研究也取得了新的進展。

如鄭炳林、張静怡《西漢敦煌郡西域間駿馬貿易與李廣利征大宛》(《敦煌研究》2022 年 1 期),論述西漢西域間的駿馬貿易以敦煌郡爲中轉站進入中原的歷史過程及其影響。鄭炳林、許程諾《西漢敦煌郡的水利灌溉研究》(《敦煌研究》2022 年 4 期),認爲唐宋敦煌水渠的歷史基本上都可以溯源到西漢,西漢以後的敦煌歷屆政府僅僅在西漢的基礎上進行完善而已。鄭炳林、張静怡《西漢敦煌郡畜牧業産品的生産與銷售:以敦煌出土簡牘文獻爲中心》(《絲路文明》第 7 輯),描繪了西漢時期敦煌郡的社會經濟風貌。伊寶、高策《從壁畫中的"耕犁圖"看唐宋犁型之變兼論山西 X 型山地犁成因》(《科學技術哲學研究》2022 年 3 期),以新發現的山西高平開化寺宋代"X 型穿轅犁"爲例,闡明山地鐵轅犁在北方盛行的原因,對中國農具自身發展過程中最爲重要的"基因"適應與技術演進的"悖論"關係加以梳理訂正。

經濟史文書方面。趙貞《國家圖書館藏 BD16147A〈開元户籍〉考釋》(《唐宋歷史評論》第 10 輯),認爲 BD16147A 文書可定名爲《唐開元十九年(731)沙州敦煌縣籍》,其中保存的"中男妻"和貌閲的信息,可進一步探討唐代造籍年次、身份注記和貌閲制度等方面。王祥偉《再論敦煌寫本"便物曆"的起源與性質——與簡牘資料的比較研究》(《中國經濟史研究》2022 年 4 期),指出便物曆與契約在功能和性質方面密切相關,雙方功能相當,性質也是統一的。潘春輝、趙雪静《歸義軍時期敦煌貸絹契研究》(《石河子大學學報》2022 年 3 期),在對敦煌文獻中的 30 餘件貸絹契全面整理的基礎上,對其産生、書寫格式、貸絹利息和違約賠償等問題進行討論。黄正建《敦煌經濟文書中的"格"》(《敦煌研究》2022 年 5 期),對敦煌經濟文書中出現的三種"格"的用例進行分析,並指出這三種用例的格似乎均非"詔敕編輯類"性質的格。

西北史地方面。鄭炳林、司豪强《西漢敦煌居盧訾倉城修築與歸屬》(《敦煌學輯刊》2022 年 1 期),分析居盧訾倉的位置很可能是大方盤城遺址所在,將居盧訾倉及其附屬漕運系統工程大致分爲兩個階段,並分析其工程對於西漢政府的意義。魏迎春、鄭炳林《西漢敦煌郡通西域南道與對鄯善的經營》(《敦煌學輯刊》2022 年 2 期),論述自漢武帝置敦煌郡、酒泉郡之後,敦煌逐漸成爲通西域的門户,當時通西域有南北兩道,南道是通西域的主要路綫;控制南道重要城市鄯善後,進行屯田及相關制度的營建,鄯善成爲爲往來使者提供飲食的主要地點。魏迎春、鄭炳林《西漢時期的玉門關及其性質——基於史籍和出土文獻的考論》(《寧夏社會科學》2022 年 3 期),認爲漢武帝太初三年至四年間,玉門關遷徙到敦煌西部,大約在西漢陽關的位置;漢武帝後元年間遷徙到敦煌郡西北一百六十里的地方,而原來玉門關所在的關隘改名爲陽關。從此以後玉門關成爲一個軍事關口,陽關成爲一個通使爲主的關隘。侯楊方、賈强、楊林《唐玉門關位置與玄奘偷渡路綫的精準復原》(《歷史地理研究》2022 年 3 期),考察《大慈恩寺三藏法師傳》相關内容,結合蘇聯軍事地圖以及實地考察,推測小宛城遺址可能就是符合玄奘記録的唐代玉門關舊址。黃字超《懸泉里程簡所見河西驛道與政區再議》(《歷史地理研究》2022 年 3 期),指出懸泉漢簡ⅡT0214(1):130 和ⅤT1611(3):39 所載道路里程與路綫可以進行比較與演算,大致復原出簡ⅡT0214(1):130 的完整面貌,以及兩簡共同反映出西漢某一時期河西的部分驛道與政區情況。

楊富學、熊一瑋《"敦煌"得名考原》(《敦煌研究》2022 年 2 期),認爲"敦煌"之名應爲突厥語。tawuz,意爲"瓜"或"西瓜",敦煌古以産瓜聞名而被稱作瓜州,敦煌可以解釋爲突厥語 tawuz 的音譯。楊富學《霍去病征祁連山路綫與月氏故地考辨》(《暨南學報》2022 年 7 期),對應居延和懸泉里程簡,考證霍去病西征經過的五個地名,即鈞耆水、居延水、小月氏、祁連山、觻得,並認爲居延實際在甘肅省景泰縣境内,月氏的故地當在河西而非新疆東天山地區,霍去病所攻之祁連山亦在河西而非東天山。

劉振剛結合敦煌寫本對《貞元十道録》和《諸道山河地名要略》等史地典籍進行研究:《敦煌寫本 P.2522 的性質及〈貞元十道録〉逸文問題》(《敦煌研究》2022 年 1 期),認爲敦煌寫本 P.2522 不應該是《貞元十道録》或其縮編本,並對《太平寰宇記》中引用《貞元十道録》的内容予以辨析;《敦煌寫本〈諸道山河地名要略〉殘卷的編次及史源問題》(《敦煌學輯刊》2022 年 3 期),認爲敦煌寫本 P.2511 可能是《諸道山河地名要略》卷二河東道部分州的摘録本,並分析編撰此書的材料來源,認爲編撰目的是使之適合作爲唐宣宗處理地方政務的工作指南,指出 P.2511 抄寫應該有實用主義的印記;《韋澳〈諸道山河地名要略〉的創作及流傳問題》(《古籍整理研究學刊》2022 年 1 期),認爲原書的宫廷寫本可能在靖康之難已經亡佚,敦煌寫本 P.2511《諸道山河地名要略第二》的體例與原本已有差異;《敦煌本〈諸道山河地名要略〉井谷關考索》(《中國歷史地理論叢》2022 年 2 期),通過追溯史源,辨析井谷關應該是其本名。

唐納德·洛佩兹著、馮立君譯《慧超的旅行》(社會科學文獻出版社),利用慧超旅行回憶録《往五天竺國傳》中幸存的片段,以及其他的文本和視覺來源,考察慧超在 8 世紀從地平綫到地平綫,從東方的朝鮮半島到西方的阿拉伯半島,踏查佛教世界的行旅。向達著,劉進寶、劉波編《中西交通與西北史地研究》(浙江大學出版社),收録向達先生關於中西交通史、西北史地與敦煌學研究方面的代表性論著 20 餘種,包括《中外交通小史》和《中西交通史》,以及敦煌學、西北史地考察研究、中西交通文獻研究的系列論文。

三、社 會 文 化

本年度有關社會文化的成果主要涉及童蒙教育、社會生活、文化習俗、術數占卜等方面。

童蒙教育方面。金瀅坤圍繞敦煌蒙書《武王家教》闡述唐代教育相關問題，撰寫了《敦煌蒙書〈武王家教〉中唐代童蒙"形象"教育解析——以"八賤"爲中心》(《浙江師範大學學報》2022 年 6 期)和《敦煌蒙書〈武王家教〉與唐代家教中的"人倫"教育解析——以"五逆"爲中心》(《社會科學戰綫》2022 年 12 期)兩文。任占鵬《晚唐姓氏教材〈敦煌百家姓〉的編撰特點與學習方式探析——兼論其與〈蒼頡篇〉〈急就篇〉〈百家姓〉的關聯》(《敦煌吐魯番研究》第 21 卷)，推測《敦煌百家姓》與吳越地區《百家姓》沒有相互影響，而是有共同的源流，都是在《蒼頡篇》和唐代姓望書的影響下，先後在當地形成的姓氏教材，並分析了當時姓氏的學習方式。任占鵬《從"順朱"到"描朱"看學童習字方法的演進——以習字蒙書〈上大人〉爲中心》(《首都師範大學學報》2022 年 1 期)，指出唐五代時期學童習字普遍使用"順朱"，即對範字的臨寫，到宋以後重在"描""摹"的"描朱"成爲習字常態。吳元元《敦煌蒙書〈兔園策府〉的流傳與散佚》(《中國考試》2022 年 4 期)，分析《兔園策府》由科舉參考書到童蒙教材的轉變，及其直至最終亡佚的歷史過程及其原因。李殷《禮俗之間：唐代的女教倫理與敦煌蒙書的女子教育》(《江西社會科學》2022 年 1 期)，認爲以《辯才家教》與《崔氏訓女文》爲中心的敦煌寫卷基本遵循了儒家思想對女子的塑造與規範，對女子的引導更多注重對女子日常行爲的規範與倫理道德的養成。常蓋心《敦煌本〈千字文注〉之編撰特徵——兼與上野本〈注千字文〉比較》(《敦煌學輯刊》2022 年 1 期)，指出敦煌本《千字文注》的主要注釋方式與上野本《注千字文》相似，但在具體編撰方式上多有增補和創新，體現了唐代社會文化的新風尚，成書時間大約在唐玄宗之後到吐蕃佔領敦煌時期。

社會生活方面。買小英《論 8 至 10 世紀敦煌家庭中的主僕關係》(《敦煌研究》2022 年 4 期)，通過對 8—10 世紀敦煌文書中所反映的主僕關係的探索，把握敦煌家庭中的倫理道德觀念和敦煌社會中的倫理關係架構。姚磊《〈肩水金關漢簡〉所見女性史料研究》(《敦煌研究》2022 年 6 期)，分析肩水金關漢簡中反映的"妻隨夫姓"風俗及女性婚育年齡、產後休息周期、休妾文書、女奴生活等社會問題。楊寶玉《從敦煌文書看群學民間化》(《中國社會學史》第 3 卷)，闡明唐五代宋初時基層社會構建的契約秩序，探討了具有經世致用特性的群學思想在民間社會中的應用與影響，並進一步指出在中國古典社會學即群學演進史的角度中,敦煌文書的學術價值還鮮受關注。楊秀清《唐宋時期敦煌大眾的知識與思想》(甘肅人民出版社),通過社會大眾文化背景的宏觀視野與新材料所展示的典型微觀案例分析,以唐宋時期的敦煌地區爲個案進行大眾思想史研究,圍繞唐宋時期敦煌大眾的知識、思想、觀念、信仰、習俗等來探求當時當地的文化特徵。胡同慶、王義芝《故事裏的敦煌:敦煌壁畫中的婦女生活》(甘肅文化出版社),利用敦煌壁畫中所描繪的女性形象,從不同角度、不同層面反映我國古代婦女的精神、文化和生活狀況。

文化習俗方面。趙聲良主編《敦煌歲時節令》(江蘇鳳凰美術出版社),以"傳承、人文、詩意、生活"爲核心理念,將古人的智慧成果引入現代人的生活,將中國傳統節日、二十四節氣與敦煌壁畫、塑像、文獻資料相結合,介紹當前的歲時節令意義、習俗等,多學科協同深入挖掘敦煌文化的多元價值。伏俊璉、周奉真《甘肅文化史》(中華書局),梳理了我國甘肅省有代表性的地方文化史,分爲十一章:甘肅史前文化、中華根祖文化、甘肅周秦文化、甘肅古代民族文化、絲綢之路黃金段的文化交流和文明呈現、長城文化及尚武傳統、敦煌文化、甘肅古代寫本文化等。魏迎春、朱國立《敦煌節日風俗所見多民族文化交融》(《西北大學學報》2022 年 6 期),指出敦煌的節日風俗集中展現了各族人民的宗教、文化、信仰,形成了多元一體、交融共生的民族和文化格局。鄭志剛《敦煌歌辭〈泛龍舟〉與龍舟的源流》(《敦煌學輯刊》2022 年 1 期),論證了"鳥舟"到"鳳舟",再到端午節日的龍舟競渡的嬗變歷程,論述了龍舟競渡是一種複雜的民俗龍舟系統構成的"禳災"儀式。石江年、柳西江《歸義軍統治時期敦煌民間體育考論》(《河西學院學報》2022 年 5 期),初步探討歸義軍時期敦煌體育的發展特徵:濃郁的地域性、神秘的宗教性、強烈的民族性和多元共生的文化性,指出歸義軍時期的敦煌體育多與當地的民俗節令有關。王澤湘《敦煌歌辭中的體育研究》(《敦煌學輯刊》2022 年 1 期),將敦煌歌辭中涉及的體育活動予以分類並釋義,基本分爲三類:遊戲類、休閒娛樂類、體育競技類,認爲相關記載也反映了古人的價值觀、人生觀、世界觀。嚴世偉《禪茶源流新考——從〈歷代法寶記〉談起》(《敦煌研究》2022 年 3 期),利用敦煌文獻《歷代法寶記》解讀禪茶文化史,梳理禪宗典籍,指出巴蜀地區是茶樹的原産地和飲茶之風的起源地,各地的飲茶之風均與巴蜀地區息息相關。邵小龍《山一程,水一程——幾件敦煌集部寫本的喪葬儀式解讀》(《古典文學知識》2022 年 5 期),指出文詞在祭祀當中,至少在唐五代敦煌喪祭中,是一種重要的資源,是溝通生者與逝者的良媒。吳浩軍《另類寫本:流傳的限定性和空間的封閉性——以敦煌吐魯番喪葬文書爲中心》(《河西學院學報》2022 年 3 期),指出與陽間的刻本文獻和一般的寫本文獻相比,喪葬文書具有流傳的限定性和空間的封閉性。沙琛喬、陳國科、劉兵兵《甘肅武威唐代吐谷渾王族墓葬群殉牲習俗初探》(《敦煌研究》2022 年 4 期),總結出武威地區唐代吐谷渾王族墓葬的殉牲習俗以殉馬習俗爲主,其習俗受到了鮮卑和吐蕃殉牲的影響,具有很强的融合性。

術數占卜方面。鄧文寬《敦煌數術文獻中的"建除"》(《敦煌吐魯番研究》第 21 卷),對"建除"的功用進行分析:"建除"最初設計僅僅是用於選擇吉日良辰,到了中古時期,向術數文化的各個領域延伸開去。現在"建除"的功用又回歸到了選擇吉日良辰的原始用途。趙貞《歸義軍時期陰陽術數典籍的傳抄與占卜實踐》(《敦煌吐魯番研究》第 21 卷),梳理了歸義軍時期陰陽術數典籍傳抄,結合敦煌民衆的社會生活,討論陰陽術數典籍的社會文化價值。朱思奇、陳乙藝《敦煌 P.2668〈十夢〉及十夢壁畫榜題相關問題補論》(《敦煌吐魯番研究》第 21 卷),對 P.2668《十夢》榜題抄本性質,與《付法藏人傳》等榜題及敦煌夢書的關係予以討論,認爲《十夢》榜題反映著漢地信衆對末法時代的本土化接受。余欣《讖緯研究的方術進路:以〈龍魚河圖〉考索爲例》(《中華文史論叢》2022 年 3 期),提出讖緯研究的方術進路,以《龍魚河圖》爲個案展開"知識視域中緯書綜合研究",考察其基本性格的成立、文本構造的知識譜系源流與方術形態面向及其社會歷史意義,探索構築讖緯研究新基盤的可能性。劉英華、楊寶玉《P.t.351、P.t.1049〈景教卜辭〉〈鴉鳴占〉綴合與研究》(《國學學刊》2022 年 1 期),論證了 P.t.351+P.t.1049v 可綴合爲一篇完整的《景教卜辭》、P.t.351v+P.t.1049 可綴合爲一篇首尾齊全、中間略有缺損的《鴉鳴占卜書》,並繼而校録了各自綴合部位的主要文句。著者認爲抄存的《景教卜辭》《鴉鳴占》是中外文化交流和外來文化本土化的文獻例證。楊寶玉《敦煌文書 IOLJ763、P.T.1047 所抄漢文佛經、藏文占卜書綴合與研究》(《西域歷史語言研究集刊》2022 年第 1 輯),對敦煌文書 IOLJ763、P.T.1047 所抄內容予以綴合並提出新見解。范英傑《西涼亡國夢讖新解》(《歷史文獻研究》2022 年 1 期),認爲西涼亡國史事中,有關夢讖及附帶異象的書寫頗值得關注,是中古陰陽五行說及災異理論的一則生動案例。江牧、陳蜜《敦煌本宅經吉法佈局的空間實踐研究》(《創意與設計》2022 年 6 期),對敦煌本宅經中的陰陽、五姓、八卦宅佈局法在分類方式、吉凶標準、實踐流程方面的明顯差異和整體性原則進行分析。

四、宗　　教

本年度敦煌學宗教研究的相關成果主要涉及佛教、道教、祆教、景教、摩尼教、苯教等。

　　佛教方面的研究主要包括佛教信仰、佛教經典、佛教儀軌、僧尼生活等研究方面。

　　佛教信仰研究方面。劉屹《何謂"末法"——對一些誤解的辨析》(《敦煌研究》2022 年 1 期),辨析了印度佛教、中國佛教關於"末法"時期的不同看法。指出日本佛教受中國佛教的影響,且"末法"意識對日本佛教和社會影響深刻,20 世紀初期日本佛教學者對"末法"的認知,影響了他們對中國歷史上"末法思想"的理解,也造成對"末法"概念産生種種誤解。陳凱源《從寫經題記看敦煌地區的佛頂尊勝陀羅尼信仰》(《史志學刊》2022 年 5 期),總結敦煌佛頂尊勝陀羅尼信仰具有信仰群體的廣泛性、信仰動機的功利性以及與佛教其他信仰的交融性等特點。張海娟、胡小鵬《蒙元時期河西地區的文殊信仰初探——以出土文物爲中心》(《敦煌研究》2022 年 3 期),探究蒙元時期河西地區文殊信仰弘盛的原因:文殊信仰的護國護身性質既滿足了人們尋求宗教庇佑的精神訴求,又適應了統治者以佛教强化其世俗王權的政治需要;漢—藏佛教體制雙力助推;唐末五代以降河西民族交融與文化互鑒的影響。張海娟《文化交融視閾下的 11—14 世紀河西熾盛光佛信仰探析》(《西夏學》2022 年 1 期),認爲 11—14 世紀,熾盛光佛崇拜於河西地區的發展嬗變歷久彌新。究其緣由,概爲佛教文化傳統的承繼與多民族交流交融;道教信仰、原始宗教崇拜與佛教文化的融攝交匯;自然生態與社會環境的現實驅動等。王晶波、江曄《中古冥報説與佛教罪罰觀念的倫理化、世俗化》(《敦煌學輯刊》2022 年 2 期),指出南北朝隋唐時期,在中國文化的滲透影響下,佛教的罪罰觀念出現了倫理化與世俗化特點。《佛説十王經》等一類僞經,進一步造成了世俗佛教中罪罰與善惡報應觀念的混亂。陳旭、姚泓澤《敦煌契約文書所見民衆佛教信仰》(《西夏研究》2022 年 4 期),指出唐宋時期敦煌佛教在傳播過程中逐漸世俗化,業報輪回、因果報應等原始佛教思想在爲民衆所知的同時,也改變了民衆對生死的認知模式和日常生活方式。孫英剛《中古政治史上的月光童子》(《中國史研究》2022 年 1 期),通過中古時期諸多個案廓清月光童子基本的宗教意涵和政治角色,包括敦煌發現的《首羅比丘經》、莫高窟第 275 窟壁畫中的月光王舍頭布施的故事等,認爲月光童子轉世於中土爲轉輪王的預言,是轉輪王信仰結合了中古時期中國本土具體情況,發展出來的一套適應中土政治要求的新説法。

　　佛教經典研究方面。郭丹《俄藏 Ф.341〈長阿含經〉出土地探源——基於 LD489302、SH.1538、SH.1653 及梁玉書、王樹枏題跋的考察》(《敦煌吐魯番研究》第 21 卷),發現俄藏 Ф.341《長阿含經》與 LD4983－02 可以綴合,並發現多個《長阿含經》寫本殘本筆蹟與以上兩個文書相同,進一步將 24 個同類寫本的出土地鎖定在吐魯番而非敦煌。方一新、稽華燁《從敦煌寫本看現存〈普曜經〉的翻譯及流傳》(《敦煌研究》2022 年 1 期),以敦煌寫本(共 10 號)爲中心探究《普曜經》翻譯來源及翻譯完成後的流傳情況。釋慧正《敦煌寫本〈六祖壇經〉校注拾遺》(《敦煌研究》2022 年 6 期),從語言學和佛學兩個角度,對經文校改進行分析,梳理出校注敦煌本《壇經》的五條原則,並從佛教義理方面予以闡釋。沈秋之《啓功舊藏〈佛説觀佛三昧海經〉殘卷整理研究》(《敦煌研究》2022 年 6 期),通過内容、磣口、行款、字蹟等因素的對比,指出該寫卷可與國圖藏 BD10672 殘卷綴合,從而證明了其爲敦煌藏經洞之物,並判斷寫卷年代。

夏德美《東亞佛教視野中的義寂〈菩薩戒本疏〉》(《中國史研究》2022 年 2 期),認爲新羅僧人義寂的代表作《菩薩戒本疏》既堅持法相宗承繼瑜伽行派的"五種姓"説,與"衆生皆有佛性"的佛教主流思潮唱反調,又融合其他各派宗師的菩薩戒思想,形成了特色鮮明、條理清晰、適應範圍廣的菩薩戒理論,對東亞佛教產生重要、深遠的影響。孫英剛、朱小巧《"離貓爲你守四方"——〈大雲經神皇授記義疏〉中的武則天》(《社會科學戰綫》2022 年 2 期),認爲敦煌文獻中的《大雲經神皇授記義疏》是武則天上臺過程中頒行到各州的宣傳文本,反映了當時政治理論和政治運作的實態。該文本保存了武則天及其支持者進行理論探索的最初嘗試。李子捷、程恭讓《敦煌寫本S.6388〈勝鬘經疏〉的種性與如來藏思想》(《五臺山研究》2022 年 1 期),研究了敦煌寫本 S.6388 及其作者的佛教思想。張雨《法藏 P.4745V〈觀心論〉寫本殘卷録校及研究》(《法音》2022 年 6 期),認爲 P.4745V《觀心論》抄寫年代不晚於 8 世紀前期,是現存敦煌諸本中年代最早者,並確信 P.4745V 代表的是一個獨立的版本系統。

張總《新見〈十王經〉所示之拓展變化》(《佛學研究》2022 年 1 期),通過陝西與浙江新發現塔藏《十王經》與敦煌藏經洞經本詳校,既比定出早期經本類型,還表明耀州本具文偈本與圖贊本的過渡形態。台州本經題與平等王之稱體現了與海東本傳承關係。西藏文文本與西夏文文本之發現更説明其發展變化,從而爲《十王經》之研究開闢出新境界。張總《依敦煌本綴理耀州〈十王經〉新得——兼及相關文獻整理方法》(《敦煌研究》2022 年 5 期),根據豐富的敦煌本内容,綴合耀州本,力求理出其經本類型,分析其與敦煌本的差異,比定出其過渡類型、原創元素的狀態。計曉雲《孤本〈浄土盂蘭盆經〉(P.2185 號)研究》(《浙江大學學報》2022 年 3 期),研究法藏 P.2185 號敦煌寫卷《浄土盂蘭盆經》的編撰取材以及編纂後的多方面影響。徐漢傑《試論佛教僞經〈浄土盂蘭盆經〉的價值及其影響》(《敦煌研究》2022 年 3 期),分析了唐代僞經《净土盂蘭盆經》的出現對盂蘭盆儀式和盂蘭盆文獻産生的深遠影響。徐漢傑《佛教疑僞經與中古民間社會》（蘭州大學博士學位論文），指出作爲外來思想與本土文化融合後的産物，疑僞經的出現拉近了普通民衆與佛教的距離，標誌著佛教的中國化與世俗化進入了一個嶄新階段。

佛教儀軌研究方面。李翎《何謂錫杖——圖像與文獻的對比研究》（《敦煌研究》2022 年 1 期），以中國僧人錫杖與印度樣式的差距爲切入點，考證錫杖原始的樣式及中國化之後，如何從實用具演變爲僧人威儀，進而成爲佛教儀式用具。余欣《物質性·儀式性·藝術表現：經巾在中古佛道二教中的信仰實踐》（《世界宗教研究》2022 年 6 期），解明經巾的淵源、材質、形制、功能、使用方式，指出經巾爲佛道二教宗教實踐所共用。進而探討宗教器物的符號性、儀式性與供養實踐的關係，並在方法論上提出開拓寫本文化與器物研究新面向的思考。于薇《佛教儀式與城市空間——以中古時期的行像與行城活動爲中心》（《美術研究》2022 年 6 期），不同於過往研究圍繞敦煌文書中對行城儀式具體規定的研究，作者從儀式空間及具體過程入手，分析儀式在行進路綫上的不同特徵及象徵性，説明中亞地區關於聖物的展示及供養儀式，可能是中國境内早期行像儀式的來源之一。同時，指出佛教行像儀式也作爲溝通宗教與政治空間的獨特媒介。周奇《唐代的度牒文書》（《史林》2022 年 3 期），依據中外各種史料記載和實物遺存對唐代度牒文書樣式進行復原，更好地理解度牒的相關功能，還指出了敦煌地區存在一種非中央主管機構——歸義軍政權頒發的批准入度牒文的情況。

僧尼生活方面。武紹衛《唐後期五代宋初敦煌沙彌的學習與培養——以佛典的學習與閱讀爲中心》（《隋唐遼宋金元史論叢》第 12 輯），將沙彌的培養和閱讀分爲一般的文化教育和專門的佛事教育。同時，指出並非所有的沙彌都有機會獲得進入此類佛事教育的機會。武紹衛《從讀經、抄經到解經：敦煌僧人經典的傳與習——以敦煌摘抄經爲中心》（《寫本學研究》第 2 輯），認爲摘録式抄經是僧衆自主進行經典學習的表現，故而更能反映出僧衆的學習修行過程，其也有不同的層次，可以反映出僧人學習的進階過程。石小英《淺談隋唐時期尼僧的養老與喪葬》（《宗教學研究》2022 年 4 期），指出隋唐時期尼僧養老和喪葬方式在印度佛教基礎上走向多元化，還探究了喪葬承辦者和參與者、喪葬規格和喪葬地點等内容。王祥偉《唐宋時期敦煌佛教的教化勸施活動》（《法音》2022 年 4 期），通過考察敦煌寺院會計文書和佛教歌辭文書中關於教化勸施的記載，指出其目的多是出於修造寺院、石窟及水利設施等的需要，並没有成爲寺院和僧團的主要經濟來源、甚至積累大量財富，所以教化勸施活動並未被敦煌統治者明令禁止。

道教方面。張鵬《敦煌本〈登真隱訣〉考論》(《世界宗教文化》2022 年 1 期),考證敦煌寫本 P.2732 是《登真隱訣》卷中之佚文,指出結合道藏本與敦煌本的内容與體例,可進一步還原《登真隱訣》卷中"五十二事"内容。高興福《宋文明敦煌古靈寶經目的形成及演變》(《宗教學研究》2022 年 4 期),認爲古靈寶經的出世絕不是一時一人造作的結果。古靈寶經目的形成也應有一個不斷演進的過程。此外,漢晉時期的佛道關係與古靈寶經的形成理應成爲考察的重要視角。郜同麟《從敦煌文獻看中古道經對佛經的吸收與揚棄》(《中國俗文化研究》21 輯),通過梳理道教文獻的演變過程,指出 5 世紀以來,道教爲回應佛教的攻擊,開始大量删改道經中的佛教内容,這種删改是隨意而無組織的,方式之一是佛教術語的本土化。然而,道經對佛經的吸收並未中止。趙雅辭《從敦煌本〈太上洞玄靈寶真文度人本行妙經〉看〈大悲菩薩傳〉觀音身世的淵源》(《五臺山研究》2022 年 4 期),指出標誌著觀音身世中國化體系成立的宋代碑文《大悲菩薩傳》,可溯源自東晉靈寶經典《太上洞玄靈寶真文度人本行妙經》。該經典對觀音妙善出身、性格、前世、孝道、父親的建構上皆有影響。郜同麟《絲路宗教文化視域中的敦煌本〈老子化胡經〉》(《世界宗教文化》2022 年 6 期),通過對《老子化胡經》中所提及的胡國、地名和其中的祆教、景教、密教因素及押韻特徵與思想特點進行分析,確定了《老子化胡經》誕生的年代範圍。程思尹《清代張掖道教洞窟遺存與道士活動》(《敦煌研究》2022 年 4 期),認爲在明清時期尤其是清前期,河西地區道教的發展離不開官方的扶持與默許。同時道教積極與佛教、民間信仰進行互動,逐漸成爲清代河西地區宗教民俗文化不可分割的重要組成部分。劉永明、牛利利《蒙元時期的隴南全真教》(《敦煌學輯刊》2022 年 3 期),分析蒙元中期隴南全真教迎來發展關鍵期的原因:一方面是在隴南傳教的全真教人士的自身努力;另一方面是地方軍功家族的大力支持。

三夷教方面。張小貴《中古祆教東傳及其華化研究》(上海古籍出版社),從教主華名、祆廟與火壇、神祇崇拜、婚喪禮俗、華化表現等方面,對祆教東傳過程及其華化表現進行細緻分析,提出諸多重要新解。米文靖《〈全敦煌詩〉中敦煌地區的祈賽風俗》(《法音》2022 年 4 期),分析敦煌地區的祈賽風俗繁雜多樣,形成原因錯綜複雜,宗教因素是不可忽視的力量之一。沈琛《再論吐蕃與景教、摩尼教的聯繫》(《敦煌研究》2022 年 3 期),指出有關摩尼教與景教的知識可能正是從敦煌和拉達克兩條路經傳入吐蕃宮廷,但這兩種宗教未能在吐蕃腹地獲得實質性的傳播。李榮輝《從敦煌文書 P.t.1283 看摩尼教傳入回鶻的時間》(《暨南史學》2022 年 1 期),通過考察敦煌文書 P.t.1283 中 Ne-shag 與回鶻爭奪摩尼教僧人一事,認爲回鶻信仰摩尼教的時間當早於 763

年,並且分析了摩尼教在回鶻汗國發展的過程。蓋佳擇、楊富學《摩尼教對景教(基督教)的容攝與借鑒》(《絲綢之路人文與藝術》第 1 輯),指出摩尼教對景教在教義、儀式、神譜等方面的容攝與借鑒。蓋佳擇、楊富學《霞浦林瞪公崇拜複論》(《史林》2022 年 1 期),認爲霞浦、屏南、福清等地發現的摩尼教文獻和摩尼教造像,都表現出林瞪崇拜,其形成時間應在林瞪去世以後,下限則不晚於明初,應有一個層累過程。張小貴《霞浦抄本與敦煌文獻的關係——近年來霞浦抄本研究的回顧與反思》(《敦煌吐魯番研究》第 21 卷),對學界近年來有關霞浦抄本的研究進行綜述,從科儀文書功能的角度進一步闡述抄本與敦煌文獻的關係。認爲必須正視這批文獻宗教多元化的事實。

苯教方面。阿旺嘉措、才讓扎西《從敦煌文獻看苯教宇宙觀的形成及演變》(《中國藏學》2022 年 2 期),指出苯教宇宙觀從"三元"到"二元"的轉變,是在苯教制度化發展過程中完成的,某種程度上也爲佛教的傳入奠定了理論基礎。才讓扎西《藏族喪葬儀式中的馬及其神幻敘事——以敦煌藏文苯教文獻爲中心》(《西藏大學學報》2022 年 4 期),對藏族牧區社會的喪葬禮儀中死者遺屬向活佛獻馬之傳統進行了溯源,梳理了古代藏族人與馬、死者與馬之關係史,提出了向活佛獻馬的習俗是從原始苯教的殉馬儀式演變而來,以及分析這一轉變的佛教本土化內涵。

五、語 言 文 字

本年度有關敦煌語言文字研究的最大收穫是張涌泉、張小豔、郜同麟主編《敦煌文獻語言大詞典》(四川辭書出版社)出版,該書收錄了敦煌吐魯番文獻中的特殊語詞及疑難俗字,共收條目 21800 多條,具有收錄字詞齊全、釋義詳盡準確、編排體例新穎等特點,堪稱敦煌文獻語詞和俗字考釋的一座里程碑。其他研究成果主要集中在音韻、字詞校釋等方面。

音韻方面。毛增文《從語言文字歷時演變角度看古書引文考證——以敦煌音韻文獻引〈說文〉爲例》(《敦煌研究》2022 年 2 期),以敦煌音韻文獻寫卷所引《說文》與傳世本《說文》的異文爲例,判定異文"是非",並揭示了異文產生原因以及演變過程。鄧文寬《敦煌本〈字寶〉中的活俚語(入聲)》(《敦煌學輯刊》2022 年 1 期),主張通過敦煌本《字寶》中一部分俚語的現代語義,對其在中古時代的意義獲得更加準確的理解,也可對這些俚語產生的方言區域產生深刻認識。孫伯君《十二世紀漢語河西方音聲韻特徵再探》(《中國語文》2022 年 5 期),考證 12 世紀漢語河西方音的聲韻特徵,認爲有的延續了唐五代時期漢語西北方音,有的則屬於党項式漢語的變讀。

字詞校釋方面。張小豔《敦煌文獻字詞輯考》(《唐研究》第 27 卷),從形的辨識、音的通讀、義的解析入手,對敦煌文獻中十七則字面普通而易致失校、誤録、歧解的詞語進行輯録考釋。高天霞《敦煌寫本 P.3715"類書草稿"疑難字句考校》(《唐研究》第 27 卷),指出聯繫駢化文的特點類比文例,以及利用數據庫充分檢索參比某些詞句在傳世文獻中的用例,是考釋敦煌類書寫本疑難詞句的有效方法之一。景盛軒《敦煌文獻中"惡"字的形、音、義》(《唐研究》第 27 卷),指出敦煌文獻中"惡"字俗體較多,除了《敦煌俗字典》所收録的之外,又發現了 20 個"惡"的構型資料。張文冠《敦煌雜字疑難字詞箋釋》(《唐研究》第 27 卷),利用詞彙的系統性、方言求證、辨析字形和因聲求義等方法,對《開蒙要訓》《雜集時用要字》等敦煌雜字中的疑難字詞作了考釋。敏春芳、焦敏《〈敦煌碑銘讚輯釋(增訂本)〉新增篇目詞彙研究》(《敦煌學輯刊》2022 年 1 期),對《敦煌碑銘讚輯釋(增訂本)》新增八十一篇中的詞彙進行了整理和研究。張如青《法藏敦煌寫本 P.3960 新校釋》(《中醫藥文化》2022 年 2 期),對法藏敦煌寫本 P.3960 中"戲""僉"等關鍵字詞進行重新校釋,並分析了古代房中文獻的三種類別及特點。

趙静蓮《敦煌變文字詞考釋四則》(《唐研究》第 27 卷),對"金臺、寶槐""搢攄""贏"的兩種俗字、"額"等四則字詞重新校讀或解釋。張涌泉、劉丹《敦煌變文疑難詞語選釋》(《敦煌學輯刊》2022 年 4 期),摘取了《敦煌學語言大辭典》中關於變文的十個條目進行梳理考釋。吳勇、衛燦、賴依菲《〈敦煌變文集〉所録"臺舉"俗語詞考釋》(《長江大學學報》2022 年 3 期),通過探討"臺舉"的字形轉變、得義理據、語音特色,力求爲俗語詞的考辨提供新的思路。

郜同麟《試論敦煌道教文獻的漢語史研究價值》(《唐研究》第 27 卷),通過梳理道教文獻的演變過程,指出五世紀以來,道教爲回應佛教的攻擊,開始大量删改道經中的佛教内容,這種删改是隨意而無組織的,方式之一是佛教術語的本土化。然而,道經對佛經的吸收並未中止。謝明《宋前道經疑難字詞考釋》(中華書局),以宋代以前的道經爲研究對象,通過翻檢各類辭書、簡單排比歸納例子後,檢得不易考求的疑難俗字和疑難詞語共計二百二十餘條,比較系統地加以考釋,並附校勘記數百條。

張磊《寫本文獻中的借筆字研究》(《唐研究》第 27 卷),指出楷書階段的借筆字,通過簡省某些對於整字來說區別度較低的筆畫,進而調整部件之間筆畫的相對位置,以此總結了借筆字的規律。黑維强、尹丹《論漢語俗字確定的一個原則與三條標準》(《中國文字研究》2022 年 1 期),認爲錯字與俗字的關係是個體書寫和群體書寫的關係,其本質區别由文字的社會屬性決定,俗字的社會性原則體現在三條標準上:書寫者標準、時代性標準、地域性標準。

金雙平《敦煌本〈四分律〉簡化字探析》(《漢字文化》2022 年 13 期),指出敦煌寫本《四分律》用字較刻本更接近原貌,認爲利用敦煌文獻中相關寫卷,集中調查其中用字尤其是簡化字,可見漢字演變機制。王繼如、吳蘊慧《敦煌文獻通讀字》(商務印書館),搜集了敦煌變文、王梵志詩、敦煌社會經濟文獻等敦煌俗文學和俗文書中的通讀字,共收 1199 個字頭,按現代漢語拼音音序加以編排,書後附四角號碼檢字可供查找。張俊民《斯坦因所獲敦煌漢簡釋讀劄記》(《秦漢研究》2022 年 1 期),借助現今積累的人名、地名、官名等辭例,重新核對讀斯坦因所獲敦煌漢簡原書圖版,發現一些重要的字詞可以糾正。

六、文　學

本年度有關敦煌文學研究的成果,主要集中在敦煌變文、佛教文學、詩賦與筆記小説等方面。

敦煌變文研究方面。程潔《敦煌變文敍事研究》(中國書籍出版社),主要研究了包括敦煌變文的敍事邏輯、時空、視角、語言藝術、形態、結構、程式化敍事以及後世中國文學的影響等方面。許鴻梅《敦煌變文〈前漢劉家太子傳〉"劉家太子復國故事"探微》(《敦煌學輯刊》2022 年 3 期),認爲敦煌變文《前漢劉家太子傳》主體內容"劉家太子復國故事",爲歸義軍張氏政權提供了支持,同時從側面反映出張氏政權"忠誠王室,藩屏中原"的自我定位。尤澳《日本杏雨書屋藏兩件"太子成道"敦煌變文研究》(《文津學志》2022 年 1 期),指出日本杏雨書屋所藏敦煌文獻中有兩號"太子成道"變文:羽 675R 和羽 708,分別定名爲《八相押座文》和《八相變》,並分析其生成時代及源流。屈玉麗、楊富學《從〈李陵變文〉看敦煌多元文化的碰撞與融合》(《青海民族研究》2022 年 2 期),從《李陵變文》分析敦煌民間文化與官方文化的對立與統一、吐蕃文化與中原文化直接衝突下的陷蕃敦煌民衆現實心態,以及唐代儒釋道三教合一思想的表現。邵小龍《一件學術的"五綴衣"——敦煌變文的三份目錄》(《古典文學知識》2022 年 4 期),梳理了中外所藏敦煌變文系統研究的開端,主要是向達《變文及唱經文目錄》、傅雲子《敦煌俗文學之發見及其展開》以及 1935 年之後向達對變文目錄的修訂和補充。夏廣興、付麗穎《變文來源及"變"字含義討論的學術回顧——以 20 世紀中國大陸研究爲中心》(《敦煌學輯刊》2022 年 3 期),以時間爲綫索,回顧中國大陸學術界對敦煌變文來源的探索,將變文來源的討論在學術界分爲兩個時間段,一是 20 世紀 20 年代到 60 年代,一是 20 世紀 80 年代到 90 年代。桑仲剛《敦煌敍事文獻〈大目乾連冥間救母變文〉英譯的描寫研究》(《湖南大學學報》2022 年 4 期),探究漢學家英譯重構敦煌"救母"敍事過程中的決策機制和特點,以便爲多語文化語境中"中國故事"的翻譯與傳播提供理論參照。俞曉紅《敦煌變文與明清文學論集》(安徽師範大學出版社),收入作者《釋"變"與"變文"》《像教、變像與變相》等中國古代文學與文化研究的論文共 20 篇。

佛教文學研究方面。李小榮、楊祖榮、王曉茹主編《敦煌文學藝術的多維詮釋》(巴蜀書社),收錄了 2021 年舉辦的"敦煌佛教文學藝術思想綜合研究(多卷本)"青年學者論壇發佈的共計 18 篇論文。《敦煌變文全集》課題組《〈妙法蓮花經講經文(二)〉校註》(《中國俗文化研究》21 輯),對俄藏弗魯格編 365 號《妙法蓮花經講經文(二)》中心校錄,詳加注釋,是目前最新的研究成果。張新朋《俄藏敦煌文獻中的兩片〈盂蘭盆經講經文〉殘片考辨》(《中國典籍與文化》2022 年 3 期),識別出俄藏敦煌文獻中《盂蘭盆經講經文》殘片 2 片,並最終確定 Дx.12642、Дx.12010、Дx.11862、Дx.10734 四號可以綴合。該文同時探討經文研究、考察西北方音及《盂蘭盆經》演化的意義。計曉雲《敦煌講經文新論》(《寶雞文理學院學報》2022 年 6 期),對現存 32 篇講經文及其相關文獻所載的四種講經場所進行分析,感知講經文在唐五代的受衆及其影響力,還指出 S.6551 號背《阿彌陀經講經文》屬於佛教傳播中的"文化匯流"現象的經典例證。陳懷宇《中古時期敦煌燃燈文與石燈銘文比較研究》(《世界宗教研究》2022 年 7 期),結合傳世文獻進行比較,指出敦煌燃燈文與中原石燈銘文均體現出對早期佛教傳統的追溯,通過研讀其中所體現的佛教歷史文化傳統、思想特徵、社會背景,可以看出燃燈文化在中原與敦煌不同地區之間的差異。劉振剛《敦煌寫本〈法寶東流因緣〉"第三明塔"的編撰年代及性質問題》(《中國國家博物館館刊》2022 年 12 期),指出敦煌所出 P.2977《法寶東流因緣》"第三明塔"應該是後唐時期編撰的新文本,有明顯的實用主義印記,或爲方便敦煌僧人外出巡禮。

敦煌詩賦與筆記小說研究方面。張先堂、李國《敦煌莫高窟清代題壁紀遊詩研究——敦煌石窟題記系列研究之三》(《敦煌研究》2022 年 2 期),從文學視角對保存數量不少的清代莫高窟題壁紀遊詩的保存狀況、內容及其價值予以考論。朱利華《寫本語境中的文人詩歌應用——以敦煌婚儀寫本爲例》(《敦煌學輯刊》2022 年 4 期),揭示隱藏在文人作品背後的儀式存在,對敦煌寫本中應用於婚儀的實用文本與現成的文人詩歌匯抄於一本的現象提出合理的解釋。買小英《古代敦煌詩詞中的"鄉愁"》(《絲綢之路人文與藝術》第 1 輯),指出敦煌文獻中留存的詩詞題材豐富、形式多樣,其中有許多體現"鄉愁"的詩篇,其親情、愛情與家國情躍然紙上。武紹衛《敦煌本 P.4980〈秋吟〉新探》(《文史》2022 年 3 期),指出 P.4980 爲"乞木"類《秋吟》,是敦煌本地僧人據"乞衣"類《秋吟》改寫而成,在揭示敦煌僧衆對外來文本的學習借鑒及僧團生活形態的變遷方面頗具價值。張長彬《S.6537、P.3271 歌辭集闡幽》(《寫本學研究》第 2 輯),指出 S.6537、P.3271 共抄有 8 種計 20 首歌辭,並被多次傳抄,所收作品都是入樂的宴享歌辭,是用於音樂文學教育的專門教材。趙鑫曄《S.2607+S.9931 書手爲張球考》(《寫本學研究》第 2 輯),從筆蹟、曲子詞內容和作者生平三個方面綜合考察,認爲該卷的編寫者爲晚唐敦煌著名文士張球,編寫時間在 903—904 年之間。P.2506V 存詞 5 首,與 S.2607+S.9931 風格相類,亦爲張球創作並抄寫。彭慧《敦煌寫本〈醜婦賦〉校注補遺》(《河西學院學報》2022 年 4 期),就敦煌寫本 P.3716V《醜婦賦》中的 10 處文字的形義問題加以探討和補充。孫麗萍《韓朋故事演進與〈韓朋賦〉寫本的時代》(《形象史學》2022 年 3 期),指出時代越往後,韓朋故事表現出越多的民間參與再創作的元素,並以此推定寫本時代。彭慧《敦煌本〈搜神記〉校注拾零》(《古籍整理研究學刊》2022 年 5 期),對敦煌本《搜神記》中的 18 處文字的形義問題加以補充説明。

七、藝　術

本年度有關敦煌藝術的成果,主要涉及敦煌藝術總論、敦煌石窟壁畫、敦煌石窟建築、敦煌樂舞、敦煌書法等方面。

敦煌藝術總論方面。常書鴻著,劉進寶、宋翔編《敦煌石窟藝術》(浙江大學出版社),爲常書鴻先生在敦煌石窟藝術研究方面的論著集,集中體現了他對於敦煌藝術的"民族性""時代精神"以及"現實主義"表現手法等問題的看法。趙聲良《敦煌山水畫史》(中華書局),按時代順序,分北朝至隋朝、唐代前期、唐代後期、晚期(五代、北宋、西夏、元代),全面闡述敦煌壁畫的山水畫發展歷程。羅世平《吐蕃時期的敦煌藝術研究(石窟編)》(江蘇鳳凰美術出版社)共兩部分:第一部分"洞窟類型與分期研究"包括吐蕃時期敦煌石窟的營建、吐蕃時期的補繪洞窟的類型與時間、吐蕃後期洞窟;第二部分爲"吐蕃時期敦煌石窟内容總録匯編"。張彩霞、夏豔萍《敦煌石窟色彩文化探析》(《蘭州交通大學學報》2022 年 6 期),分析了敦煌石窟色彩發展趨勢與中國繪畫整體發展的脈絡關係。

敦煌石窟壁畫個案研究方面。葛夢嘉《莫高窟第 465 窟壁畫中的紡織圖像考析》(《形象史學》2022 年 3 期),根據莫高窟第 465 窟兩幅圖像中"織布圖"與"紉車圖",推測敦煌地區所使用的地織機及紉車至遲在元朝時期就已廣泛應用。房子超、沙武田《敦煌莫高窟第 465 窟大成就者黑行師考——兼論藏傳佛教藝術中的黑行師圖像》(《敦煌研究》2022 年 4 期),判斷了莫高窟第 465 窟的黑行師圖像繪製時間,並指出此類黑行師文本很可能以藏外文獻的形式在西藏、西夏流傳並以考古文獻與藝術作品爲載體而留存於世。沙武田《長安的影響與地方保護神的借用——敦煌石窟于闐瑞像史蹟畫選擇的動機與思想再解讀》(《西域研究》2022 年 1 期),認爲莫高窟第 154 窟的于闐八大神圖像是于闐守護神向敦煌保護神轉變的開端,並分析這一動機和思想的影響。檜山智美著,藺君如譯《敦煌莫高窟第 285 窟西壁壁畫中的星宿圖像與石窟整體的構想》(《敦煌研究》2022 年 4 期),研究了莫高窟第 285 窟西壁壁畫中的星宿圖像,闡發了莫高窟第 285 窟西壁壁畫與頂壁壁畫的共同主題,剖析了莫高窟第 285 窟的營建背景。張元林《"太陽崇拜"圖像傳統的延續——莫高窟第 249 窟、第 285 窟"天人守護蓮華摩尼寶珠"圖像及其源流》(《敦煌研究》2022 年 5 期),對莫高窟第 249、285 窟窟頂東披所繪的蓮華摩尼寶珠圖像及相關畫面進行重新釋讀並定名,並認爲這兩幅圖像中隱含著太陽崇拜,其源頭可追溯至古老的"天神守護蓮華或生命樹之上的太陽神"的圖像傳統。康馬泰、李思飛《從漢畫像石到敦煌壁畫——一種頌揚圖像在中國與中亞的流傳》(《敦煌研究》2022 年 5 期),提出了莫高窟第 156 窟張議潮出行圖與漢代墓葬畫像石之間的相似之處,通過分析帝王狩獵和過橋場景,論述敦煌壁畫張議潮統軍出行圖和中亞壁畫在突顯王權或頌揚權貴涵義上的密切聯繫。張凱、于向東《莫高窟 97 窟搔背羅漢圖考釋》(《敦煌學輯刊》2022 年 2 期),分析莫高窟 97 窟北壁的搔背羅漢圖典型案例的樣稿來源、繪製時間和該畫作在羅漢供養法會中的功能以及所體現出的禪宗思想。楊豔麗《由二佛對坐圖像看莫高窟第 431 窟禮懺道場營建》(《絲綢之路研究集刊》第 8 輯),認爲莫高窟第 431 窟初唐重修中心柱部分繪製的二佛對坐圖像,體現了莫高窟第 431 窟在禮懺道場營建過程中對於法華思想的吸收和闡發,並且造像形制可能來自中原樣式。李志軍《末法背景下遼代佛塔對敦煌西夏石窟營建的影響——莫高窟第 327 窟西夏重修思想造像探析》(《中國美術研究》2022 年 2 期),分析了莫高窟第 327 窟西壁龕內八大菩薩造像、窟內四壁千佛造像對遼代佛塔的借鑒,認爲窟頂藻井團龍圖案表達了在末法思潮影響下,信衆對於護法元素的渴求和重視。董海鵬《敦煌莫高窟第 321 號窟南壁"長城"形象考》(《中國美術研究》2022 年 3 期),對莫高窟第 321 窟南壁壁畫中的"長城"圖像的繪製時間、形象來源及社會背景進行分析。景利軍《敦煌莫高窟第 3 窟壁畫"新特徵"》(《西夏研究》2022 年 1 期),認爲莫高窟第 3 窟壁畫出現的新造型樣式,都是"佛教中國化"的重要體現,説明了元代工匠在藝術上的圓融創新。

　　經變畫方面。羅世平、鄭弌、陳粟裕、王中旭《吐蕃時期的敦煌藝術研究(經變編)》(江蘇鳳凰美術出版社),介紹吐蕃時期的經變畫,包括研究維摩詰經變、净土經變、報恩經變、金剛經變與天請問經變、密教菩薩經變、屏風畫。沙武田《絲路傳法旅行圖——莫高窟第 217、103 窟尊勝經變序文畫面解讀》(《敦煌研究》2022 年 5 期),認爲莫高窟第 217、103 窟中的兩鋪"佛陀波利絲路旅行圖"實是珍貴的"絲路傳法旅行圖"的考古實物遺存,對從形象史學角度理解和認識有大量文獻記載的絲路胡僧西來傳法歷史提供了難得的圖像依據。陳振旺、朱鋭、吳雨涵《盛唐後期莫高窟藻井圖案探析》(《敦煌研究》2022 年 5 期),指出莫高窟盛唐後期藻井是石窟建築、世俗幄帳和佛帳的融合。藻井圖案裝飾意趣濃郁,使得藻井原初的語義進一步向世俗化方向演進。祁曉慶《莫高窟北朝石窟中的疊澀藻井》(《美術大觀》2022 年 8 期),認爲敦煌北朝石窟中的疊澀藻井應較多地受到中古中亞建築藝術的影響。趙燕林《莫高窟第 194 窟維摩詰經變中的帝王圖像及其服制》(《敦煌研究》2022 年 6 期),通過對莫高窟第 194 窟維摩詰經變中的帝王像及其服制的研究,可瞭解肅、代、德宗三朝面對政局混亂的局面下"復古"的相關歷史。魏健鵬《敦煌石窟晚期簡化净土圖像淵源試析》(《絲綢之路研究集刊》第 8 輯),以莫高窟第 38 窟的簡化净土圖像爲個案,從傳統西方净土變和一佛五十菩薩圖探討敦煌石窟晚期簡化净土圖像的淵源問題。齊小豔、祁曉慶《佛經文獻與敦煌石窟净土變相中的"迦陵頻伽"形象》(《佛學研究》2022 年 2 期),梳理佛教經典中所記載的人頭鳥身迦陵頻伽形象,進而探討石窟中西方净土經變畫的流變及其特徵。祁峰《榆林第 32 窟四隅圖像研究》(《敦煌學輯刊》2022 年 1 期),發現榆林第 32 窟主室窟頂四隅圖像內容,與敦煌地區唐五代宋時期密教經變畫中此類圖像既有聯繫又有區別,並指出其組合形式表達的宗教意涵。魏迎春、李小玲《敦煌莫高窟第 72 窟勞度叉鬥聖變解説》(《敦煌學輯刊》2022 年 3 期),根據數字化高清圖對敦煌石窟保存有 22 鋪勞度叉鬥聖變的畫面與榜題進行了考察,在前人基礎上識別出更多畫面內容和榜題文字。龍忠、陳麗娟《"兜率内院"範式演變——以敦煌石窟中的彌勒經變圖像爲例》(《中國美術研究》2022 年 3 期),認爲"兜率内院"觀念的形成和發展直接得益於玄奘法師和窺基大師,並考察"兜率内院"形成和演變的歷程。李翎《"老人入墓"圖的文化語境——以榆林 25 號窟〈彌勒經變〉爲例》(《宗教學研究》2022 年 3 期),通過印度"四行期"傳統,討論敦煌壁畫《彌勒經變》中"老人入墓"的來源與意義,進一步對其定名提出異議,同時分析印度傳統色彩觀與老人白衣的原因。傅修延《從"聽感視覺"角度認識敦煌壁畫——以榆林窟第 25 窟觀無量壽經變爲例》(《天津社會科學》2022 年 2 期),分析了觀無量壽經變的背景音、説法感應、鳴禽等在壁畫內容上的表現,並探查同窟彌勒經變被安置的用意。史忠平《"示病之容"與"忘言之狀"——敦煌石窟維摩詰畫像的

"神情"探微》(《絲綢之路研究集刊》第 8 輯),對敦煌維摩詰畫像的眼睛、眉毛、嘴唇、鬚須等"神情"符號進行分析,進而揭示顧愷之樣本的流傳、演變以及藝術表現與佛經翻譯和審美接受之間的關係。史忠平《敦煌壁畫中的"探身維摩"像》(《南京藝術學院學報》2022 年 4 期),指出敦煌莫高窟壁畫"探身維摩"樣式的流傳及其所反映的佛教美術中畫樣的"模件化"和"鏡像化"等問題。李方芳、李康敏《從"説法圖"到"經變畫"——敦煌早期壁畫中一個關於圖式轉變的案例》(《南京藝術學院學報》2022 年 2 期),通過從十六國北朝至隋的綜合考察,認爲敦煌"經變畫"最早出現在西魏而非隋代。

供養人方面。焦樹峰《敦煌與長安的群體影像——從莫高窟第 390 窟供養人看隋仁壽年間頒送舍利活動》(《吐魯番學研究》2022 年 1 期),指出莫高窟第 390 窟四壁下部供養人可能是對隋仁壽年間頒送舍利活動的圖像反映,是一鋪生動的形象史料。陳培麗《莫高窟第 428 窟供養人畫像及其相關問題研究》(《敦煌學輯刊》2022 年 1 期),認爲莫高窟第 428 窟繪製大量的供養僧人像與北周寺院經濟的繁榮以及武帝廢佛期間僧人逃逸敦煌有密切關係。陳菊霞、劉宏梅《于闐皇后供養人服飾與妝飾研究》(《東華大學學報》2022 年 2 期),分別從衣裳、披帛、鳳冠、妝飾、耳飾與項飾、舄、持物等方面對曹氏歸義軍時期于闐皇后供養人像的服飾和妝飾作了全面考察。馬莉《圖像的隱喻——以華蓋爲切入點的莫高窟第 98 窟于闐國王供養像解讀》(《中國美術研究》2022 年 1 期),辨析莫高窟第 98 窟主室東壁門南供養像中的華蓋具有的特殊性與矛盾性,正是圖像内部多重意義交織在一起的外化表現。郭阿梅《榆林窟第 3 窟文殊、普賢變繪製年代與甬道供養人身份辨析》(《中國美術研究》2022 年 1 期),將榆林窟第 3 窟門洞南北壁上文殊、普賢變繪製時間定於 1227—1302 年之間,並對甬道上不同著裝的供養人身份予以辨析。林佩瑩《日本聖德太子繪像與唐代壁畫關係考察》(《絲綢之路人文與藝術》第 1 輯),認爲與《唐本御影》最爲接近的是莫高窟 130 窟北壁供養人圖像,服飾與構圖風格極爲接近,爲唐代文化交流提供側寫,解釋了繪畫風格在敦煌與東北亞之間的流動。

石窟圖像綜合研究方面。趙聲良《敦煌壁畫與中國傳統藝術精神》(《敦煌研究》2022 年 5 期),探討敦煌壁畫中體現的中國傳統藝術精神:一是敦煌壁畫借助佛教的内容,展現時代社會的歷史場面,反映了時人對現實社會的認識和思考;二是具備萬物的包容精神,綜合表現人物與山水、建築等景物,體現出宏大雄强的視覺衝擊力;三是敦煌壁畫較完整地體現了傳統繪畫"六法"的精神。劉屹《坐立之間:優填王像的寫真性與瑞像化》(《敦煌吐魯番研究》第 21 卷),以優填王像從坐姿到立姿的轉變爲切入點,釐清優填王像像容和性質演化歷程。趙聲良、張春佳《莫高窟早期忍冬紋樣的源流》（《敦煌研究》2022 年 1 期），針對莫高窟早期忍冬紋的樣式，通過兩條綫索來追溯其源流。張兆莉《敦煌莫高窟北朝獸面圖像淺議》（《敦煌研究》2022 年 3 期），指出 6 世紀莫高窟壁畫在"形式要素和母題"層面即内容和形式上都開始向中原王朝及本土轉化的歷史性變革。李静傑《金翅鳥圖像分析》（《敦煌研究》2022 年 4 期），分析了金翅鳥這一佛教中的象徵性表現，揭示了金翅鳥這一代表性佛教文化符號近兩千年來在中國和印度流行的原因。陳粟裕《再論于闐八大守護神圖像源流——以摩訶迦羅神、莎耶摩利神的樣式爲中心》（《敦煌研究》2022 年 4 期），指出這些守護神圖像很可能是只有相關文獻及名號傳入，並不是于闐向敦煌的圖像傳播，敦煌民衆對八大守護神的信仰並非全盤接受而是進行了消化和吸納。盧素文《〈惡趣經〉相關圖像在吐蕃的發現和傳播》（《敦煌研究》2022 年 4 期），發現吐蕃本土和蕃佔時期的敦煌對《惡趣經》的使用功能的延續性，並對認識和理解吐蕃時期的大日如來信仰帶來了新的思考。葛承雍《從牽獅人、騎獅人到馭獅人——敦煌文殊菩薩"新樣"溯源新探》（《敦煌研究》2022 年 5 期），指出"拂菻畫"通過希臘藝術到佛教藝術、皇家畫師到地方畫匠、京師長安到州縣敦煌的逐漸"華化"過程，揭示了文殊菩薩"蕃胡牽獅"傳播背後的原因，以及"文殊菩薩新樣"經典藝術的源流。魏健鵬《從印度到敦煌：祇園布施與舍衛城鬥法故事的圖文轉變試析》（《敦煌研究》2022 年 5 期），指出在文本構建的聖地崇拜語境下，敦煌石窟的勞度叉鬥聖變可能意在通過和佛壇尊像的結合，以繪塑結合的方式表現釋迦在祇園説法的場景。王玲秀《炳靈寺上寺第 4 窟十一面千臂千鉢文殊圖像辨析及粉本探源》（《敦煌研究》2022 年 5 期），認爲這種有別於唐密造型的十一面千臂千鉢文殊形象，可能是在元明兩朝對藏撫邊政策下，隨著漢、藏佛教的不斷交融發展，於明朝中前期產生於五臺山地區，而後流佈到炳靈寺。王煜、陳姝伊《敦煌佛爺廟灣魏晉壁畫墓鸚鵡圖像初探》（《敦煌學輯刊》2022 年 2 期），指出鸚鵡題材突然流行於魏晉時期的敦煌地區墓葬壁畫中，是具有中原傳統墓葬文化與敦煌本地乃至西域珍奇物產相結合的特殊時代和地域文化背景。温馨、李迎軍《應時而變——莫高窟隋代菩薩像通身式瓔珞造型研究》（《敦煌學輯刊》2022 年 3 期），認爲莫高窟隋代菩薩"通身式"瓔珞在造型和材質上既融合了中西方多元文化因素，又表現出鮮明的地域特色，開啟了本土化的演變歷程。張惠明《印度新德里國家博物館收藏的斯坦因敦煌所獲〈護諸童子曼荼羅〉紙本殘畫及其佛教護法獸首鬼神圖像》（《敦煌學輯刊》2022 年 4 期），指出夜叉圖像在 9—10 世紀時期的敦煌漢密曼荼羅圖像中已經顯示出逐漸擺脱印度馬圖拉式母神圖像樣式的影響，Ch.00383a－b 殘畫的五身獸首護法鬼神則是此類圖像中的一個典型例證。劉益民《往生浄土的象徵——試論晚唐五代宋初敦煌引路菩薩像的起源》(《宗教學研究》2022 年 2 期),認爲敦煌出土的引路菩薩像可能與西方浄土九品往生的信仰有關,主要來源是佛教"以手接幡,象徵往生"的臨終儀式,與傳統中國昇仙信仰無關。陳慶俊《敦煌引路菩薩圖像研究》(《法音》2022 年 1 期),對引路菩薩像進行研究,包括構圖元素與分類、功能分析等,並討論引路菩薩像的原型問題及其與敦煌社會化佛教的關係。王靜嫻、常青《敦煌藏經洞〈引路菩薩圖〉及手持長柄香爐的宗教意義》(《石窟寺研究》2022 年 1 期),認爲《引路菩薩圖》的産生與敦煌的觀音信仰、中陰思想,以及世俗個人的需求有關,並指出《引路菩薩圖》中菩薩手持之物——長柄香爐的宗教意義,是佛教世俗化的一種體現。常青、劉元風《多元融匯與共生——敦煌盛唐菩薩像服飾造型特徵研究》(《藝術設計研究》2022 年 6 期),指出敦煌石窟盛唐壁畫及彩塑中遺存大量菩薩像,不僅在前期基礎上進行了繼承與相應發展,其造型、紋樣、色彩的豐富變化對中晚唐及後期菩薩像服飾起到了重要範式作用。鄺墩煌《敦煌莫高窟唐前期壁畫中的"幢"》(《法音》2022 年 5 期),從類型上將敦煌唐前期壁畫中"幢"的圖像區別爲"幢幡""經幢"兩類,並明確了石經幢的造型主要源自絲織幢。劉璟《"飛天羽人"圖像禮儀功能探蠡》(《美術》2022 年 5 期),指出"飛天羽人"的藝術形象,實質是通過宗教形式而得到社會認可的禮儀功能。李曉鳳《文殊山萬佛洞佛教故事畫的藝術風格與宗教意涵》(《西夏學》2022 年 1 期),認爲萬佛洞壁畫是西夏本土佛教藝術的代表之作,極有可能與該窟洞窟形制與底層原作壁畫的内容和佈局有關。封小瑜、甄巍《敦煌藝術的現代性表徵——1931—1945 年敦煌壁畫的攝影傳播、臨摹展覽和資源轉化》(《美術觀察》2022 年 8 期),認爲敦煌藝術的社會功能從助教化向審美轉變,開啓了敦煌藝術的現代性書寫。

敦煌石窟建築方面。段媛媛《試論敦煌莫高窟十六國至北朝時期覆斗形頂(下)——覆斗頂窟與崖墓》(《敦煌研究》2022 年 3 期),就三層方井抹角疊置形制在四川崖墓頂和莫高窟覆斗頂中的反復出現的顯著特徵,重新審視關於莫高窟覆斗頂營造之初作者意圖。馬若瓊《莫高窟第 196 窟中心佛壇空間設計藝術研究》(《敦煌學輯刊》2022 年 3 期),分析莫高窟第 196 窟主室中心佛壇的空間構成形式及藝術特色。裴强强、王廣正、冉萬里《石窟佛龕建築形制演化與裝飾藝術嬗變初探》(《敦煌學輯刊》2022 年 4 期),將石窟佛龕分爲券拱柱式佛龕、柱廊式平頂龕、方口龕、混合型龕等 4 大類 11 個亞類 16 種形制,從建築形制、空間裝飾藝術和功能需求等方面闡釋佛龕建築形制的起源、衍生、發展的脈絡,以及佛龕建築藝術多元文化的嬗變特點。晉宏逵《敦煌壁畫中的宫廷建築元素舉例》(《故宫博物院院刊》2022 年 11 期),利用敦煌壁畫中所見建築形象,探討明清故宮建築若干規制的來源與流變。李江、楊菁、劉源、李寧《重簷歇山頂疊加暗廊轉經道形制的河湟地區藏傳佛教殿堂研究》(《敦煌研究》2022 年 6 期),指出西藏地區於吐蕃時期所形成的暗廊轉經道和中原地區於宋金時期所發展出的重簷歇山頂,在河湟地區相互疊加組合出一種獨特藏傳佛教殿堂建築類型,體現出漢、藏傳統建築相互嫁接、彼此借鑒的鮮明特色,豐富了中國傳統建築異彩紛呈的營造形式。

敦煌樂舞方面。高德祥、陳雪靜《敦煌樂舞大典》(上海音樂出版社),分爲"文字卷"和"圖錄卷"兩部分,整理輯錄了敦煌八大石窟群共 372 個洞窟中有關樂舞的全部壁畫內容,考證梳理了各條樂舞的時代、形制、內容、數量以及樂器的種類。不少圖片爲首次公開,對於深入研究敦煌樂舞具有重要的參考價值。林素坊《敦煌古樂譜 P.3808V 辭、樂關係考索》(《敦煌吐魯番研究》第 21 卷),從段式、樂句、聲調三個方面,論述辭、樂匹配的原則,並認爲以《樂章集·傾杯》之詞填入敦煌譜是可行的。溫和《從敦煌壁畫的彎琴形象看鳳首箜篌的文化內涵》(《音樂文化研究》2022 年 3 期),從敦煌壁畫的兼具豎琴與琵琶樂器特徵的梨形、彎頸抱彈樂器形象創造出發,還原它在絲綢之路文化傳播過程中的超越性內涵,並追溯它的樂器原型及圖像變異。楊瑾《絲路題材舞劇音樂創作的流變與反思》(《北京舞蹈學院學報》2022 年 2 期),指出絲路題材舞劇的音樂創作,體現出作曲家在創作思想上從內向外、由形神兼備到形散神聚的演變。趙楠、邢若男《由物性至符號:敦煌壁畫飛天樂舞歷史嬗變中的文化交流與認同》(《現代傳播》2022 年 8 期),認爲飛天的形象衍變體現出佛教壁畫文化東傳至中國,從一開始的物的屬性模仿,到最終完全被中華文化吸納漢化,其最初的物質性被消解,最終昇華爲中華傳統文化最具代表性的美神符號的過程。狄其安《莫高窟 220 窟藥師經變樂舞圖的內涵》(《黃河之聲》2022 年 11 期),對敦煌莫高窟 220 窟北壁畫的藥師佛經變的樂舞進行分析,從樂舞圖描寫的場景、樂伎們所使用的樂器歷史、音樂形態和舞臺音響等角度闡述其內涵。汪雪《敦煌壁畫中的吐蕃樂舞元素考論——以翻領袍服的長袖舞爲中心》(《青海民族大學學報》2022 年 1 期),分析了翻領袍服的長袖舞在敦煌地區的發展衍變呈現出的兩種趨勢。史敏、孫香怡、秦堃洲《敦煌舞身體重心的訓練性與風格性探究》(《北京舞蹈學院學報》2022 年 3 期),從敦煌舞身體文化出發,解讀敦煌舞身體重心特點,探究敦煌舞重心的訓練性及審美風格性。鄧小娟《"敦煌舞派"構建的理論依據與實現路徑》(《西北師大學報》2022 年 6 期),闡述構建中國"敦煌舞派"的重要意義,論析發揚、發展"敦煌舞派"的理論依據和實現路徑,爲其構建提供學理依據和個人思考。

敦煌書法方面。國家圖書館編《敦煌遺書書法選集》（第三、四輯）（國家圖書館出版社），刊佈 400 餘件書法水準高超或具有書法史意義的敦煌遺書，其中絕大多數選自中國國家圖書館所藏敦煌遺書，時間跨度約 600 年，並附有各寫卷簡明提要、名稱、卷次、著譯者、外觀基本特徵等内容。馬德、吕義主編《敦煌草書寫本識粹：大乘百法明門論疏（卷下）》（社會科學文獻出版社），釋校敦煌唐草書《大乘百法明門論疏卷下》殘卷四卷三種，以歷史文獻和古籍整理爲主，綜合運用多學科研究方法，進行全面、深入、系統的研究。王菡薇、陶小軍《敦煌南朝寫本書法研究》（江蘇人民出版社），以敦煌南朝寫本書法研究爲主綫，將之與敦煌寫本進行比較，並以東晉南朝時期極具代表性和研究價值的五個寫本作個案研究。黄衛《法藏敦煌 P.2273 西魏大統十四年釋法鸞隷書寫本文字與書法問題研究》（《敦煌學輯刊》2022 年 4 期），認爲釋法鸞隷書寫本 P.2273 的署書具有類似印篆的獨特性，四行題記不僅紀年明確，而且反映了當時的寫經校對裝潢合作機制。米文佐、周晶晶《西北古代書法傳承管窺——以北朝敦煌經生書法爲例》（《中國書法》2022 年 6 期），認爲北朝敦煌寫經揭櫫了書體從"隷楷"向"魏楷""新楷"轉化的演變歷程，對研究中國書法書體的演變具有重要意義。

八、考古與文物保護

本年度有關考古的文章研究涉及石窟考古和文物保護方面。

石窟考古方面。李裕群《中國石窟寺》（科學出版社），展現了中國各區域石窟寺發現與研究的基本情況以及各石窟寺的時代特點，同時還包括石窟寺的發展歷程、區域特色和石窟寺考古學的研究方法等，全面闡述中國石窟寺發展演變過程以及石窟寺本土化。邢耀龍《榆林窟第 43 窟：敦煌石窟唯一的儒家窟》（《石窟寺研究》2022 年 1 期），認爲從榆林窟 43 窟僅存的塑像内容和遊人題記等方面來看，該窟是敦煌石窟目前發現的唯一的一個儒家題材洞窟。韓冰、汪正一、宋利良《淺析敦煌無明代開鑿石窟及繪塑遺存的原因》（《敦煌研究》2022 年 2 期），通過對明代敦煌地區政治、經濟及宗教信仰情況的梳理，討論莫高窟没有明代開鑿石窟繪塑遺存的原因。高啟安、馮培紅《莫高窟五烽墩岩畫及題刻文字初識》（《敦煌研究》2022 年 2 期），將原石刻題記録文予以完整刊佈，透露了晚唐歸義軍政權在李氏執政時期的重要綫索，並指出岩畫鹿的形象與北朝至唐莫高窟壁畫中的造型頗爲一致，是敦煌市境内首次發現的岩畫。

張元林《從"法華觀音"到"華嚴觀音"——莫高窟第 464 窟後室壁畫定名及其與前室壁畫之關係考論》（《敦煌研究》2022 年 1 期），認爲莫高窟第 464

窟後室"觀音現身"仍然是一鋪觀音經變，並分析了後代有意保留後室壁畫的原因。陳菊霞、王平先《莫高窟第 454 窟營建年代與窟主申論》（《敦煌研究》2022 年 1 期），討論了莫高窟第 454 窟主室南壁東起前三身供養人的排序關係，以及甬道的重層供養人現象等，認爲第 454 窟爲曹元深功德窟的看法更接近實情。張小剛《莫高窟第 491 窟塑像尊格考辨》（《敦煌研究》2022 年 2 期），認爲莫高窟第 491 窟窟內主尊塑像的尊格可能是地藏菩薩，兩側脅侍塑像可能分別是善、惡童子，反映了敦煌北宋至西夏時期的地藏信仰。李志軍《莫高窟第 3 窟系列研究之一——〈大乘莊嚴寶王經〉與西壁主尊身份考釋》（《形象史學》2022 年 3 期），對莫高窟第 3 窟中《大乘莊嚴寶王經》形象的特殊性及其思想內涵進行考察。趙媛《炳靈寺第 70 窟南壁所見番僧身份考》（《中國藏學》2022 年 6 期），認爲該窟中所見弘化寺番僧無疑是研究明代漢藏交流史、炳靈寺一帶藏傳佛教格魯派傳播情形的一處重要實例。

韋正、馬銘悦《河西早期石窟年代的甄別——河西早期石窟研究之上》（《敦煌研究》2022 年 1 期），對文殊山石窟前山千佛洞、馬蹄寺石窟千佛洞第 1 窟和第 4 窟、金塔寺石窟東西窟、天梯山石窟第 1 窟和第 4 窟、莫高窟第 275 窟等進行斷代。韋正、馬銘悦《北中國視野下的河西早期石窟——河西早期石窟研究之下》（《敦煌研究》2022 年 5 期），認爲早期石窟在河西的傳播並不一定由西到東，還應存在跳躍或迂回現象，指出長安佛教可能對炳靈寺和雲岡石窟都產生了很大影響，其在北中國早期石窟史中的地位值得繼續評估。趙蓉《敦煌莫高窟北涼三窟開鑿次第述論》（《敦煌研究》2022 年 2 期），分析北涼三窟（第 268、272、275 窟）的空間佔位和空間改造現象，並認爲很有可能於西涼至北涼統治敦煌時期漸次完成。梁紅、沙武田《張議潮的政治聯盟窟——由洞窟組合崖面空間再談莫高窟第 156 窟的營建》（《敦煌研究》2022 年 6 期），從文化景觀的角度透視石窟營建，認爲莫高窟第 156、158、159、161 窟形成莫高窟崖面上的"張議潮政治聯盟窟"，並根據歷史背景，推定營建時間最可能是大中二年到大中五年。張麗卉《莫高窟第 464 窟首次重修年代再探》（《西夏研究》2022 年 1 期），指出莫高窟第 464 窟後室壁畫爲首次重修時所繪，並將其首次重修年代確定爲西夏中晚期。魏平、楊富學《瓜州東千佛洞第 2 窟元代風格覓蹟》（《西夏研究》2022 年 4 期），通過壁畫內容風格分析，認爲瓜州東千佛洞第 2 窟爲元代窟。閆珠君、楊富學《敦煌回鶻石窟分期斷代問題芻議——兼論"六字真言"的概念與使用》（《石河子大學學報》2022 年 1 期），指出過往所談回鶻窟存在的幾個問題並論述"六字真言"概念使用。

楊富學、楊琛《榆林窟第二、三、四窟爲五臺山組窟説》（《五臺山研究》2022 年 3 期），認爲榆林窟第 2、3、4 窟都被視作文殊菩薩的道場，構成五臺山組窟,與元代蒙古豳王家族對文殊菩薩的崇奉息息相關。楊富學、劉璟《再論榆林窟第 3 窟爲元代皇家窟而非西夏窟》(《形象史學》2022 年 2 期),認爲榆林窟第 3 窟是元代西夏遺民在蒙古豳王家族支持下開鑿的,藝術水準極高,營建時代當在元朝後期,並對窟内的《釀酒圖》進行辨析。楊富學、劉璟《榆林窟第 3 窟爲元代西夏遺民窟新證》(《敦煌研究》2022 年 6 期),認爲榆林窟第 3 窟當爲元代敦煌西夏遺民所營建,絶不可能屬於西夏國時代之遺物。楊豔麗、沙武田《瓜州榆林窟第 4 窟爲西夏洞窟考》(《美術大觀》2022 年 8 期),認爲榆林窟第 4 窟爲西夏洞窟,受制於瓜州經濟政治等因素,有元一代在榆林窟實際並没有開展大規模新建洞窟行爲。陳悦新《須彌山石窟北朝洞窟的營建與供養人》(《北方民族考古》第 13 輯),將須彌山的 48 座北朝洞窟分作三期,認爲北魏和西魏中小型洞窟的供養主可能爲具備一定經濟實力的世家與庶民,另可能有僧人開窟,穹窿頂洞窟可能與粟特人有關,雙層禮拜道中心柱窟的供養人可能與西來流寓的民族有關。

文物保護方面。趙豐、王樂《藏經洞所出千佛刺繡研究》(《敦煌研究》2022 年 2 期),所論藏經洞所出千佛刺繡殘長 81.3 cm、寬 63.5 cm,現藏於印度國家博物館。從技術和造型來看,推測這件刺繡的產地、時間、用途。孫滿利、陳彦榕、沈雲霞《土遺址病害研究新進展與展望》(《敦煌研究》2022 年 2 期),系統總結梳理了“十一五”以來土遺址病害研究的新進展、存在的問題並提出展望。李國、柴勃隆《榆林窟“阿育王寺釋門賜紫僧惠聰住持窟記”重録新識——基於光譜成像技術下的調查研究》(《敦煌研究》2022 年 3 期),對榆林窟第 15、16 兩窟遺存的“阿育王寺釋門賜紫僧惠聰”住持修窟漢文發願文功德題記,通過採用非介入或無損多光譜技術在文物保護與科技考古領域應用的調查方法核校後進行辯證。鄧虎斌、王建軍《瓜州鎖陽城外城東牆保護修繕工程(一期)考古試掘簡報》(《敦煌研究》2022 年 5 期),指出 2020 年 8 月底至 9 月 10 日敦煌研究院考古研究所對鎖陽城外城東牆北段進行局部發掘清理,基本明確了外城東牆的形制結構,發現了遺蹟堆積 10 餘處,直觀呈現了外城東牆的居址形態。張亞旭、于宗仁、王麗琴、崔强、水碧紋、樊再軒《敦煌莫高窟第 196 窟唐代壁畫材質及製作工藝分析》(《考古與文物》2022 年 4 期),對莫高窟第 196 窟唐代壁畫材質及製作工藝的分析,和 X 射綫衍射分析的結果,進一步完善了莫高窟壁畫材質信息數據庫。

九、少數民族歷史語言

本年度少數民族歷史語言研究的成果涉及多個方面,包括古藏文、西夏文、回鶻文等研究成果。

古藏文文獻方面。考證字詞和釋錄文獻包括：傅及斯《"羅悉雞"及相關詞語考辨》（《唐研究》第 27 卷），認爲"羅悉雞"是藏文"la skyes"的音譯形式，並借助考察人名用語，理解更多敦煌西域地區多民族雜居的社會歷史狀況。郭珈寧《〈吐蕃大事紀年〉所見之"園"（tshal）》（《敦煌學輯刊》2022 年 3 期），以《吐蕃大事紀年》中經常出現的"園"一詞爲例，辨析其含義與基本形態，分析其空間分佈與特徵，揭示出"園"類地名在吐蕃不同層級互動網絡中的作用。阿貴、格桑多傑《敦煌本吐蕃歷史文書 P.T.1288"裕"（g.yug）地名考》（《四川民族學院學報》2022 年 6 期），以目前藏北那曲一帶的實際地名爲準，提出"裕"位於今那曲南部，"工裕"（rKong g.yug）即"裕"區域內部地名，並指出古代"裕"的大致地望等信息。邵明園《敦煌古藏文數詞"一"的句法語義功能》（《南開語言學刊》2022 年 2 期），指出敦煌古藏文中，數詞"一"還發展出不定代詞、無定助詞和語氣詞的用法，展現了豐富的句法語義功能。

索南《敦煌藏文寫本〈入菩薩行論〉研究》（上海古籍出版社），以文獻資料爲依據，充分梳理了該論典的版本源流情況，探討了敦煌本在漢藏傳世譯本及梵文本文獻比較研究中的價值。落桑東知《〈金剛三昧經〉藏譯之敦煌本與傳世本對勘研究》（《中國藏學》2022 年 4 期），在對漢藏文本進行比定時，發現藏譯傳世本品質較差，而敦煌文獻中發現的文本能夠彌補相關不足。張福慧、陳于柱《敦煌藏文寫本 P.3288V（1）〈沐浴洗頭擇吉日法〉的歷史學研究》（《中國藏學》2022 年 4 期），對法藏敦煌藏文文獻 P.3288V《沐浴洗頭擇吉日法》的抄寫時間、內容書寫、歷史來源及成書背景、學術價值等問題進行了探討。張福慧、陳于柱《敦煌藏文本 P.3288V〈宿曜占法抄〉題解與釋錄》（《敦煌學輯刊》2022 年 2 期），指出法國庋藏敦煌藏文寫卷 P.3288V《宿曜占法抄》的揭出，有助於保存並豐富吐蕃的天文史資料，成爲探究漢譯佛經向吐蕃社會傳播的新綫索。王梓璇《敦煌漢藏文〈白傘蓋經〉寫本考察與關係探究》（《敦煌學輯刊》2022 年 3 期），指出敦煌藏文本《白傘蓋經》作爲滿足信徒宗教活動及信仰訴求的經典，具有強烈的祈願性質。張延清、楊本加《藏經洞出土敦煌古藏文〈金光明最勝王經〉綴合研究》（《西藏大學學報》2022 年 4 期），經檢索和梳理後指出英藏 IOL.Tib.J.VOL.31《金光明妙法最勝諸經王》中所缺一葉經文被錯誤地排在了 IOL.Tib.J.VOL.34；英藏 IOL.Tib.J.VOL.31 中缺失的另外 3 張經葉排在法藏 P.t.506 中。任小波《吐蕃時期"法王"觀念與〈十善經〉的敘事傳統——〈大乘經纂要義〉以及相關文本研究》（《魏晉南北朝隋唐史資料》2022 年 1 期），發現並綴合敦煌藏文《大乘經纂要義》寫本五種，指出其頒行將吐蕃王權的取向與佛教經本的流通聯繫了起來，思想背景當爲流行於吐蕃朝野的與"十善"相表裏的"法王"觀念，而這也塑造了後弘期的藏文史籍關於《十善經》的文本敍事的基本内核。夏伙根、萬瑪項傑《重慶中國三峽博物館藏心道法師舊藏敦煌藏文本〈大乘無量壽宗要經〉及相關問題研究》(《絲綢之路研究集刊》第 8 輯),認爲該經書很可能是由藏族翻譯家益希德與印度高僧爲贊普赤松德贊祈壽而共同翻譯的乙類版本,對藏文本《大乘無量壽宗要經》的翻譯、版本以及流傳等相關研究大有裨益。沙木·馮·謝克、路易士·多尼著,李夢妍譯《祈願文、上師和贊普:敦煌文書中的一則早期佛教故事(上、下)》(《國學學刊》2022 年 3、4 期),分析敦煌藏文寫本 P.T.149 的抄寫者、年代和内容後,探討該寫本反應的敍事元素,展示出 P.T.149 對於吐蕃割據時代"失落時期"史學的重要性,表明吐蕃敍事傳統從王朝史向宗教史的轉變。李連榮《試論敦煌藏文文獻中駿馬名號及其分類特點》(《西藏研究》2022 年 4 期),分析敦煌藏文文獻中記載的駿馬名號的含義和特點,特別是以編號爲 IOL Tib J731 和 P.T.1060 的文獻記載爲分析重點。

利用敦煌古藏文文獻研究吐蕃歷史。索南才旦《Balïq 與 Hor-yul——論 816 年吐蕃進兵東回鶻的若干問題》(《敦煌學輯刊》2022 年 3 期),通過敦煌藏文文獻 P.t.1196R 和 P.t.1294 的發現和研究,證明於 816 年吐蕃與回鶻在蒙古高原確實發生過一場激烈的戰役。陸離《吐蕃統治河隴時期司法制度再探討》(《西藏研究》2022 年 4 期),通過對敦煌藏文文書 P.T.1078 號訴訟案卷所涉吐蕃職官和制度進行分析,探討吐蕃瓜沙地區司法上訴程式的特殊性,另外,辨析《弟吳宗教源流》與《賢者喜宴》中關於吐蕃司法制度的記載的源流關係。陸離《從兩件敦煌藏文文書看吐蕃統治時期敦煌地區的貢物》(《西藏研究》2022 年 4 期),認爲 P.T.1128、P.T.1120 號文書其中記載的物品,有的是按户徵收,還有的具體徵收方式不明,這些物品大多應該產於當地,也反映了吐蕃統治河隴西域時期賦税制度的特殊之處。陸離《英藏敦煌藏文書寫阿彌陀經跋文年代考辨——兼論張氏歸義軍政權與點戛斯的關係》(《石河子大學學報》2022 年 2 期),認爲英藏敦煌藏文康寄滿書寫《阿彌陀經》(新編號爲 IOL, Tib J 1410)的跋文書寫於張氏歸義軍時期的 858 年或 870 年,反映了張氏歸義軍政權與當時漠北點戛斯政權的關係,與之相關的英藏千佛洞 73,iv,14 號文書(新編號爲 IOL Tib J134)書寫時間則爲 862 年,其中的點戛斯人來自漠北地區。沈琛《敦煌吐蕃兵律文書補考》(《文史》2022 年 3 期),通過考證近年新見敦煌本《吐蕃兵律》涉及的歷史人物和專有名詞,進一步確定《吐蕃兵律》創制於 700 年,並指出它的進步意義。羅將《敦煌出土吐蕃時期契約文書中的擔保探析》(《河西學院學報》2022 年 3 期),指出借貸契約中物保、人保並存,標的物與借貸擔保物之間價值差距較大,體現了吐蕃契約重在保障債權人利益的價值取向。周倩倩《吐蕃統治時期的新舊吐谷渾人》(《敦煌研究》2022 年 3 期），對吐蕃統治時期的吐谷渾人的生活狀況進行梳理，發現新舊吐谷渾人因遷居敦煌原因的不同而生活境遇大相徑庭，指出新舊吐谷渾人吐蕃化、民族融合的大趨勢不可避免。

西夏文方面。陳瑞青《日本天理圖書館藏〈西夏回鶻文書斷簡〉初探》（《敦煌研究》2022 年 3 期），根據《西夏回鶻文書斷簡》中收錄的一件元代文獻，推斷其出土於敦煌莫高窟北區，並指出《斷簡》爲研究西夏中後期敦煌地區民間借貸關係、家庭經濟狀況、民族構成等提供了珍貴資料。史金波《新見莫高窟北區石窟出土西夏契約釋考》（《敦煌研究》2022 年 4 期），通過研究西夏借貸契約發現西夏時期敦煌地區的女性已參與到社會經濟生活中，反映出西夏社會中女性具有一定的經濟地位。孫伯君《天理圖書館藏八思巴"讚歎"〈大乘無量壽總要經〉：至元三十年（1293）的西夏文譯本考釋》（《敦煌研究》2022 年 4 期），指出八思巴所撰"讚歎"是目前僅見有明確翻譯時間的西夏文譯本作品。在甘州禪定寺譯成，可能曾短暫彙集於大都弘法寺，最後於大德十一年（1307）被管主八刊入《河西藏》。馬萬梅、田曉霈《利率、花押與富戶——新譯釋西夏文契約文書研究三題》（《敦煌研究》2022 年 4 期），利用新材料闡發西夏文契約文書中存在的問題，觀察西夏地區民間借貸活動以及富戶生活狀態。孫伯君、夏立棟《張掖金塔寺石窟新見的西夏文榜題》（《敦煌學輯刊》2022 年 2 期），通過 2021 年對金塔寺石窟的調查，確認了東窟塔柱正面殘存西夏文墨書題記的分佈位置及與臨近塑像的内在關聯，進一步佐證了净土信仰曾盛行於西夏境内。杜立暉《日本天理圖書館藏西夏契約文書的内容、性質與運作》（《西夏研究》2022 年 4 期），對日本天理圖書館所藏敦煌西夏契約的内容、性質以及該批文書的運作進行探析。公維章《西夏地藏十王信仰考察》（《西夏學》2022 年 2 期），考察西夏地藏十王信仰流行的背景、影響及其自身特色。

回鶻文方面。張鐵山《敦煌研究院舊藏三件回鶻文"阿毗達磨論藏"殘片研究》（《敦煌學輯刊》2022 年 2 期），釋讀出三件"阿毗達摩論藏"殘片，並分別對每一殘片進行簡單介紹、回鶻文轉寫、漢譯和注釋，並附以漢文原文對照。阿依達爾·米爾卡馬力《國家圖書館藏一葉回鶻文〈佛説天地八陽神咒經〉研究》（《敦煌學輯刊》2022 年 2 期），對國家圖書館收藏一葉回鶻文《八陽經》寫本（GT15－12）進行轉寫、翻譯和語文學注釋等，並將其與倫敦本、京都本等進行對比分析，提出了該文獻不同於其他版本的觀點。阿依達爾·米爾卡馬力、張戈《中國國家圖書館藏兩件回鶻文〈圓覺經〉注疏殘葉研究》（《宗教學研究》2022 年 1 期），指出國圖藏新發現兩葉回鶻文殘片同樣屬於《圓覺經》注疏，且與敦煌研究院舊藏《圓覺經》注疏（D707）爲同一文獻。證明了回鶻人不僅崇信佛教,還深受中原佛法理論和佛教文化的影響。阿依達爾·米爾卡馬力《國家圖書館藏回鶻文〈妙法蓮華經玄贊〉研究》(《西域研究》2022年 1 期),指出國圖藏回鶻文《法華經玄贊》與斯德哥爾摩民族學博物館、巴黎吉美博物館、羽田亨私人收藏照片爲散落於各處的同一寫本。吐送江·依明、阿不都日衣木·肉斯台木江《敦煌研究院舊藏回鶻文〈十業道譬喻故事花環〉殘卷研究》(《敦煌學輯刊》2022 年 2 期),對敦煌研究院舊藏兩葉回鶻文《十業道譬喻故事花環》殘卷進行釋讀研究。崔焱《回鶻文契約文書中的"sïčï(四至)"研究——兼與敦煌、吐魯番出土的漢文文書比較》(《敦煌學輯刊》2022 年 2 期),指出回鶻文契約文書中的"sïčï 四至"方位詞以"東南西北"的排列方式爲主,這樣的順序與太陽崇拜的民族特性有關。認爲回鶻文契約中的 sïčï 現象與吐魯番出土的唐代漢文類契約有著更多的沿襲關係和深刻的文化淵源。孫炳晗《中國文化遺産研究院藏一葉回鶻文〈阿毗達磨俱捨論實義疏〉寫本研究》(《西域文史》第 16 輯),發現編號 xj219－0661.06 的回鶻文寫本内容屬於《實義疏》第一卷,並可與倫敦本《實義疏》部分對應。通過比對倫敦本、甘肅本、敦煌北區石窟本三個版本,指出文遺院本的内容與修改後的倫敦本大多數寫法完全一致,僅有少處細節上不同,對文義影響不大。

其他方面。余柯君《"北伍二件"敦煌漢文寫經夾註字母初探》(《敦煌研究》2022 年 2 期),指出敦煌遺書 D20 號與伍倫 7 號内容皆爲《金剛經》,内容上可以綴合。在兩件漢文經文旁還附有非漢語的注文,可能屬於婆羅米字母,即晚期草體于闐文。

十、古　　籍

本年度古籍整理與研究涵蓋儒家經典、敦煌類書、中醫古籍和寫本研究方面。

儒家經典方面。陳飛《敦煌唐寫本明〈詩〉習業策殘卷讀釋》(《河南師範大學學報》2022 年 1 期),指出英藏敦煌文獻"S6082"主體部分爲兩條相對完整的"《詩》論"問答,與《〈毛詩正義〉序》《詩譜序》關係密切,皆本於《毛詩序》,屬問答結構相對完整的明經私試策文本。陳亮亮《日藏内野本〈古文尚書〉附〈釋文〉考論》(《古漢語研究》2022 年 4 期),指出内野本《古文尚書》附陸德明《釋文》是一個出於特定目的而改纂的新文本,保存了《釋文》部分古文本,與敦煌本 P.3315《尚書釋文》殘卷有相合之處,反映了古本《釋文》文本性質等的變化。陳永寶《從〈敦煌論語寫本〉談朱注〈論語〉的合法性危機》(《吉林師範大學學報》2022 年 5 期),釐清了《敦煌論語寫本》和朱熹《論語》二者的邏輯架構並給予一定的説明,化解二者的矛盾與衝突。連劭名《敦煌寫本

〈六韜・文韜〉校釋》(《中國典籍與文化論叢》2022 年 1 期),指出佛教寺院保存兵書不相宜,故當初僅抄録了《六韜》中的《文韜》一卷。敦煌伯 3454 號《六韜・文韜》與今本相校,異文甚多,寫本錯誤很少,是精抄本。

敦煌類書方面。鄭炳林、劉全波《敦煌類書研究的知識史方法與博物學進路》(《西北大學學報》2022 年 6 期),認爲類書的産生本身就是"知識主義"的結果,亦是博物觀念發展到極致的産物,如欲加深對類書的研究,必須沿著知識史、博物學的來路回溯。任占鵬《日本天理圖書館藏敦煌〈石室遺珠〉新釋》(《敦煌研究》2022 年 3 期),認識到陶祖光是鑒定者,程伯奮才是該册的舊藏者,並對七件寫本作了詳細釋録,探究了部分寫本與法藏、羅振玉舊藏敦煌寫本的關係,並進一步揭示了各寫本價值。劉全波、何强林《敦煌寫本 P.3622V+P.4034V 佚名類書考釋》(《敦煌學輯刊》2022 年 1 期),將敦煌寫本 P.3622 與 P.4034 綴合後是一卷佚名類書,殘存山川章、人類章、姓氏章、職事章、城郭章等內容,借此認知中古時期士大夫、讀書人的知識結構與博物觀念。宋雪春《敦煌本 S.3227+S.6208V 文獻考辨》(《中國典籍與文化》2022 年 2 期),對 S.3227+S.6208V 綴合處文獻進行重新釋録,並指出綴合處文獻乃"寒食篇"的大部分內容。牆斯《敦煌寫卷 P.2047〈輔篇義記〉所引佚書〈物始〉小考》(《出土文獻》2022 年 4 期),在分析《物始》佚文的基礎上,探討該書在內容體例、纂述方式及取材方面的特點,並指出其在同類書的研究、《説文》等相關古書的校讀方面的參考價值。寇志强《敦煌類書所引〈莊子〉佚文考》(《諸子學刊》2022 年 2 期),指出敦煌文獻中的《勵忠節鈔》《應機鈔》《語對》《新集文詞教林》《新集文詞九經鈔》五種類書中引有大量《莊子》佚文,可補充馬、王輯本。高天霞、馬婕茹《論敦煌類書〈籯金〉寫本〈儲君篇〉與〈諸王篇〉的分野》(《河西學院學報》2022 年 1 期),考察敦煌類書《籯金》寫本《儲君篇》和《諸王篇》録事與敍文的關係。金瀅坤主編、王三慶著《敦煌蒙書校釋與研究・語對卷》(文物出版社),指出《語對》實爲一部小型類書,該書對《語對》進行整理,內容分 40 類,每類下羅列若干創作詩歌時常用的詞條、典故,是敦煌童蒙讀物系統整理的成果之一。

中醫古籍方面。王亞麗《敦煌寫本醫籍與日本漢籍比較研究》(上海古籍出版社),所用的敦煌寫本醫籍爲敦煌莫高窟出土的涉醫寫卷,日本漢籍主要選取日本平安時代撰寫的漢文醫籍,兼及其他漢籍。這些典籍均能較好地還原時代真實性,具有國內傳世文獻不可替代的文獻價值。劉冉、李鐵華《敦煌脈書〈玄感脈經〉"精識之主"考辨》(《中國中醫基礎醫學雜誌》2022 年 7 期),認爲敦煌出土脈學文獻《玄感脈經》中"精識之主"可補爲"頭角者,精識之主",認爲"頭角"不等同於"頭腦",從位置與生理功能的角度進行比較並指出其異同,並論述"精識"出現的背景。張詩敏、李玉清《敦煌卷子〈療服石醫方〉文獻研究》(《南京中醫藥大學學報》2022 年 5 期),確認敦煌卷子《療服石醫方》出自敦煌第 17 窟藏經洞。分析出其與傳世醫籍的同源性,解析了此卷子的服石將養療法。沈澍農、陳昢《敦煌文獻 P.2661V 佚方考》(《中醫藥文化》2022 年 2 期),指出敦煌文獻 P.2661V 中的一首佚名醫方與唐代、宋代醫方有同源之處,並認爲是古方傳抄者根據自己的理解調整化裁了所抄藥方。于業禮《俄藏敦煌一組婦人醫方殘片綴合及相關研究》(《中醫藥文化》2022 年 2 期),俄藏敦煌醫學文獻 Дx01295、ДХ04158 + ДХ04161、ДХ04437 和 ДХ04679 等 5 件殘小片,可綴合爲一組婦人醫方殘卷,載有治婦人善失子方、墮胎方、下血方等 10 餘首醫方,且多是祝由方。

有關中醫古籍的研究綜述。丁媛、于業禮《敦煌醫經類文獻對傳世相關文本的校勘價值》(《敦煌研究》2022 年 5 期),認爲將敦煌醫經類文獻與傳世文獻進行對比研究,可以發現敦煌醫經類文獻對傳世文獻有重要的校勘意義,也是梳理該類文獻文本流變的關鍵環節。劉冉、李鐵華《敦煌脈書〈玄感脈經〉研究》(《中國中醫基礎醫學雜誌》2022 年 3 期),就法藏敦煌寫本殘卷 P.3477《玄感脈經》殘卷的相關研究成果及其不足之處進行述評。魏玉婷、馬重兵、朱田田、嚴興科《敦煌針灸醫學文獻的分類整理與評析》(《中華中醫藥雜誌》2022 年 11 期),從針灸理論、針灸臨床角度分類整理了敦煌針灸文獻的研究現狀,總結了其學術特色(地域性、多樣性)和學術價值,並提出了構建具有敦煌特色的針灸學科。葛政、萬芳《敦煌佛道醫方芻考》(《中國中醫基礎醫學雜誌》2022 年 3 期),搜集了敦煌佛道醫藥文獻中的醫方共計 122 首,將其內容與傳世醫書中保存的亡佚隋唐醫方進行比對分析,進一步印證傳世醫書中醫方的真實性,也提供了校勘依據。

寫本研究方面。劉禕《唐代敦煌造紙技術再論:以文獻分析、寫本研究和實地考察爲中心》(《敦煌吐魯番研究》第 21 卷),借助同時代日本文獻《延喜式》,加之對現代造紙技術的觀察和模擬,助力復原唐代造紙技術,對敦煌寫本的再修復和保存也有重要意義。武紹衛《頁碼的誕生:中國古籍上的頁碼及其使用》(《圖書館雜誌》2022 年 6 期),梳理了中國古籍頁碼的產生過程,其中以敦煌和黑水城出土文獻來看,寫本冊子由於紙張處理方式等因素而基本不使用頁碼,並且指出雕版印刷術對頁碼的使用應該是獨立自發出現的,而不是對梵夾裝的借鑒。竇懷永《寫本視角的唐代避諱觀察——以敦煌寫本爲例》(《文津學志》2022 年 1 期),對比分析敦煌寫本在社會階層、文本內容、文字形體等方面的情況,觀察其普遍性特點,客觀估量寫本文獻在避諱考察對象、避諱執行樣本、文字形態素材等方面的學術價值。冷江山《敦煌文學寫本的裝幀形態》(《寫本學研究》第 2 輯),討論了敦煌文學寫本卷軸裝、冊頁裝和單頁裝的常見裝幀方式及問題,指出敦煌文學寫本的民間性、實用性和隨意性等特點。朱麗華《試論吐蕃統治對敦煌地區書寫工具、紙張及書籍形式的影響》(《寫本學研究》第 2 輯),指出敦煌文化在書寫工具、書寫載體和書籍形式等方面都受到吐蕃的抄經形制和使用習慣的影響。羅娛婷《敦煌寫本製作的流動性考察——以 P.2972 爲中心》(《寫本學研究》第 2 輯),指出 P.2972 雜抄寫本整體呈現了寫本動態的抄寫過程,反映了當時的敦煌靈圖寺等地的生活情景。

十一、科　　技

本年度敦煌學科技研究的成果主要集中在敦煌醫學和天文曆法方面。

敦煌醫學方面。鄭炳林、張靜怡《西漢敦煌郡醫事研究——兼論西漢敦煌市場藥材來源與銷售》(《敦煌學輯刊》2022 年 3 期),根據懸泉漢簡中有關敦煌郡居民和駐軍疾病的記載,推知西漢時期敦煌郡流行的主要疾病,亦可知西漢時期不僅僅向敦煌郡輸送很多藥材,還輸送很多醫者;驛站配置馬醫,有人馬同醫的現象。王進玉《密陀僧域外輸入質疑》(《中醫藥文化》2022 年 3 期),通過梳理秦兵馬俑彩繪材料、東漢西晉"密陀僧"在煉丹術著作和敦煌遺書中的記載,指出密陀僧,即一氧化鉛(PbO)。PbO、鉛白和鉛丹都是中國創造發明的。馬托弟《晚唐五代宋初敦煌疾疫醫療史研究》(蘭州大學 2022 年博士學位論文),分爲五個部分,對晚唐五代宋初敦煌的疾病醫療概況、宗教醫療、與疾病醫療相關的文化信仰及風俗、晚唐五代宋初敦煌的瘟疫及對地方政權的影響、吐蕃及歸義軍政府應對瘟疫的措施和社會活動進行研究。

天文曆法方面。何偉鳳《〈授時曆〉晝夜時刻制度考——以出土元刻本漢文〈授時曆〉殘頁爲中心》(《西夏學》2022 年 2 期),認爲黑水城和敦煌出土元刻本漢文《授時曆》具注曆日殘片保留有晝夜刻和日出入辰刻信息,爲元代《授時曆》漏刻制度提供了直接的實物證據,可以檢驗傳世典籍記載。

十二、書評與學術動態

書評方面。武紹衛《敦煌寫本學研究的新進展——鄭阿財〈敦煌寫本高僧因緣記及相關文獻校註與研究〉述評》(《敦煌吐魯番研究》第 21 卷),肯定該書是以"寫本原生態理論"爲指導、深入開展寫本學研究的力作,同時也指出如要關注單一寫本的整體性和獨特性,與其將寫本內容一一對應各自活動,不如將其視爲抄寫者、使用者的日常生活和知識結構。何劍平《神異感通　化利有情——敦煌高僧傳讚文獻研究》(《敦煌吐魯番研究》第 21 卷),認爲該書有三方面的學術成就：一是寫本學的思維、角度的研究及切入；二是研究材料的綜合運用，比如域外資料的使用；三是關注信仰和儀式活動。殷小平《外物不移方爲學——評林悟殊〈唐代景教再研究（增訂本）〉》（《西域研究》2022 年 4 期），認爲從《再研究》到《增訂本》，展現了林悟殊景教"再研究"三十年的階段特點與治學旨趣。前十年這一階段的"再研究"圍繞著景教碑和敦煌文書兩個中心展開，後二十年這一階段林先生將研究視野投向了景教傳播的華化形態。張重洲《事死如生——讀〈唐五代宋初冥界觀念及其信仰研究〉》（《佛學研究》2022 年 1 期），認爲該書所調查資料構建出唐五代宋初的冥界體系及其組織、發展、演變流程，其中特別展示出冥界與儒釋道三教之間的密切關係，進一步推動了學術界對於冥界相關問題的研究。瞿朝楨《歷史精神的教育意義及培育——評〈敦煌學通論〉》（《教育發展研究》2022 年 10 期），認爲其具備全面歸納敦煌學的誕生及發展過程、深入論述敦煌學的研究狀況、拓展思考歷史精神的教育意義及培育三個特點，爲敦煌學的發展提出了更多新的研究導向。沙武田《〈絲綢之路石窟藝術叢書·炳靈寺石窟〉讀後》（《敦煌學輯刊》2022 年 1 期），從三個方面論述炳靈寺石窟在石窟考古、中古史、藝術史上的地位和貢獻，指出《炳靈寺石窟》從資料的公佈上而言應有盡有，重視造像和畫面小細單元或細部，爲讀者和研究者全景式瀏覽石窟提供了一手資料。王琪斐《〈隴東北朝佛教造像研究〉介評》（《敦煌學輯刊》2022 年 2 期），指出該著作在區域斷代佛教考古與藝術研究等方面做了更加深入的探索，不僅拓展和豐富了"隴東石窟"的文化內涵，更從研究的思路、方法和角度上進行了諸多有益嘗試。鄭怡楠《〈唐代莫高窟壁畫音樂圖像研究〉評介》（《敦煌學輯刊》2022 年 2 期），通過梳理朱曉峰所著一書的主要內容和主要觀點，分析研究價值和不足之處，總結作者圍繞敦煌樂舞研究方法提出的問題。楊祖榮、陳佩雯《熠熠經卷畫琳琅：讀〈佛教影響下的敦煌文學〉》（《敦煌學輯刊》2022 年 3 期），認爲該書框架清晰，以不同文體分類爲軸，將內容分作六章，運用多學科綜合研究和分析比較法，對多種敦煌佛教文學文獻的文體形式、題材內容藝術特徵，以及文學創作主體的思想等多方面進行了全面而深入的探討。鄭怡楠《〈隋及唐前期莫高窟藻井圖案研究〉評介》（《敦煌學輯刊》2022 年 4 期），認爲該書雖然以藻井圖案爲主要研究對象，但不以孤立視角進行，而是涉及其他相關聯的圖案，對藻井圖案的發展、變化和特徵研究，既有階段性分析，也有整體性總論，還有微觀的個案研究。趙勇《〈法國國家圖書館藏敦煌藏文文獻目錄解題全編〉介評》（《敦煌學輯刊》2022 年 4 期），認爲《法國國家圖書館藏敦煌藏文文獻目錄解題全編》的問世，首次將法藏敦煌藏文文獻的概貌展現給國內學者，使我國法藏敦煌藏文文獻研究進入通過目錄認識文獻階段的同時開啓了流散海外文獻的全面回歸。劉進寶《敦煌學的珍貴歷史記録——讀〈敦煌人生：我的父親段文傑〉》（《敦煌學輯刊》2022 年 4 期），認爲該書比較全面地介紹了段先生在管理、研究方面的貢獻，以第一手資料爲支撐，是能夠比較全面反映段文傑與敦煌研究院發展史的好書，達到了傳記的基本要求。何江濤《道教文獻學研究新成果——〈中國道教寫本經藏〉述評》（《世界宗教研究》2022 年 7 期），認爲該書運用寫本學的理論和方法研究敦煌道經，並由此擴展到對整個古代道教寫本經藏的系統研究，關注道教史中的小人物或下層群體，是一部注重學科交叉融合、多種研究方法並用的著作。仵婷《評楊富學著〈北國石刻與華夷史蹟〉》（《寶雞文理學院學報》2022 年 6 期），對《北國石刻與華夷史蹟》進行提綱挈領介紹的基礎上，總結出該書"廣、新、細、全"四個特點。趙大旺《敦煌社邑文書與中古基層社會：郝春文〈中古時期社邑研究〉讀後》（《絲路文明》第 7 輯），對該書主要觀點進行概述，並對其學術價值和學術地位做一探討，認爲作者的大多數觀點仍經得起時間的考驗，但作者對學界提出的殷切希望還有待實踐。沙武田《會説話的文物　有温度的照片——孫志軍編著〈世紀敦煌：跨越百年的莫高窟影像〉讀後》（《絲綢之路研究集刊》第 8 輯），認爲該書是以影像史學角度構築的一部莫高窟百年歷史，具有獨具匠心的構思和編排，並通過對比百年前的同類照片放大了照片在説明屬性上的作用，從攝影角度挖掘敦煌文化價值，爲敦煌石窟保護提供史料支撐。韓樹偉《馮培紅〈敦煌學與五涼史論稿〉評介》（《絲綢之路研究集刊》第 8 輯），梳理了作者求學經歷，在此背景下，對該書的學術價值和創新意義作一論述，並表達對河西五涼史編著和"絲綢之路商業民族——粟特人在甘肅的基礎數據與調查"研究成果的期待。劉進寶《敦煌大衆思想："大衆思想史"的一個個案》（《中華讀書報》2022 年 10 月 19 日），評述楊秀清著《唐宋時期敦煌大衆的知識與思想》一書，認爲利用敦煌文獻，將敦煌學研究的範圍和對象擴展到思想史特別是大衆思想史的研究領域，無論是在思想史研究還是敦煌學研究方面，都是一個新的嘗試，並且彰顯了敦煌藏經洞出土文獻的新材料意義。

　　學術會議方面。2022 年 8 月 10 日至 13 日，由敦煌研究院主辦，敦煌研究院人文研究部與國家民委重點項目"敦煌歷史文化中的各民族交往交流交融研究"課題組承辦的"敦煌多民族文化的交往交流交融"學術研討會在敦煌莫高窟順利召開。2022 年 8 月 19 日，由敦煌研究院、中國敦煌吐魯番學會共同主辦的"新時代・新使命——敦煌學研究高地建設"專題研討會在莫高窟舉辦，25 位院内外專家應邀作了大會發言。呈現了新時代敦煌學研究新氣象、新方向，凝聚了建設敦煌學研究高地的新理念、新思想。

敦煌研究綜述方面。貟國傑、曾月秋《2021 年敦煌學研究綜述》(《2022 敦煌學國際聯絡委員會通訊》),對 2021 年敦煌學各個方面的研究論文及專著進行綜述。馬德、馬高強《進一步開創敦煌研究的新局面》(《敦煌研究》2022 年 1 期),指出需要認識敦煌歷史文化作爲精神財富對人類社會進步發展的價值意義;需要轉變傳統觀念,改進研究方法,開創新的研究局面,促進敦煌事業的發展,爲新時代堅持中國特色社會主義建設提供精神支撐。胡瀟《構建中國氣派敦煌學芻議》(《敦煌學輯刊》2022 年 4 期),指出在新時代背景下建設傳承創新,發掘中國道路和中國經驗的中國氣派敦煌學,將在培育新時代中國特色、中國風格、中國氣派新文化等方面具有現實意義。王晶波、馬托弟《學科交叉視野下的敦煌社會史研究及其展望》(《西北大學學報》2022 年 6 期),梳理百餘年間敦煌社會史的研究發展脈絡,考察其階段性特點,探討分析其社會文化動力與理論支撐,總結規律並展望未來。李琴《國家社科基金敦煌學研究立項現狀分析(2000—2019)》(《燕山大學學報》2022 年 1 期),發現目前我國敦煌學研究聚焦於文獻研究、文學研究、藝術研究、歷史文化研究等熱點領域,但還存在敦煌學外譯成爲短板、學科理論建構尚需完善、跨學科交叉研究欠缺、數據庫建設和應用研究不足、冷門絕學亟待加強等問題。

陳金華、紀贇《佛教寫本學的文獻與研究總論》(《中外論壇》2022 年 3 期),對以地域爲劃分標準的世界各地的佛教寫本收藏與研究情況作總括性的評論。其中主要包括印度次大陸、中亞、東南亞地區所發現的非漢語佛教寫本與漢語佛教寫本兩大類。後者則涵蓋中國境内的敦煌與吐魯番佛教寫本以及日本境内的寺院收藏寫經等。伏俊璉《敦煌文學對中國文學史的重大貢獻》(《學術研究》2022 年 3 期),指出敦煌文學爲中國文學史提供了變文、俗賦、白話詩、曲子詞等新的文學品種,爲解決文學史上的一些重大問題提供了新材料,爲早期中國文學的傳播研究提供了新方式,更爲真實地再現中古文學的傳播生態。常燕娜《敦煌漢簡與簡牘學的產生及新發展》(《絲綢之路》2022 年 2 期),認爲作爲連接簡牘學、敦煌學橋樑的敦煌漢簡,將成爲簡牘學甚至整個出土文獻學研究思路、方法創新的突破口。楊鳳芹《敦煌文獻〈絕觀論〉出土以來中日兩國牛頭宗研究綜述》(《佛學研究》2022 年 1 期),梳理了自 20 世紀 30 年代敦煌文獻《絕觀論》的出土後,中日兩國學術界對牛頭宗的關注和研究。薛欣、楊鵬斐、李廷保、藺興遙《近二十年敦煌古醫方研究概況》(《中醫藥臨床雜誌》2022 年 11 期),從文獻整理、理論探討、臨床應用、動物實驗 4 個方面概述近二十年敦煌古醫方的研究進展。艾麗華、楊仕章《敦煌遺書在俄羅斯的翻譯與接受研究》(《外語研究》2022 年 5 期),指出敦煌遺書的俄文翻譯工作的譯者身份、底本内容與譯作發表渠道由單一逐漸走向多元,敦煌遺書的接受呈現積極的發展態勢。

紀念文方面。2022 年白化文先生和朱雷先生逝世,學界撰文表達哀思與悼念之情。柴劍虹《尊師重道續文脈——悼念白化文先生》(《敦煌吐魯番研究》第 21 卷),回憶了自己與白化文先生交往相處的往事,同時對白先生尊師重道的品格和其學問追求等進行了闡述。楊寶玉《白化文先生的敦煌學研究(附白化文先生敦煌學論著目録)》(《敦煌吐魯番研究》第 21 卷),通過闡述白化文先生在敦煌吐魯番學研究上的獨特貢獻以寄托深切的懷念之情。劉進寶《朱雷先生與敦煌吐魯番文書研究(附朱雷教授論著目録)》(《敦煌吐魯番研究》第 21 卷),通過詳盡梳理朱雷先生在敦煌吐魯番學研究上的學術歷程和獨特貢獻以寄托懷念之情。劉進寶《認識的局限:編輯〈朱雷學記〉的感想》(《絲路文明》第 7 輯),回憶了在編輯《朱雷學記》的過程中,發現了朱雷先生對武俠小説的熟悉與喜愛——這一點卻是作者以前所不瞭解的——從而感觸到人的認識的局限性,並表達了對朱雷老師的懷念。萬明、李雪濤、戴冬梅主編《耿昇先生與中國中外關係史研究紀念文集(全 3 册)》(中國社會科學出版社),是 2019 年 4 月 13 日"耿昇先生學術紀念會暨中外關係史學術研討會"的紀念文稿與學術論文結集,也包括當時没有到會學者們悼念耿昇先生的紀念文稿。

2022 年吐魯番學研究綜述

田麗妍　季煜航　王明鑫(上海師範大學)

本年度中國大陸地區的吐魯番學研究成果頗爲豐碩。據不完全統計,吐魯番學研究專著及相關圖文集出版(含再版與譯著)近 50 部,公開發表的相關研究論文達 350 餘篇。以下將 2022 年中國大陸地區的吐魯番學相關研究成果分爲概説、歷史、社會文化、宗教、語言文字、文學、藝術、考古與文物保護、少數民族歷史語言、古籍、科技、書評與學術動態等十二類專題擇要介紹如下。

一、概　説

本年度總括性研究成果涉及絲綢之路史、西域出土文獻刊佈和介紹、西域考察團研究等方面。

絲綢之路史研究方面。榮新江編《絲綢之路上的中華文明》(商務印書館)以漢唐之間絲綢之路上中國文化的西傳爲研究主題,對早期絲綢之路上中國文化遺蹟、遺物進行了深入探討。萬明《絲綢之路上的明代中國與世界》(中國社會科學出版社)從中外關係史角度切入,嘗試再現 14 世紀末—17 世紀中葉中國與世界大轉折時代絲綢之路上中國與世界關係演化的歷史軌蹟及其國際關係體系構建。趙叢蒼著《絲綢之路學》(科學出版社)全面闡述了絲綢之路學的定義、研究對象與研究方法等相關問題。趙豐《眾望同歸:絲綢之路的前世今生》(商務印書館)以 2020 年中國絲綢博物館主題展覽爲切入點,由絲路考古與歷史領域的知名學者從歷史事實存在的中西交流之路、李希霍芬時代提出的絲綢之路、教科文組織提出的世界遺産絲綢之路三個角度講述絲綢之路的發現史和學術史。

西域出土文獻刊佈和介紹方面。朱雷《吐魯番出土文書補編》(巴蜀書社)系統整理了新疆維吾爾自治區博物館所藏一批未經刊佈的吐魯番出土文書殘片。作者完成了對這批文書的拍照、編號、拼接、釋讀、定名、解題、注釋等工作,同時也附帶改正一些過去釋文、定名失誤之處。王啓濤《朱雷新刊佈吐魯番文獻研究》(巴蜀書社)首先介紹了所收錄文書的來源並舉例説明其價值,後對朱雷先生刊佈的吐魯番文書進行細緻分析、研究,引證其他吐魯番文獻,逐一挖掘其隱藏的學術內容。王湛《中國國家博物館藏"唐人真蹟"文書題跋與遞藏考》(《中國國家博物館館刊》2022 年 4 期)對於館藏羅惇㬅舊藏的兩卷"唐人真蹟"中所收録吐魯番出土文書、題跋及相關鑒藏印章進行研究,考察文書來源和遞藏經過。

西域考察團研究方面。[英]奧里爾·斯坦因著,巫新華譯《西域之路》(商務印書館)根據斯坦因三次中國西部探險考察與考古發掘的成果而作,豐富了我們對古代西域、20 世紀的中國新疆地區以及英國在中國西部探險活動的認知。丁淑琴、王萍《克列門茨 1898 年的吐魯番考察及其影響》(《敦煌學輯刊》2022 年 3 期)借助俄藏檔案文獻和俄羅斯學界相關研究闡述 1898 年克列門茨考察隊赴吐魯番進行的考古調查,對此次活動的緣起、路綫、俄國與德國考察隊的關係等問題進行梳理。居政驥、許建英《關於 20 世紀初德國到中國新疆考察旅行的若干問題——以德國檔案文獻爲中心》(《中國地方志》2022 年 1 期)主要闡述 20 世紀初德國在新疆考察旅行的活動,其中重點探討了英、俄兩國對德國來疆活動的支持和幫助。

二、歷　　史

歷史方面的研究成果包含政治、法律、經濟和交通等方面。

政治方面主要包括了中央政權對西域的經營、民族關係與對外交往,制度史相關方面研究。

中央政權對西域的經營主要包括唐宋、明清時期對西域的經營。

唐宋時期對西域的經營。孟憲實《唐代于闐的四個歷史時期》(《西域研究》2022 年 3 期)依據傳世文獻和出土文書,重點論述了唐代于闐在貞觀時期、四鎮前期、四鎮後期及"後安史之亂時期"中的歷史發展。雒曉輝《都護在燕然:唐永徽元年北疆治邊機構的調整》(《歷史地理研究》2022 年 4 期)根據傳世文獻和出土石刻材料,對永徽元年北疆軍政機構調整的相關問題進行詳細的分析與論證。孫寧《户貫與唐代國家治理》(《魏晉南北朝隋唐史資料》2022 年 1 期)根據敦煌吐魯番出土的户籍文書,闡述户貫的形式、本貫的使用、特殊性質的户貫及户貫的發展與作用,進而探究普通人的户貫與社會控制之間的基本情況。張重洲《論唐西州初期的社會改革與佛教整頓》(《宏德學刊》2022 年 2 期)主要闡述了高昌國滅亡後,唐王朝對西州地區進行的社會和宗教改革。侯曉晨《唐初(618—639)統治者的西域認知及其經略觀》(《新疆大學學報》2022 年 5 期)探討了唐中央在高祖時期、貞觀元年至六年以及貞觀七年至十三年對西域認知和經略觀的發展演變。張安福《天山廊道與唐朝治理西域研究》(《社會科學戰綫》2022 年 6 期)利用出土文獻和傳世文獻,論述唐代充分利用天山廊道實現對西域等地的經營,並由此連接西亞的相關問題。徐承炎《試論唐代安西的屯田》(《農業考古》2022 年 1 期)通過闡述唐代安西屯田的概況,討論唐代安西屯田的作用和歷史意義。任世芳、任伯平《西漢至唐代新疆管理機構設置與人口變遷研究》(《西部學刊》2022 年 6 期)基於對歷史文獻的分析和考據,對西漢至唐新疆地區的人口與開發歷史進行梳理和考證。劉子凡《旅順博物館藏四神文書研究——兼釋〈唐開元二十三年西州都督府案卷〉》(《敦煌吐魯番研究》第 21 卷)在前人研究基礎上對旅順博物館藏四神文書進一步復原,並對四神文書中所見開元二十三年案卷進行初步的整理與考釋。張向耀《北宋西北地區蕃官名號述略》(《西藏大學學報》2022 年 2 期)以西北吐蕃蕃官名號爲重點研究對象,從另外一個視角深入認識北宋職官制度體系的構成。

明清時期對西域的經營。田澍、楊濤維《通貢和好:明朝重建西域秩序的路徑選擇》(《中國邊疆史地研究》2022 年 4 期)就嘉靖前期明朝恢復朝貢與終結"哈密危機"進行探討,分析了哈密難以復興的原因、收復哈密的過程及對西域秩序的重構等相關問題。陳躍《清代戰爭全史——保衛新疆之戰》(中山大學出版社)全面介紹了清政府對新疆的收服、所實行的系統化治理政策和應對新疆不同時期動亂所採取的政策。許建英、劉志佳《清朝新疆治理述論》(《中國邊疆史地研究》2022 年 3 期)通過梳理清朝治理新疆所面臨的地緣、民族、邊境、文化以及經濟等方面的挑戰,總結清朝治疆制度和政策的得失。張伯國《德化推行與認同塑造:乾隆帝嚴禁"苦累回人"思想及其實踐》(《清史研究》2022 年 2 期)圍繞乾隆嚴禁"苦累回人"的施政綱領展開闡述,探究其與乾隆朝回族國家認同之間的關係。英卡爾·巴合朱力《頂翎與治邊:清朝對哈薩克的頂翎政策(1765—1849)》(《清史研究》2022 年 3 期)以相關滿文檔案爲基礎,論述清中期清朝對哈薩克黑骨階層授予頂翎政策的由來、實行過程及成效。惠男《關於歸服清朝以來的額貝都拉與哈密扎薩克旗的活動(1697—1701)》(《新疆大學學報》2022 年 3 期)根據《清內閣蒙古堂檔》中數件蒙古文檔案,探析康熙三十六年至四十年(1697—1701)間哈密札薩克旗的基本狀況,並展現額貝都拉在協助清朝監控再度崛起的准噶爾汗國時所發揮的作用。范傳南、姜彬《哈密得失與明代西北邊疆經略》(《理論觀察》2022 年 11 期)主要論述明代對於西北邊疆的治邊思想及經略西域重鎮哈密的得失,分析明廷經略哈密失敗的影響。毛雨辰《洪武時期經略甘州研究》(《河西學院學報》2022 年 6 期)詳細論述了洪武時期經略甘州的過程並說明其重要意義。張斌、白俊鳳《嘉峪關明代長城防禦系統的建立與形成》(《河西學院學報》2022 年 6 期)通過收集明代甘肅鎮和肅州衛長城防禦體系建立、形成的相關史料,並結合嘉峪關長城分佈現狀的調查,對嘉峪關長城防禦系統的建立和形成進行系統梳理和論述。武沐、陳曉曉《明清時期河湟民族走廊文化治理的路徑及影響》(《北方民族大學學報》2022 年 2 期)通過整理明清時期河湟民族走廊地區的文化治理路徑,對治理路徑所產生的深遠影響進行論述。張莉、薛子怡《晚清吐魯番〈葡萄溝水善後分水章程〉與鄉村水利秩序的變動》(《中國歷史地理論叢》2022 年 4 期)梳理和分析晚清吐魯番廳衙門的水利訴訟檔案,通過整理《葡萄溝水善後分水章程》的具體內容及章程實際內容的變化過程,闡述地域社會村莊間力量的博弈與鄉村社會水利秩序重構的過程與機制。

民族關係和對外交往。吳爽、和談《論先秦時期西域漢人先民的活動及其語言使用》(《新疆大學學報》2022 年 3 期)依據考古資料和先秦時期漢文典籍記載,論證了先秦時期西域就存在漢人的活動,並闡明其活動範圍、語言的使用情況及其歷史價值。張巨武《兩漢時期中原與西域文化交流略論》(《唐都學刊》2022 年 5 期)根據《史記》《漢書》等史籍的記載,針對自張騫鑿空西域以來,漢朝和西域之間所進行的經貿和文化交流等活動,就其方式、規模及對雙方所產生的深遠影響展開闡述。丁友芳《〈西域圖記〉: 隋朝的西域情報、知識與戰略總綱》(《唐史論叢》2022 年 2 期)以《西域圖記》相關記載爲依據,詳細論述此書撰寫背景、對隋代經營西域的指導意義及此書所具有的情報價值。梁克敏《隋唐易代過程中的邊疆民族》(《地域文化研究》2022 年 5 期)把隋唐易代放在統一多民族國家的視域下,來全面審視當時周邊民族的歷史作用,進而揭示周邊民族與中央王朝的關係及隋唐易代過程中所發揮的作用。楊瑾《胡漢交融視角下唐代胡人"胡性"的建構與認同》(《唐史論叢》2022 年 2 期)在胡漢交融的視角下闡述了唐代胡人胡性的外在表現、其塑造與認同、胡性的社會生成等相關問題。樊文禮《沙陀與回鶻關係研究》(《絲綢之路研究集刊》第八輯)從沙陀的族源與回鶻、回鶻進入西域與沙陀初期接觸及回鶻進入代北後與沙陀交融三方面展開闡述,鈎沉二者之間的關係。楊富學、葛啟航《喀喇汗王朝對天山北麓高昌回鶻疆域的攻取》(《中國邊疆史地研究》2022 年 4 期)基於波斯文和回鶻文史料考察了 10 世紀回鶻西部的形勢,對喀喇汗王朝東擴的歷史脈絡及喀喇汗王朝對天山北麓回鶻疆域的蠶食過程進行了爬梳。陳柱《清朝與布魯特額德格訥部的最初關係》(《中國邊疆史地研究》2022 年 3 期)依據滿文檔案記載,詳細考察了清朝與布魯特德格訥部宗藩關係正式建立前雙方的接觸互動以及正式通使的情況。

制度史研究,主要從唐地方行政制度和清地方行政制度兩方面展開。

唐地方行政制度研究。包曉悅《唐代牒式再研究》(《唐研究》27 卷)介紹前人研究成果後,對《公式令》中的牒式類型和其餘牒式類型進行了詳細論述。顧成瑞《唐前期嶺南政區統隸關係新證——以吐魯番文書〈唐儀鳳四年

（679）金部旨符〉爲綫索》（《敦煌吐魯番研究》第 21 卷）以吐魯番文書《唐儀鳳四年（679）金部旨符》爲綫索，探討唐代前期嶺南政區建置沿革情況的相關問題。顧成瑞《唐前期驛丁應役方式的轉變——兼論力役征派的色役化》（《史學月刊》2022 年 10 期）基於《天聖令·厩牧令》唐 34 條和吐魯番出土的相關派役文書的基礎上，考辨驛丁應役方式的變化並分析其歷史影響。趙洋《中國國家博物館藏"唐人真蹟"中三件轉運坊文書考釋》（《中國國家博物館館刊》2022 年 4 期）對吐魯番地區出土唐代開元年間伊州轉運坊的三件官文書進行考釋，探討伊州轉運坊的作用及地位。

清地方行政制度研究。白京蘭、趙寧《清末吐魯番地區的"管業執照"——以〈清代新疆檔案選輯〉户科爲中心》（《西域研究》2022 年 2 期）以《清代新疆檔案選輯》户科爲資料基礎，從管業執照的釋義、形制、申領、頒發、管理以及糾紛等方面展開對清末吐魯番地區管業執照的初步研究，從而論證管業執照地位與作用。王耀《伯克職掌與 18 世紀中期回疆城市管理》（《地域文化研究》2022 年 2 期）依托傳世文獻，具體論述了伯克名稱及職掌、伯克對回城管理以及各回城伯克職數、職掌與管理架構等相關問題。黃峰《嘉慶時期新疆區域志史料價值淺析》（《新疆地方志》2022 年 2 期）依託嘉慶時期翔實的區域志史料記載，系統論述區域志史料的産生背景、整體情況及史料價值。魏曉金《清末吐魯番訴狀製作者官代書初探》（《新疆大學學報》2022 年 4 期）利用《清代新疆檔案選輯》對清末吐魯番官代書進行初步探討，研究清末吐魯番官代書的選取、任期和所作訴狀的特殊之處，從而探討清代中央司法對吐魯番地區的影響。

法律方面。郭文忠、祖浩展《乾隆朝發往新疆遣犯人數估算與研究》（《清史研究》2022 年 3 期）選用户科奏銷題本作爲估算的核心史料，基於奏銷數據的多樣化估算方法對乾隆朝新疆遣犯及家屬總數展開估算，並認爲該結果基於現有條件盡量接近實際。王東平《清代天山南路地區刑事重案的審理——基於道光朝阿克蘇吳廩年案的考察》（《清史研究》2022 年 3 期）基於檔案資料對道光朝阿克蘇吳廩年案進行系統考察，從而闡明清代天山南路地區司法審判的程序及特點，同時探討了《大清律例》對地方的影響。伏陽、徐湘楚《清代新疆建省後魯克沁郡王司法職能探析》（《喀什大學學報》2022 年 2 期）通過對相關案例的實證分析，歸納總結了清末新疆建省後，魯克沁郡王在司法實踐中的地位和作用。伏陽《鄉約司法職能探析——以清末吐魯番廳爲中心》（《新疆地方志》2022 年 1 期）依據檔案資料，具體闡述了清末新疆建省後吐魯番直隸官廳對轄區內各種案件的審理，並探析負責部分案件官員鄉約的司法職能。

經濟方面。孫炳晗《安史之亂後于闐地區征稅體系研究》(《西域研究》2022 年 3 期)根據和田地區出土漢文文書及于闐語文書,闡述于闐內部存在"國—州—鄉—村"的征稅體系及鎮守軍軍需的征納問題。王早娟、李佳《絲綢之路上香料藥物流通的歷史意義》(《石河子大學學報》2022 年 4 期)主要論述了香料藥物在絲綢之路上流通以及其流通對古代中國所產生的影響。巨虹《敦煌吐魯番文書中民間契約保障制度探究》(《寧夏師範學院學報》2022 年 6 期)根據敦煌吐魯番文書及樣文中有關指明違約責任的保障制度記載,探究保障制度被破壞情況下"約束性條款"的作用與價值。屈蓉《吐魯番出土唐西州時期租賃契約文書契式研究》(《地域文化研究》2022 年 6 期)依據吐魯番出土的近百件唐西州時期租賃契約文書,對租賃契約文書契式進行了考察,並闡述其特點和歷史價值。

農業方面研究。朱麗雙、榮新江《出土文書所見唐代于闐的農業與種植》(《中國經濟史研究》2022 年 3 期)主要根據和田地區出土的于闐語和漢語文書,系統論述唐代于闐農業生長與種植,對于闐主要糧食作物和經濟作物及其相關問題進行深入探討。蔣洪恩等《晉唐時期吐魯番盆地的穀物種植與收穫時間考證——基於吐魯番出土文獻》(《中國農史》2022 年 1 期)根據吐魯番出土文獻所提供的穀物種植、收穫的大致日期,結合朔閏表和史日對照表,推定晉唐時期吐魯番盆地大麥、小麥、糜與粟的大致播種與收穫時間。王欣、衡宗亮《乾隆年間新疆墾區油料作物種植研究》(《中國邊疆史地研究》2022 年 2 期)綜合運用新刊佈的多語種材料,對乾隆年間油料作物在新疆的種植、發展及其地位與作用等問題進行分析,在完善新疆農作物史的同時,深化對清代邊疆治理政策與成效的認知。王啟明《清前期回疆的水稻種植》(《中國歷史地理論叢》2022 年 2 期)根據清代軍機處滿漢文朱批、錄副奏摺與戶科題本等一手檔案,以回疆水稻種植本身所涉問題展開討論,借此重新認識清前期回疆經濟開發中的農業發展及其影響。朱順順《史料所載明代河西農作物種類及種植特性》(《河西學院學報》2022 年 2 期)從傳世的歷史文獻入手,對明代河西地區農作物的種類、實際作物以及作物種植的特性等方面展開深入研究。蔣洪恩《各歷史時期大麥、穬麥與青稞的名實探討》(《中國科技史雜誌》2022 年 3 期)依據傳世典籍、新疆地區出土文獻及植物遺存,考察了大麥類作物的名實問題。

商品經濟方面研究。李睿哲《中古時期粟特人對絲路貿易的掌控》(《絲綢之路研究集刊》第八輯)闡述中古時期粟特人所建立的貿易據點、所進行的貿易組織與活動及其在貿易中所處的地位和作用。馬秀英、曹樹基《等額還本付息:清代吐魯番的葡萄園租賣》(《中國農史》2022 年 3 期)以光緒年間葡萄園訴訟案和契約爲切入點,採用處置權、收益權與使用權的分析框架,揭示土地租賣的本質是一種"等額還本付息"的借貸償債,並闡述其運行的多種形式。黄柏權、鞏家楠《清末新疆私茶案件與地方政府應對》(《江漢論壇》2022年9期)通過私茶案件對清末新疆地區茶市的混亂狀況、清廷和新疆地方政府採取的應對措施以及治理私茶案件的效果等相關問題進行詳細討論。劉凡、郝新鴻《清末新疆商業發展鈎沉——以日野强〈伊犂紀行〉爲視角》(《邊疆經濟與文化》2022年12期)透過日野强《伊犂紀行》中新疆商業的相關内容,並輔以其他相關文獻,鈎沉出清末新疆商業發展的基本情況。

軍事方面研究,主要分爲軍事制度研究及戰爭細節相關問題研究。

軍事制度方面研究。丁俊《唐開元時期軍政體制下的西州財務收支蠡測》(《敦煌研究》2022年2期)從西州既實行軍鎮體制又實行内地州縣體制的特殊性入手,結合相關史料,重點闡述西州等邊州的租税留州與就地供軍情況及西州地區基本的收入和支出等問題。張旭《吐蕃按户征兵制度研究》(《中國邊疆史地研究》2022年3期)基於漢文古籍和古藏文寫卷,著重探討吐蕃户籍管理與徵兵的關係並重新闡述了吐蕃民轉兵的程式化措施。

相關戰爭細節研究。齊會君《會昌年間唐朝征討南遷回鶻諸問題考論》(《中國邊疆史地研究》2022年3期)依據《會昌一品集》所録唐朝皇帝發給邊境守將的敕書以及宰相李德裕的上奏文書,進一步探討唐朝征討南遷回鶻的策略及其決策過程、唐朝與黠戛斯圍繞征討南遷回鶻進行交涉的實際情況。徐承炎《唐後期安西陷落考論——兼論吐蕃進攻安西的路綫》(《中國邊疆史地研究》2022年4期)通過分析考古材料和漢、藏文資料的記載,認爲安西陷落或在貞元十七年,并探討了吐蕃進攻安西的軍隊來源及其行軍路綫。王玉平《貞觀二十二年昆丘道行軍路綫新考——兼論天山腹地的戰略意義》(《新疆大學學報》2022年1期)主要闡述了貞觀二十二年前唐朝經營天山腹地的幾次戰争並對貞觀二十二年昆丘道行軍路綫進行了考察,進而討論天山腹道的戰略意義。沈琛的《8世紀末吐蕃佔領于闐史事鈎沉》(《西域研究》2022年3期)利用出土文獻和傳世文獻,對貞元十四年吐蕃佔領于闐的過程及其將領進行了考述。苑恩達《〈范詞墓誌〉與咸亨四年的唐蕃西域之争》(《敦煌學輯刊》2022年3期)對《范詞墓誌》中所記載唐蕃戰爭進行考證,闡述墓主人在此次戰爭中的活動與作用及此次戰爭的時間、地點及作戰情況。董永强《唐代突厥蕃將執失家族研究——以〈執失奉節墓誌〉〈執失善光墓誌〉爲中心》(《唐史論叢》2022年1期)利用《執失奉節墓誌》和《執失善光墓誌》,結合唐代文獻和其他新出墓誌,探討執失家族在唐朝的相關史事。

交通方面研究。崔永强《北涼高昌地區行水問題研究——兼論其時督郵分部情況》(《西域研究》2022 年 2 期)通過對緣禾十年行水文書進行考察,論述高昌地區行水相關問題及督郵分部情況。劉子凡《安史之亂前夕的安西與北庭——〈唐天寶十三、十四載交河郡長行坊支貯馬料文卷〉考釋》(《中國國家博物館館刊》2022 年 6 期),依託《交河郡馬料文卷》,對文卷中記載安西與北庭的交通、官吏和軍政進行新的考證,並闡述安史之亂前夕的節度使制度和唐朝經營西域的格局。李樹輝《絲綢之路西域段"北道"考論》(《敦煌學輯刊》2022 年 3 期)依據傳世史料記載,對天山北道及其他支道的路綫及走向進行相關的考察。杜文玉《五代時期山東半島至于闐之間的交通綫路考》(《絲綢之路研究集刊》第八輯)主要針對五代十國時期山東半島至于闐之間溝通絲綢之路的綫路進行了相關考釋。張坤《試論隋唐之際伊吾粟特人的來源——兼論絲綢之路新北道的使用》(《絲綢之路研究集刊》第八輯)闡述隋唐之際伊吾粟特人可能源自鄯善移民,並對新北道的暢通進行了考察。

三、社 會 文 化

社會文化的研究成果包含文化交流、物質文化和社會風貌等方面。

文化交流方面。李并成《河西青海新疆一帶西王母文化遺存的實地調查與考證》(《石河子大學學報》2022 年 5 期)對河西走廊、青海、新疆地區西王母文化遺存進行考察,結合有關史料闡述西王母文化的時代價值與當代價值。巴哈提·依加漢《乾嘉時期寫往清廷的三封察哈台文求藥信及其反映的文化會通現象》(《清史研究》2022 年 2 期)對中國第一歷史檔案館所藏三封察哈台文求藥信進行研究,討論其所反映的文化交流融合現象。宗世昊、叢振《唐代絲綢之路上的飲宴遊藝與娛樂》(《雲岡研究》2022 年 1 期)對莫高窟壁畫、敦煌文書以及傳統文獻中所記載的飲宴遊藝進行研究,闡述其主要內容和當時文化交流的情狀。王子今《"酒"與漢代絲綢之路民族交往》(《西域研究》2022 年 4 期)以"酒"爲切入點來討論中原與少數民族地區互通貿易的情況以及"酒"貿易對雙方的影響。李藝宏、王興伊《吐魯番涉醫文書所見晉唐時期儒家思想及其文化認同研究》(《貴州民族研究》2022 年 5 期)以吐魯番出土的涉醫文書爲主,探析中原晉唐時期吐魯番地區人民對以漢文化爲背景的醫藥文化的吸收與使用以及吐魯番人民在醫藥文化中的儒家思想認同。郭青《漢、唐、清時期新疆地區與中原地區文化交流研究》(《新疆地方志》2022 年 1 期)重點論述漢、唐、清時期新疆與中原地區物質、制度和精神文化三方面的交流情況。

物質文化方面。孫維國《淺析新疆發現的雞形紋樣文物及其文化溯源》(《新疆藝術(漢文)》2022 年 2 期)爬梳新疆發現的隨葬雞形象文物和相關的史料記載,追蹤其文化溯源和對當地文化產生的深遠影響。李偉良《西域"孔雀"考論》(《新疆大學學報》2022 年 4 期)對歷史文獻進行爬梳,探究古代西域孔雀的生物屬種、産地分佈、飼養利用、物種來源與本土化等問題。尚玉平《新疆巴里坤縣清代墓葬出土紛帨的考釋》(《吐魯番學研究》2022 年 2 期)對腰間配飾紛帨展開詳細研究,闡述其出土背景、名物與緣起、作用及其文化屬性。楊文博《克孜爾石窟第 224 窟説法圖研究》(《絲綢之路研究集刊》第八輯)針對説法圖的主題、出現原因及所反映的禮拜儀軌展開研究。劉維玉《新疆地區史前喪葬禮俗中的植物文化初探》(《農業考古》2022 年 1 期)通過分析新疆史前墓葬中植物遺存和植物紋飾的功能和内涵,探討植物如何進入古人的精神世界以及西域先民生活中的植物文化。張世奇《魏晉十六國時期高昌弓箭文化探析——以阿斯塔那及哈拉和卓墓群出土墓主生活圖爲中心》(《民族文化》2022 年 3 期)對吐魯番阿斯塔那及哈拉和卓墓群出土魏晉十六國時期墓主生活圖中擺放或懸挂弓箭的文化意涵、出現原因及其特點進行了探討。陸錫興《吐魯番文書中的"尖"》(《中國典籍與文化》2022 年 3 期)以吐魯番及河西走廊一帶大量的文物遺存爲基礎,研究探討吐魯番文書中"尖"的形象並闡明"尖"與胡帽的區別。劉妍等《新疆"胡麻"名實問題研究——兼談"胡麻索"》(《中國科技史雜志》2022 年 1 期)基於古代文獻資料與植物考古證據,認爲吐魯番出土文獻中出現的"胡麻索"應爲高昌地區漢人對轄區以外的其他民族所産麻繩的統稱,而非芝麻稈製作的繩索。白偉《唐代吐魯番居民的麵餅》(《大衆考古》2022 年 2 期)根據阿斯塔納墓地出土的各種麵食實物和相關文書,對唐代吐魯番地區的麵餅展開研究。孫維國《漫談阿斯塔那墓地出土的月餅及相關問題》(《文物天地》2022 年 10 期)對阿斯塔納墓地出土月餅的外形進行分析,闡述吐魯番居民豐富的飲食生活和飲食結構。

社會風貌方面包括社會生活、服飾妝容等。

社會生活方面。余欣《占燈術源流考:德藏吐魯番出土文獻 Ch1634 發微》(《浙江大學學報》2022 年 7 期)根據德藏吐魯番文獻 Ch1634《雜占要抄》中的"占燈吉凶法"記載,討論了占燈法的儀式、性質並探究此件文書的歷史淵源,考究佔燈法之後的流變與道術化發展,認爲佔燈法爲重構方術世界提供了綫索,影響了西域多元文化的形成。余欣《知識、信仰與政治文化:中古時代東西方關於極光的書寫》(《學術月刊》2022 年 12 期)通過全面梳理中古時代極光相關文本和圖像資料,將中國古代極光記録重置於禎祥災異的語境下考察,並通過東西方比較的視角來探討極光的歷史書寫所映照的知識—信仰體系和政治文化,提出極光研究的新範式。石澍生《吐魯番出土蒙學習字文書中的書法教育》(《書法研究》2022 年 1 期)通過對吐魯番出土文獻中書法練習的有關文書加以整理，探討了當時書法教育的基本情況與方式。

服飾妝容方面。劉睿佳、邵新豔《唐代半臂中的肩部拼接與歷史淵源探析》（《絲綢》2022 年 11 期）以唐代肩部拼接式半部實物爲研究對象，從外觀形制上分析其特點並與 7—9 世紀的吐谷渾國、吐蕃王國和中亞粟特九姓國中有關圖像材料和史料記載相對比。阿迪力·阿布力孜《從出土文物看新疆古代婦女的帔巾》（《文物天地》2022 年 9 期）探究了新疆出土文物中帔巾的源流和樣式。阿迪力·阿布力孜《從出土文物看新疆古代婦女的簪與釵》（《新疆藝術（漢文）》2022 年 2 期）探究了新疆出土文物中簪、釵的歷史發展與樣式。

四、宗　　教

本年度吐魯番宗教研究主要涉及佛教、三夷教、道教等方面。

佛教方面的研究主要在佛教歷史、佛教典籍研究等方面。

佛教歷史方面。李智君《三至九世紀于闐佛教信仰空間的生產》（《民族研究》2022 年 5 期）從佛現與法滅兩方面對于闐空間信仰的建構進行闡述並認爲僧侶對佛現與法滅的空間生產實爲佛門追求利益最大化和應對危機的手段。德吉卓瑪《從龜茲石窟藏文壁文管窺吐蕃佛教的傳入》（《西藏研究》2022 年 2 期）通過對龜茲石窟藏文壁文的解讀，論證了龜茲石窟和吐蕃佛教的關係，揭示了吐蕃與吐火羅等古代西域諸國交往、交流的歷史，並對吐蕃佛教的傳入路徑、區域等問題重新進行了探究。武海龍、張海龍《唐代中原與西州佛教之交流——以吐峪溝新出〈唐護法沙門法琳別傳〉殘片爲中心》（《西域研究》2022 年 1 期）分析了《唐護法沙門法琳別傳》的成書時間和在唐西州的傳播情況，進而爲中原與西州佛教的交流互動提供了一個新的視角。張放放、杜成輝《唐代北庭地區的佛教寺院和石窟》（《雲岡研究》2022 年 2 期）研究了唐朝時期漢傳佛教回傳西域的情況，認爲當地的佛教在受中原內地影響的同時也吸收了龜茲和于闐的佛教文化，在伊斯蘭教成爲主要信仰後仍未斷絕。吳正浩《于闐毗沙門天王信仰在內地的傳播——以〈李鍔墓誌〉爲中心的考察》（《石河子大學學報》2022 年 1 期）以《李鍔墓誌》爲考察中心，利用墓誌和兩《唐書》等材料，考釋了李鍔的家族世系，結合于闐、敦煌等地的雕塑和壁畫等相關資料探討了于闐毗沙門天王的主要形象特點，在此基礎上分析了于闐毗沙門天王信仰在內地的傳播原因。孫伯君《吐峪溝出土西夏文"大手印"法修持儀軌考釋》（《西夏學》2022 年 2 期）釋讀了三紙吐峪溝出土西夏文寫本，證實其內容爲譯自藏傳佛教大手印法的修持儀軌，對研究蒙元時期藏傳佛教的傳播以及各民族交往的歷史具有重要價值。孫伯君、鄭昊《李惠月及元代河西僧人寫刊佛經史實再考》(《北方民族大學學報》2022 年 4 期)通過梳理金銀寫本《大方廣佛華嚴經》以及存世《普寧藏》零本的施經題記,聯繫白雲宗刊行和印施《普寧藏》的史實,得出李惠月即爲白雲宗僧録和桑哥倒臺、其黨羽楊璉真加被朝廷治罪與李惠月 1291 年離開江南有關的結論。

佛教典籍研究方面。孟彦弘《中國國家博物館藏經録考釋》(《中國國家博物館館刊》2022 年 4 期)通過考釋中國國家博物館藏《大唐内典録》,考證出梁素文之前的收藏家爲段永恩並認爲此件是作爲佛教典籍來抄寫的,而非作爲實用佛經目録或信衆作爲功德來抄寫。吐送江・依明、阿不杜都日衣木・肉斯台木江《敦煌研究院舊藏〈十業道譬喻故事花環〉殘卷》(《敦煌學輯刊》2022 年 2 期)通過對敦煌研究院舊藏《十業道譬喻故事花環》殘卷進行釋讀研究,得出該件文書在蒙元時期也在敦煌吐魯番一帶的回鶻佛教徒中流行的論斷。郭丹《俄藏 Φ.341〈長阿含經〉出土地探源——基於 LD489302、SH.1538、SH.1653 及梁玉書、王樹枏題跋的考察》(《敦煌吐魯番研究》第 21 卷)通過對俄藏 Φ.341《長阿含經》與 LD4983—02 的綴合以及對 SH.1538、SH.1653 及梁玉書、王樹枏題跋的考察,認爲俄藏 Φ.341《長阿含經》的出土地實爲吐魯番而非敦煌。阿依達爾・米爾卡馬力《國家圖書館藏回鶻文〈妙法蓮華經玄讚〉研究》(《西域研究》2022 年 1 期)通過對國家圖書館藏回鶻文《妙法蓮華經玄讚》進行釋讀研究,從語文學和翻譯學角度進一步證實了該文獻爲勝光團隊之作的假説。

三夷教方面。馬小鶴《新見屏南抄本夷偈〈四寂讚〉校釋》(《文史》2022 年 1 期)合校了霞浦文書《興福祖慶誕科》《摩尼光佛》《請神科儀合抄本》與新見屏南文書《貞明開正文科》中的《四寂讚》,對《貞明開正文科》中的《四寂讚》進行了校注,並對其中漢字音譯胡語的異文問題進行了討論。王静《絲綢之路上景教的本土化傳播及其衰落》(《西域研究》2022 年 3 期)通過分析敍述景教在西亞、南亞、中亞和中國各個地區的傳播方式與情況,得出其沿絲綢之路傳播遭遇困境和逐漸衰落的主要原因是其遭受佛教文化、儒家文化、伊斯蘭文化、天主教文化等諸多主流文化包圍而逐漸喪失生存空間,難以真正完成本土化。

道教方面。郜同麟《龍谷大學藏吐魯番道教文獻拾補》(《西域研究》2022 年 1 期)通過對龍谷大學藏吐魯番道教文獻中尚未正確定名的八件文書的整理,探究了其在道教文獻發展源流、瞭解道教儀式傳播等方面的重大學術價值。劉志《唐代老子經像西傳考——敦煌文化與絲綢之路典範探析》(《世界宗教文化》2022 年 1 期)通過考察唐代老子經像由長安向敦煌、西域以及天竺傳播的情況，凸顯了道教在老子經像向敦煌、西域以至天竺的傳播中發揮了重要的作用。

五、語言文字

語言文字方面的研究涉及對語言文字考釋和民族語系與漢字的關係兩方面。

語言文字考釋方面。趙毅、楊維《唐代"西番"詞義考辨》（《唐史論叢》2022 年 2 期）通過梳理前面的學者對"西番"解釋以及不同歷史時期上"西番"所指代的實際含義，得出唐代"西番"並非專指吐蕃，而是指不同時期的西疆勢力的結論，同時還提出的應將詞義研究納入邊疆史研究之中，探討其背後諸多聯繫的觀點。黄樓《吐魯番軍事文書所見"陪番人""陪人""隊陪"試釋》（《絲綢之路研究集刊》第八輯），在前人研究的基礎上，對吐魯番軍事文書中"陪番人""陪人""隊陪"三者的關係進行探討。丁愛玲《吐魯番出土契約中"名_{指人}+邊"的來源與形成》（《現代語文》2022 年 2 期）考察了吐魯番出土契約中"名_{指人}+邊"的來源與形成，"邊"最初位於普通名詞之後，表示物體關係部分，隨著"邊"前的普通名詞變爲處所名詞，後附於該名詞的"邊"也帶上了處所義，逐漸脱離關係範疇，進入空間區域範疇。

民族語言文字與漢字的關係方面。張世奇《絲綢之路語言文字二題》（《新疆藝術》2022 年 2 期）概述了西域的民族和語言情況，梳理了漢代之後西域的翻譯活動以及中原和新疆地區出土的家書實物概況，反映了民族間的交流與融合。

六、文　　學

文學方面的研究涉及絲路文學價值、詩歌研究。

絲路文學價值方面。陳宛伶、屈玉麗《古代西域詩歌的文學特徵和文化價值》（《地域文化研究》2022 年 6 期）通過對古代西域詩歌及其中的元素進行分析，展現了詩歌中所蘊含的人本精神、史料價值、文化價值，並借西域詩歌復現古時絲綢之路的自然地理和經濟文化交流。

詩歌研究方面。田峰《吐蕃佔領河隴地區與中晚唐時期邊塞詩創作的轉變》（《西藏研究》2022 年 6 期）分析了中晚唐時期，在河隴陷落的背景下，西北邊塞詩歌的變化，一是面對吐蕃的步步緊逼與疆域縮小的現實，詩歌精神與風格的轉變；二是詩歌反映了吐蕃統治下詩人内心的掙扎與無可奈何的悲嘆；三是詩中開始反思唐代邊疆經營，諷刺邊政邊將，同情戍卒邊民。李娜、田峰《唐蕃河隴之爭與高適的邊塞詩》（《邊疆經濟與文化》2022 年 12 期）分析了高適的邊塞詩與當時的唐蕃局勢,認爲高適親臨唐蕃交鋒的正面戰場,詩中所述均爲親見親感,既有文人情懷也不乏武將胸懷。史國强《新見清代流寓烏魯木齊文人西域詩作略述》(《新疆地方志》2022 年 4 期)列舉分析乾隆至同治年間清代流寓烏魯木齊的詩人及他們的作品,認爲這些作品推進了清代新疆漢語文學的發展與繁榮。李彩雲、任剛《伊犁流人祁韻士西域風景詩探微——以"天山"和"沙漠"爲例》(《南昌航空大學學報》2022 年 2 期)分析了祁韻士流放伊犁期間所作《濛池行稿》和《西陲竹枝詞》,詩中描繪了西域獨特的自然風光,寄寓了詩人流放後的複雜情感和人生感慨,展現了詩人深重的憂患意識和戍邊受命著史的家國情懷。王淑蕓、郝青雲《乾嘉時期新疆竹枝詞的詩注研究》(《陰山學刊》2022 年 1 期)梳理分析了乾嘉時期的新疆竹枝詞及其詩注的形成過程與作用,主要有三個方面:一是解釋説明豐富詩歌内容;二是更加准確地傳達作者的思想意圖;三是將當地的民族元素融入詩歌之中。吳華峰、周燕玲《清代西域竹枝詞輯注》(上海古籍出版社)匯總了清代五種重要的西域竹枝詞,並對詩人詩歌進行注釋,附有解題,是瞭解清代西方民俗産物、自然景觀及社會文化的重要參考資料。

七、藝　術

與藝術相關的研究涉及佛教石窟造像、壁畫、音樂、舞蹈、書法、圖像、造型與服飾藝術等方面。

佛教石窟與造像研究方面。張澤珣、黃君梀《絲綢之路藝術:龜兹造像》(浙江大學出版社)將新疆龜兹石窟造像藝術作爲研究材料,揭示出新疆古龜兹造像與犍陀羅藝術、秣菟羅藝術文化的關聯。安康《從文物遺存看古代薩珊佛教藝術的影響》(《文物天地》2022 年 6 期)通過對薩珊王朝的歷史、佛教文化藝術和現今佛教文物藝術遺存的整理分析,證明了薩珊文化對新疆等地佛教藝術産生了很大的影響。

壁畫方面。劉韜、夏立棟《吐峪溝西區第 18 窟新見"千手眼大悲像"壁畫考釋》(《文物》2022 年 12 期)在《新疆鄯善吐峪溝西區中部高臺窟院發掘報告》的基礎上參考唐宋時期高昌與敦煌所出"千手眼大悲像",通過比對佛教經典,對吐峪溝西區第 18 窟新近發現的千手眼大悲及其眷屬進行圖像學釋讀,並認爲其對稱佈局用意在於現世救難與來世往生的雙重祈願。高海燕《龜兹石窟"因緣故事畫"題材及相關問題研究》(《敦煌學輯刊》2022 年 1 期)擯棄了對龜兹石窟壁畫的命名採取"因緣故事畫"這一模糊籠統的概念的做法,根據這些故事畫不同的分佈位置和構圖形式解讀其題材内容,將龜兹石窟壁畫分別命名爲"方格佛陀教化説法圖""菱格佛陀教化説法圖"和"誓願授記故事"等。何芳《試析新疆吐魯番阿斯塔那墓地發現的莊園生活圖及相關問題》(《吐魯番學研究》2022 年 1 期)通過分析新疆吐魯番阿斯塔那墓地發現的莊園生活圖探討了當時吐魯番盆地居民的生活方式。何芳《談談新疆吐魯番高昌故城周圍發現的晉唐墓葬壁畫》(《文物鑒定與鑒賞》2022 年 16 期)對吐魯番高昌故城周圍發現的兩座晉唐墓葬壁畫進行分析比較,探討了該壁畫中所反映的當時的社會生活和習俗。任平山《吐峪溝、克孜爾壁畫"毗舍離喪子緣"——兼議龜茲壁畫研究的局限與可能》(《藝術探索》2022 年 5 期)介紹了吐峪溝、克孜爾壁畫"毗捨離喪子緣"的概況及故事背景,同時點明了龜茲壁畫研究的局限與可能。史忠平《花屏——莫高窟宋、回鶻、西夏蜀葵圖像探究》(《藝術探索》2022 年 6 期)首先列舉蜀葵各個時期在莫高窟壁畫中的圖像,而後描述蜀葵的造型、色彩與形式美,緊接著敍述了其母題與圖式淵源,最後點明蜀葵的繪製原因與内涵。高秀軍、查娜《關於行道天王圖的幾個問題芻議》(《美術學報》2022 年 1 期)對在毗沙門圖像中與毗沙門天王同時出現的帶翼形象、嬰兒、童子以及高昌回鶻時期石窟壁畫行道天王圖中出現的犬等形象進行分析,得出了這些元素所蘊含的特殊信仰功能和藝術成分。任皎《克孜爾石窟第 38 窟叠澀壁畫研究》(《新疆藝術(漢文)》2022 年 5 期)對克孜爾石窟第 38 窟叠澀壁畫進行研究,通過分析壁畫本身的内容以及其象徵意義,再與印度的本土信仰崇拜相結合,得出了其中對水的描摹出自印度對水的崇拜。侯恩霞《克孜爾石窟 163 窟壁畫藝術研究》(《美與時代(上)》2022 年 7 期)從洞窟的形制與壁畫内容、富有裝飾性的色彩與綫條、壁畫的風格特點以及年代這幾個方面著手對克孜爾石窟 163 窟壁畫藝術進行研究,分析介紹了該窟的壁畫藝術特徵及其蘊含的文化價值。

音樂研究方面。周菁葆《絲綢之路上的印度琵琶研究》(《音樂文化研究》2022 年 3 期)梳理了琵琶的演變歷史和流傳過程,詳細分析了所存史料和歷史遺存作品中的琵琶形象,證明美索不達米亞爲長頸琵琶的發源地,傳入希臘後隨著希臘與印度音樂文化的融合纔形成了五弦琵琶。解婷《河西走廊與唐代音樂文化的繁榮》(《新疆藝術(漢文)》2022 年 5 期)通過對唐代河西走廊各種樂器和音樂形式的敍述表現了在民族大融合的背景下藝術文化的繁榮發展,同時藝術文化的繁榮又能進一步推動民族融合。吳潔《漢唐時期胡、俗樂的融合——絲綢之路上的樂器、樂舞的圖像學研究》(中央音樂學院出版社)研究了漢唐一千年胡俗樂在絲綢之路上的歷史變遷。

書法研究方面。石澍生《吐魯番出土文獻的書法史價值及其意義》(《國畫家》2022 年 4 期)探討了吐魯番出土書蹟的書法特徵和書史研究價值,其書法史價值主要體現在對晉唐書法史整體發展脈絡和細節缺失之處的闡釋。

石澍生、楊立凡《“寫經體”考辨》(《中國美術研究》2022 年 1 期)通過對“寫經體”詞源的考析和發展過程的梳理,總結了“寫經”二字的實際含義,並從廣義和狹義兩個角度進行論述。石澍生《3—8 世紀吐魯番出土文獻書法研究》(甘肅文化出版社)以吐魯番出土文獻書法爲研究對象,論述了其寫本學特徵、書法風格流變與分期以及書體演變、文獻書寫人、當時的書法教育等相關問題。魯世傑《從〈審訊王奉仙文書〉看顏真卿行書風格形成的時代背景》(《國畫家》2022 年 6 期)從 1973 年新疆吐魯番出土的《審訊王奉仙書》紙本入手,與顏真卿的《爭座位帖》進行比較,通過比較當時兩人所處時代的書法教育背景和共性化行書風格,分析了當時顏真卿行書並未大放異彩的原因。武展旭《樓蘭殘紙的發現及其書法價值》(《造紙信息》2022 年 11 期)簡述了樓蘭殘紙文書的五次發掘過程和書法風格,指出其在曹魏至西晉和前涼時期的書法史中佔有重要的地位,彌補了該段書法史的空白,真實反映了當時的書寫原貌和書法的發展歷程。

圖像研究方面。董華鋒《再論吐魯番出土景雲元年聯珠團窠對龍紋綾的淵源》(《吐魯番學研究》2022 年 1 期)分析了吐魯番出土景雲元年聯珠團窠對龍紋綾上的紋樣,探討了其與入蜀粟特人之間的關係。王樂《唐代緯錦上的立鳥圖案及其源流》(《裝飾》2022 年 9 期)分別對中亞系統和中原系統團窠立鳥緯錦進行詳細的敘述和比較,描繪了各自的特點,指出中原系統團窠立鳥緯錦雖由西方傳入,受到其影響,但是在此間亦形成了自己的獨特風格並向東傳入日本,影響了日本的絲綢紋樣設計。吕釗、張越一《高昌回鶻供養人手持花卉圖像研究》(《藝術設計研究》2022 年 5 期)對高昌回鶻供養人手持花卉圖像進行了系統地梳理與類型分析,並運用圖像學、歷史學的方法,研究各持花供養人圖像在回鶻繪畫中的歷史背景和宗教影響,並結合植物學的方法探討其花卉品種,得出了高昌回鶻人持花的演變是多元文化交流融合的產物這一結論。肖蓉成、劉韜《德藏吐魯番出土“魔鬼”水墨紙畫研究》(《美成在久》2022 年 6 期)通過對德藏吐魯番出土“魔鬼”水墨紙畫 III4951 的研究,並梳理鬼的圖像譜系,發現唐末五代爲一個重要節點,該紙畫爲已知最早没骨人物畫和最早水墨没骨人物畫作品,體現出漢文化的西漸對高昌回鶻繪畫的影響。穆海麥提艾力·艾尼外爾、朱賀琴《喀什民間鐵器紋飾中的中華文化基因》(《新疆藝術(漢文)》2022 年 5 期)通過分析喀什民間鐵器上紋飾的幾種重要種類與其發展演變的過程,體現了各民族深度交往交流交融的大背景。胡少東《河西走廊高臺墓室壁畫磚塢堡射鳥圖綫條特點分析》(《河西學院學報》2022 年 4 期)通過分析古絲綢之路河西走廊高臺駱駝城南墓群中的塢堡射鳥圖壁畫磚,解讀了當時畫師們的綜合修養與繪畫技巧以及畫中所展現的當時的社會、經濟、文化及人們的生活狀況。

造型與服飾藝術方面。許詩堯、王樂《吐魯番出土聯珠大鹿紋錦研究》（《東華大學學報（社會科學版）》2022 年 2 期）以吐魯番地區出土的大量年代爲 7—8 世紀的聯珠大鹿紋錦爲研究對象，對其出土情況、藝術與技術特徵進行分析，並結合文獻探討織錦中大角鹿紋的源流，看出其中所包含的薩珊波斯和北方遊牧文化影響，由此可見當時經濟文化交流之頻繁。王曉玲《絲綢之路金屬造型藝術考析——以新疆近年出土的金銀器爲中心》（《新疆藝術學院學報》2022 年 4 期）研究了新疆近年出土的金銀器，分析了其製作工藝和造型，體現了農耕文明與草原文明的融合。魏久志《淺談新疆彩陶文化》（《新疆藝術（漢文）》2022 年 2 期）對新疆彩陶的研究狀況及地域分佈、年代及其文化屬性、紋飾的風格特徵做了一個簡單的介紹。王樂、趙豐《絲綢之路漢唐織物上的獅子紋樣及其源流》（《藝術設計研究》2022 年 5 期）分析了自漢晉時期開始出現在織物上的獅子紋樣，通過其藝術形象的演變過程，體現了中亞、西亞和拜占庭藝術對中原藝術風格的影響。李曉《吐魯番墓葬出土織錦聯珠紋對稱圖案中人、物組合研究》（《上海視覺》2022 年 1 期）研究了吐魯番墓葬出土織錦聯珠紋對稱圖案中人、物組合，分析出其中胡人形象的人種，織物圖案爲中西風格不斷混合發展而成。孫志琴、李細珍《絲綢之路視角下新疆出土龜甲紋織物及其工藝研究》（《絲綢》2022 年 6 期）梳理了新疆出土龜甲紋紡織品，歸納了中亞、西亞與中國織物織造特點，采用文獻與出土實物對證研究，呈現新疆紡織由以毛爲主逐漸轉爲以絲爲優的歷程，佐證了絲綢之路上織造技藝的交流互動。顧穎《西域古代繪畫研究》（上海人民出版社）將圖像研究與歷史文獻相結合，吸收近年西域考古與文化領域各項成果，梳理分析了西域古代繪畫尤其是西域佛教繪畫的基本特點。

八、考古與文物保護

考古與文物保護相關的研究涉及考古發掘研究、科技考古、出土文物研究、文物修復保護等方面。

考古發掘與研究方面。陳曉露《羅布泊考古研究》（上海古籍出版社）以新疆羅布泊地區爲研究對象，介紹了此地區的考古遺存及其特徵，並搭建了系統的考古編年框架，利用多種手段力圖復原羅布泊地區歷史面貌。侯燦《樓蘭考古調查與發掘報告》（江蘇鳳凰出版社）回顧了學術界對於樓蘭古城古道的調查與發掘過程，並整理了此次發掘所得成果，對於樓蘭王國有了更爲科學的歷史認識。巫新華《重走天山路：東天山吐魯番古道考察與研究》（廣西師範大學出版社）回顧了對於東天山吐魯番古道的考察與考古經歷，總結了古城、烽燧等遺址考古成果,揭示了吐魯番地區的歷史面貌。

今年有多篇文章介紹了吐魯番考古發掘情況。肖小勇等《2019—2021 新疆喀什莫爾寺遺址發掘收穫》(《西域研究》2022 年 1 期)對於新疆喀什莫爾寺遺址的挖掘過程、遺址平面佈局及結構特點、出土文物進行了介紹與研究。劉文鎖等《2021 年新疆吐魯番西旁景教寺院遺址考古發掘的主要收穫與初步認識》(《西域研究》2022 年 1 期)對於吐魯番西旁景教寺院遺址進行了系統介紹,包括其地理位置特點、遺址堆積與埋藏的典型特徵及其遺存文物,並對此遺址之於古代西域多元宗教與文化交流等方面重要價值進行深刻總結。任冠、魏堅《2021 年新疆奇台唐朝墩景教寺院遺址考古發掘主要收穫》(《西域研究》2022 年 3 期)主要對於唐朝墩古城遺址中的 1 處景教寺院遺址進行發掘研究,完整介紹了此處景教寺院遺址的形制結構特點及其出土文物。田小紅等《新疆庫車友誼路墓群 2021 年發掘收穫與初步認識》(《西域研究》2022 年 4 期)系統性介紹了該墓群的發掘情況、墓葬時期以及出土遺物,並對該墓群進行一一測定、斷代,對於不同時期所屬墓葬形制進行考察、歸類整理,得出唐朝時期此地並不作爲居民主要生産活動中心的結論。阿里甫江·尼亞孜《新疆塔城托里縣那仁蘇墓地考古發掘與初步認識》(《西域研究》2022 年 4 期)回顧了新疆塔城托里縣那仁蘇墓地的發掘,斷定墓葬年代爲銅石並用時代至隋唐時期,整理了出土文物。田小紅等《新疆奇台石城子遺址 2019 年的發掘》(《考古》2022 年 8 期)回顧了 2019 年新疆奇台石城子遺址的發掘過程,並對出土遺蹟、文物進行了系統介紹,並通過其工藝風格對其年代進行判斷,最終判斷爲漢代"疏勒城"舊址。田小紅等《新疆奇台縣石城子遺址城門區考古發掘報告》(《西部考古》2022 年 1 期)以《洛陽伽藍記》爲研究起點,對新疆奇台石城子遺址的大致情況進行簡述,並對各處遺址以及出土文物進行詳細介紹。阿里甫江·尼亞孜等《2021 年托里縣引水管綫涉及墓葬考古發掘簡報》(《吐魯番學研究》2022 年 2 期)對新疆文物考古研究所發掘的古墓進行了簡要介紹,並對墓室形制與葬俗進行了判斷。馮玥等《新疆塔什庫爾幹縣庫孜滾遺址發掘簡報》(《考古》2022 年 9 期)介紹新疆塔什庫爾幹縣庫孜滾遺址的大致情況。張相鵬等《2018 年尼勒克縣玉什闊滅依村 M1 發掘報告》(《吐魯番學研究》2022 年 2 期)對該墓葬的基本狀況進行了簡介,並對其中出土的金銀箔片進行斷代與識別。郭瑶麗、王新平《2021 年尼勒克縣烏吐蘭墓地考古發掘報告》(《吐魯番學研究》2022 年 2 期)介紹了烏吐蘭墓地的概況,並對其中墓葬形制與隨葬器物進行了簡述。田小紅等《2021 年度新疆古樓蘭交通與古代人類村落遺蹟補充調查簡報》(《吐魯番學研究》2022 年 2 期)介紹了以樓蘭古城爲中心的調查活動,對麥德克古城等遺址遺蹟採集的珍貴文物進行了簡述。仵婷《新疆吐魯番鄯善縣蘇貝希石窟 2021 年調查簡報》(《絲綢之路研究集刊》第八輯)介紹了鄯善縣蘇貝希石窟的地理位置、開鑿狀況等基本情況並對其所包含的 5 處洞窟進行編號。王永強等《新疆哈密市烏蘭布魯克遺址考古發掘簡報》(《吐魯番學研究》2022 年 2 期)對烏蘭布魯克遺址的房址、灰坑等遺蹟以及陶器石器等遺物進行了整理與介紹,並對此遺址進行斷代,判斷了此遺址爲青銅時代晚期的遺存。陳意《新疆拉甫卻克古城調查略述》(《吐魯番學研究》2022 年 2 期)對拉甫卻克古城的地理位置、遺蹟等情況進行了介紹,並對其佈局、年代以及歷史沿革進行了總結。阮秋榮《新疆伊犁河谷發現的豎穴石室墓試析》(《吐魯番學研究》2022 年 2 期)通過考古類型學的研究方法,對該墓的形制與遺物進行了梳理,並對其來源以及族屬進行了探討。党志豪《塔里木盆地北緣漢唐時期城址的發現與研究評述》(《吐魯番學研究》2022 年 2 期)回顧了學術界對塔里木盆地北緣漢唐時期城址的研究歷程,並指出其中所存在的問題。張傑、黃奮《新疆十户窰墓群的發掘與認識》(《吐魯番學研究》2022 年 2 期)對十户窰墓群的埋藏情況、時代和特徵以及盜竊情況進行了介紹,分析了該墓群背後所反映的文化面貌。任萌等《岩畫的考古年代學研究——以新疆巴里坤八墻子岩畫爲例》(《文物》2022 年 10 期)闡述了岩畫年代的判定難題以及王建新教授學術團隊所創立的岩畫研究的考古學方法中所存在的誤區,以新疆巴里坤八墻子岩畫爲例重新梳理了其分類、分層、分組、分期以及絕對年代推斷。韋正等《民族交融視野下的十六國墓葬》(《中原文物》2022 年 4 期)對十六國時期吐魯番—河西、遼西、關中的墓葬進行分析,得出了三地不同的民族交融情況發展形成了不同的墓葬類型的結論,並對十六國墓葬形制進行介紹,並與漢晉、隋唐前後作對照,指出關中十六國墓葬的演化特點,由此考察其中體現的民族交融歷史。

史前考古方面。張弛《疾病醫療考古初探:新疆青銅時代至早期鐵器時代》(商務印書館)將考古資料與疾病醫療史相結合,探討了新疆青銅時代至早期鐵器時代的醫療情況。韓建業《關於中國的銅石並用時代和青銅時代——從新疆的考古新發現論起》(《西域研究》2022 年 3 期)對 19 世紀後期出現的“銅石並用時代”概念進行了論述,引出了中國銅石並用時代上下年限的問題,推測出新疆地區銅石並用時代和青銅時代的年代,並對青銅時代進行了具體細緻地劃分。董惟妙等《新疆阿勒泰地區青銅—早期鐵器時代居民生業模式研究——以骨骼同位素爲依據》(《西域研究》2022 年 1 期)對新疆阿勒泰地區青銅—早期鐵器時代的墓地所出土動物以及人類骨骼同位素進行了檢測,對該地區人群食物結構、生產生活模式以及特點進行分析,推測出該人群食物結構。孫暢等《新疆察吾呼墓地出土人骨的顱骨測量學研究》（《西域研究》2022 年 2 期）對新疆察吾呼墓地早中晚三時期的頭骨樣本進行研究，並將其與同時期新疆地區以及東西方古代人類顱骨樣本顱骨形態特徵進行生物學相似性的對比，總結出了這一時期人群互動交流特徵。賀樂天等《新疆哈密拉甫卻克墓地人的顱面部測量學特徵》（《人類學學報》2022 年 6 期）將哈密緑洲地區青銅時代晚期的兩組人類顱面部測量數據進行對比，採用了多元統計和生物距離的方法評估拉甫卻克墓地人群結構，最終得出拉甫卻克人群特徵。王安琦等《新疆和静縣巴音布魯克機場墓葬群出土人骨研究》（《邊疆考古研究》2022 年 1 期）介紹了於新疆巴音郭楞蒙古自治州和静縣西南方向烏蘭恩格場址發現的不晚於中原地區的漢代墓群，並對出土的八具人骨標本的保存狀況和初步研究結果進行了介紹與分析。阿里甫江·尼亞孜等《沙灣縣加爾肯加尕墓群考古發掘報告》（《吐魯番學研究》2022 年 2 期）回顧了對沙灣縣加爾肯加尕墓群的搶救性發掘，介紹了墓葬的形制和葬俗等情況，並推斷出此墓地從青銅時代開始使用，遺址延續到秦時期。

科技考古方面。田多等《新疆巴里坤石人子溝遺址ⅢF1 出土植物遺存分析》（《考古與文物》2022 年 5 期）對新疆巴里坤石人子溝遺址ⅢF1 出土植物遺存進行了採樣和浮選，同時通過出土的炭化木屑推測出該居址曾發生火焚與木柴使用情況，並分析出該地區的植被環境。李敬朴等《新疆出土唐代葫蘆的有機殘留物分析》（《中國科技史雜誌》2022 年 4 期）選取了出土的葫蘆殘片和完整葫蘆遺存，提取其有機殘留物，通過氣相色譜—質譜和高效液相色譜—串聯質譜進行分析，最終得出該批葫蘆遺存與現代樣品提取物成分一致的結論，並推測此種果酒爲新疆地區居民廣泛飲用的葡萄酒。楊詩雨等《新疆吐魯番勝金店墓地人骨的牙齒微磨耗》（《人類學學報》2022 年 2 期）通過不同倍率的超景深電子顯微鏡的使用，對新疆吐魯番勝金店墓地中出土的臼齒臉側微磨耗形態進行研究，推測出當地先民生計模式以遊牧業爲主，兼營種植業。王棟等《新疆尉犁縣營盤墓地出土夾金屬鋁箔玻璃珠研究》（《考古與文物》2022 年 4 期）對新疆尉犁縣營盤墓地出土的夾金屬鋁箔玻璃珠的成分以及製作工藝特點進行了研究，通過超景深顯微觀察和顯微 CT 觀察的方式，分析出該遺存的成分與製作工藝，大概率爲印巴地區傳入。王安琦等《新疆吐魯番加依墓地的母嬰合葬現象》（《人類學學報》2022 年 1 期）結合了人類骨骼考古學、死亡考古學與臨床醫學的方法，對新疆吐魯番加依墓地的 4 例疑似母嬰合葬墓進行探究，分析了死亡的直接原因爲難産或者産褥期疾病，同時總結出加依先民對於母嬰聯結和"靈魂"的認識情況與觀念。劉艷等《與地中海世界的遠距離聯繫——新疆阿勒泰地區東塔勒德墓地出土山毛櫸果造型的黄金垂飾研究》(《絲綢之路研究集刊》第八輯)對於出土的山毛櫸果造型黄金垂飾的成分、製造工藝等使用了手持光學顯微鏡和帶能譜儀的电子顯微鏡進行了無損檢測,並與其他地區出土文物做對比,分析了其中的異同。

出土文物研究方面。郭雲艷《羅馬——拜占庭帝國的嬗變與絲綢之路:以考古發現的錢幣爲中心》(中央編譯出版社)以宏觀的視角解釋微觀的錢幣信息,探索了羅馬與東方聯繫的不同階段以及錢幣對於帝國經濟政治上的影響。張銘心《出土文獻與中國中古史研究》(廣西師範大學出版社)對於墓碑形制、墓表問題以及吐魯番出土文書進行討論,並提出了自己的獨到見解。韓香《波斯錦與鎖子甲:中古中國與薩珊文明》(社會科學文獻出版社)利用了多種語言文獻以及考古資料,探索了薩珊波斯與中國的互動關係,以及雙方文化的傳播和適應等問題,修補了中外文明交往史中的空缺。段晴《神話與儀式:破解古代于闐氍毹上的文明密碼》(三聯書店)對於五塊古毛毯上的于闐文字進行釋讀,介紹了毛毯上的神話故事以及內容,揭示了其背後的含義和于闐人民的價值觀念。

生膨菲等《新疆奇台石城子遺址出土炭化植物遺存研究》(《西域研究》2022 年 2 期)介紹了新疆奇台石城子遺址出土的青稞、小麥、黍和粟四種炭化農作物遺存,並對其進行測年,發現了石城子採取因地制宜的生產策略,爲天山北麓漢代屯田經濟提供了重要依據。董寧寧等《新疆奇台石城子遺址的動物資源利用》(《西域研究》2022 年 2 期)對新疆奇台石城子遺址出土的兩千餘塊動物骨骼進行了整理與分析,揭示了當地動物資源利用方式,推斷出部分動物由交易獲得,進而得出石城子並非孤立屯墾點的結論。馬田等《新疆奇台石城子遺址發現漢代絲綢研究》(《西域研究》2022 年 4 期)對新疆奇台石城子遺址中的一處東漢墓葬出土的漢代絲綢進行了鑒定與分析,推斷出墓主人爲畜牧業人群,通過對比得出此時期西域居民的喪葬風俗爲保留自身喪葬風俗的同時,接納吸收中原的絲綢以及使用絲綢養生送死的理念。田小紅、吳勇《石城子遺址出土瓦當初步研究》(《西部考古》2022 年 1 期)對於新疆奇台石城子遺址出土的瓦當的保存情況、形制和文化特徵進行了歸納總結並分析其類型、年代、製作工藝和文化源流,沿用了中原地區瓦當燒造技術。焦陽《新疆地區出土覆面研究》(《考古與文物》2022 年 5 期)介紹了三个時期:史前時期、漢晉時期和十六國至唐代時期的墓葬覆面情況,對於覆面出土情況、覆面來源進行了深入分析。鄭華寧《龜茲"龍馬文化"淺析》(《東方收藏》2022 年 10 期)簡述了龍馬形象在石窟中的時代、特點和在出土文物中的藝術特點,並介紹了龜茲其他"龍馬"遺存,總結了龍馬文化的重要意義。楊殷剛《河西走廊魏晉十六國墓葬壁畫中虎圖像考釋》（《文物鑒定與鑒賞》2022年 17 期）分析了河西地區魏晉十六國墓葬"神虎"意象及其文化底蘊以及人與虎的關係，並揭示了虎文化在現實生活中折射出來的精神實質。楊瑾《胡漢交融視角下唐代披袍女俑形象新探》（《中原文物》2022 年 1 期）分析了各地出土的女俑形象，同時也對於墓葬壁畫、敦煌莫高窟壁畫、其他遺存和木繪形象中的披袍女性形象進行了整理，分析了唐代披袍女性形象身份與造型淵源，進而推斷出北朝至隋唐時期胡服演變過程與女性地位之變化。阿不來提·賽買提《葡萄·美酒　新疆地區發現的葡萄類文物》（《大衆考古》2022年 3 期）對新疆地區所發現的葡萄類文物進行了整合，並分析了新疆地區出土文物中的葡萄酒。牛耕《新疆巴音郭楞考古發現的帶扣研究》（《美術大觀》2022 年 7 期）對新疆近年來出土的大量帶扣以及相關帶具進行整理，並對其形制演變脈絡以及使用特點進行研究。朱之勇等《新疆哈密七角井細石器遺址石製品研究》（《西域研究》2022 年 3 期）描述了新疆哈密七角井細石器遺址所出土的石製品並對其進行了分類，結合了類型學、古地理學，推斷此遺址處於新石器發展的早期階段，相當於全新世早期時期，揭示了石製品的特徵以及遺址性質、功能以及文化面貌。阿不來提·賽買提《器蘊才華——記幾件新疆出土的"文房四寶"》（《文物鑒定與鑒賞》2022 年 12 期）對幾件新疆出土的筆墨紙硯四類文物進行了分析，展示了中國傳統文化對人類文明進程的深刻影響與生命力。王樾《新疆吐魯番盆地所見的薩珊王朝銀幣及其使用問題》（《上海博物館集刊》2022 年）介紹了古代伊朗薩珊王朝的銀幣以及考古發掘所出土的薩珊銀幣的狀況，結合了文書中銀幣的使用情況與記錄，揭示了吐魯番地區作爲絲綢之路重要組成部分的地位與意義。郭艷榮《從考古發現看早期吐魯番盆地居民飲食》（《吐魯番學研究》2022 年 2 期）對吐魯番盆地墓地所出土的食物進行了簡要地介紹，並得出了西周至兩漢之交時黍是當地居民主要食物來源的結論。麗娜《淺談新疆地區出土導尿器》（《吐魯番學研究》2022 年 2 期）以命名爲"導尿器"的事物爲綫索，介紹了新疆地區的搖床的結構與配件，將出土文物與當今新疆地區導尿器形制等做對比，得出導尿器屬古代文化遺産幼兒衛生保健範疇的結論。于子軒《"回紇可汗銘石立國門"——塞夫列碑的年代》（《唐研究》第 27 卷）對回紇可汗銘石立國門的發現歷史和基本情況進行了回顧，並對該殘碑的年代進行了判斷。

　　文物修復保護方面。段朝瑋《阿勒泰地區哈巴縣喀拉蘇墓地出土金箔飾品實驗室提取與修復保護》（《文物鑒定與鑒賞》2022 年 18 期）從文物實驗室提取、分析檢測兩部分對金箔飾品進行研究，並對金箔飾品製作工藝進行探究，並在其後闡述金箔修復所遇問題和對此進行的實驗之細節，從而對於金箔文物進行修復,保護與展示。段朝瑋《新疆特克斯縣喀甫薩朗四號墓群整體打包青銅器的提取與保護修復》(《吐魯番學研究》2022 年 2 期)介紹了該批青銅器的保存狀況,並完整回顧了通過機械除鏽、化學除鏽等方法以及光學顯微鏡、X 射綫衍射等儀器設備對其進行修復的流程。楊傑《龜兹石窟壁畫保護修補材料脫鹽研究》(《文物鑒定與鑒賞》2022 年 10 期)通過化學試劑與科學儀器檢測對龜兹地區可溶鹽成分進行了檢測與分析,並揭示了可溶鹽對於壁畫所造成的傷害,此後對於用於壁畫保護修復所使用的澄板土及細沙的收集以及該材料脫鹽方法、過程進行了實驗與分析。楊文宗等《吐谷渾慕容智墓〈門樓圖〉壁畫的科學保護與修復》(《文物保護與考古科學》2022 年 3 期)調查了吐谷渾慕容智墓《門樓圖》壁畫的現狀,總結了壁畫病害的現狀與成因,並在此基礎上探索出了最大限度保護壁畫安全性穩定性的方式。孟楷《吐魯番石窟保護現狀與數字化對策分析》(《2022 社會發展論壇(貴陽論壇)論文集(一)》)對吐魯番石窟寺的分佈、特點與保護工作歷程進行了系統介紹,闡述了吐魯番石窟保護所面臨的難題,創造性地根據本地實際情況提出了吐魯番石窟數字化應用方案對策。馬葉楨《新疆喀什地區博物館藏紡織品保護修復》(《文物天地》2022 年 6 期)介紹了新疆喀什地區博物館藏紡織品保護修復項目所保護與修復的 22 件紡織品文物的狀況,總結了該批文物保護與修復的路綫與方法,揭示了該項目完成的重要意義。陳玉珍《吐魯番博物館藏狩獵紋印金縹絲的研究與修復》(《吐魯番學研究》2022 年 1 期)通過顯微鏡、電鏡-能譜儀、色差儀等精密檢測,明確了該件藏品的工藝以及材質,從而選擇出最後、最佳的修復材料,並對此件文物進行命名。宋會宇、康曉静《新疆尼雅遺址一號墓地 M3 出土紅色毛褐刺繡幾何紋短鞡氈靴實體復原研究》(《吐魯番學研究》2022 年 2 期)通過梳理文獻、測量記録、分析檢測等方法,對毛褐刺繡氈靴的形制、刺繡針法圖案等情況進行了初步研究,並通過復原實驗復原氈靴原貌。牛功青《新疆塔城地區博物館藏清頂戴花翎的科技分析與保護修復》(《吐魯番學研究》2022 年 2 期)介紹了戴花翎的病害以及對其進行的科技分析,並總結出最佳保護方法爲物理方法。陳佳慧《中國新疆地區出土箜篌的仿製實驗》(《當代音樂》2022 年 1 期)對樂器的聲學構成以及發音原理進行了系統概述,並通過此原理結合新疆地區所出土的二十餘件箜篌進行復原、複製與仿製,並對其調音方式、安置方式預計演奏方式進行了探討。

九、少數民族歷史語言

少數民族歷史方面。榮新江《和田出土唐代于闐漢語文書》(中華書局)

對和田出土的唐代于闐文書進行收録,並總結其對於西域歷史、文化、宗教、語言等方面的重要價值。楊富學作,敦煌研究院編,樊錦詩主編《唐宋回鶻史研究》(科學出版社)利用多方墓誌,結合敦煌吐魯番所發現的唐宋時期史料和文物,探究 10 世紀以前的回鶻先民、漠北回鶻以及西遷回鶻的歷史和社會交往等問題。白玉冬編《關山明月:古突厥回鶻碑誌寫本的歷史語言研究》(上海古籍出版社)爬梳了中古時期回鶻文、魯尼文、突厥語等寫本,對中古時期少數民族歷史語言進行考證研究,展示了北方民族的政治制度、經濟文化等方面的豐富性以及複雜性。白玉冬、王丁編《牟山劍水:魯尼文葉尼塞碑銘譯注》(上海古籍出版社)系統性整理了魯尼文葉尼塞碑注釋成果,並基於前人研究成果,結合其他古突厥語文獻,爲學術界提供了客觀公正的答案。米熱古麗·黑力力《鄂爾渾文回鶻碑銘研究》(中國社會科學出版社)根據實地考察結果,對《希納烏蘇碑》《塔里亞特碑》等碑文進行轉寫與再譯,並且對其内容進行語文學注釋。

范晶晶《對一件于闐語税收文書的考釋》(《西域研究》2022 年 3 期)釋録中國人民大學博物館藏 GXW0404 于闐語文書的兩項征税記録,並對其中的人名進行分析以及對文書進行斷代,探究了媲摩守捉與傑謝鄉税收運作過程,同時對"麻子"一詞進行考訂。張湛《一件 8 世紀後半于闐語房産抵押契約釋讀》(《西域研究》2022 年 3 期)對來自上海私人藏家的于闐文書殘片進行轉寫與翻譯,並通過其他契約進行比對,補全了大部分殘破之處,並分析出古代于闐關於抵押房産的規定,最後整理了所有已發表的于闐契約文書。王丁《粟特語高昌延相買婢契補考》(《國學學刊》2022 年 3 期)介紹了吐魯番出土的粟特語婢女買賣契,敍述了其大致内容,討論了契約文書中的疑難詞與突厥朱耶部的關係。羅丰、謝泳琳《三方粟特人墓誌考釋——兼論唐代洛陽粟特人的婚姻與居地》(《唐史論叢》2022 年 2 期)通過《呼倫縣開國公新林府果毅(陁)墓誌》、《大唐康氏故史夫人墓誌並序》、《大唐登仕郎康君(老師)墓誌並序》和《大周故陪戎副尉安府君(懷)夫人史氏合葬墓誌銘並序》所展示的組成婚姻關係的史、安、康三家粟特人於洛陽的生活軌蹟,分析了粟特人的婚姻類型,其次指出了粟特人家庭和漢人家庭都表現出父權家長製的特徵,與此同時對官員的居住來源、居住限制進行分析總結。

少數民族語言方面。[日]森安孝夫著,白玉冬譯《古代突厥語語法綱要》(上海古籍出版社)精心修訂了古代突厥語語法講義資料,輯録了魯尼文字母和回鶻文字母及其換寫和轉寫表,並整理了參考文獻。朱國祥《回鶻文文獻漢語借詞研究》(社會科學文獻出版社)基於回鶻文銘文題記、宗教文獻等資料,搜集了各類漢語借詞,對於漢語與回鶻語進行對音研究。喬睿、張鐵山著《回鶻文〈慈悲道場懺法〉詞法研究》(甘肅文化出版社)對回鶻文《慈悲道場懺法》進行研究,著重對其詞法進行探究與分析。李剛《吐魯番新獲回鶻文書探究》(《敦煌學輯刊》2022 年 2 期)對吐峪溝西區的中部高臺發現的紙質與木牘等各類回鶻文書進行釋讀與甄別,並對文書的年代、韻文進行深刻探討,總結了回鶻文書的功用和施主身份,爲探索蒙元時期回鶻韻文的發展提供了重要資料,而後對其斷代並分析其中的回鶻式蒙古文詞彙和語法特徵,進一步瞭解該時期該地區蒙古民族的宗教文化與東西方文化交流情況。萬瑪項傑《吐魯番出土藏譯本〈摩利支天經〉謄寫年代及其版本研究》(《吐魯番學研究》2022 年 1 期)介紹了吐魯番藏譯本《摩利支天經》的基本情況,並在解析、翻譯的同時與敦煌本、《甘珠爾》所藏譯本進行對比、分析。德吉卓瑪《吐蕃佛教與吐火羅——對龜茲石窟藏文壁文的譯解》(《吐魯番學研究》2022 年 1 期)對龜茲石窟藏文壁文進行了解讀,並分析了其演化過程。

十、古　　籍

杜澤遜《跋吐魯番出土六朝寫本〈毛詩・隰桑〉殘片》(《文史》2022 年 3 期)介紹了吐魯番吐峪溝所出土的六朝寫本保留的《小雅魚藻之什》14 行,總結了榮新江、史睿對其的釋錄,對吐魯番出土《毛詩》殘片《隰桑》中"隰桑有阿,其葉有儺"的"儺"字進行了考辨。任占鵬《〈九九乘法歌〉的傳播與演變——以出土文獻爲中心》(《閩南師範大學學報》2022 年 3 期)首先對秦漢簡牘以及漢代磚石上所記載《九九乘法歌》的内容特點進行分析,其次通過對樓蘭文書中的《九九乘法歌》的特徵進行分析,總結出《九九乘法歌》的傳播情況。尤澳《旅順博物館藏吐魯番蒙書敍録與綴合》(《尋根》2022 年 2 期)對旅順博物館所出版的新疆漢文文書研究現狀以及研究成果進行梳理,並對《千字文》《開蒙要訓》《急就篇》進行了簡要分析,並對這些文書的學術價值進行評估。

十一、科　　技

科技相關研究涉及醫藥、生產工藝以及天文曆法方面。

醫藥方面。王啟濤編,王興伊著《吐魯番文獻合集・醫藥卷》(巴蜀書社)對於吐魯番所出土的醫藥類文獻進行了整理與研究,總結了其重要學術價值。王興伊《吐魯番文書〈耆婆五臟輪〉〈諸醫方隨〉申論》(《敦煌研究》2022 年 5 期)對《耆婆五臟輪》《諸醫方隨》的出土地以及抄寫時間和文書排版進行敍述,並對作者首次發現的對伏羲、女媧的文字表述進行了詳細分析,揭示了其背後所蘊含的吐魯番人對夫妻婚配、陰陽交合以及孕育後代的觀念。王興伊《日本出土的"西州續命湯方"木簡醫方傳承考辨》(《中醫藥文化》2022 年 3 期)探究了日本出土"西州續命湯方"木簡醫方的性質,並通過梳理傳世"續命湯""大小續命湯"的形成歷程,推斷其祖方爲"西州續命湯",並探討了該醫方與張仲景"麻杏石甘湯"的關聯。趙雅琛、王興伊《〈佛説痔病經〉文獻考述兼中印醫學文化交流》(《圖書館雜誌》2022 年 7 期)介紹了《佛説痔病經》的大致内容,探討了其醫學思想淵源,分析了《闍羅伽本集》、《妙聞集》以及《八支心要集》中的"痔",總結了其背後所藴含的中印文化交流重要史料價值。劉妍等《從植物遺存看古代新疆大麻的認識和利用》(《中國科學院大學學報》2022 年 4 期)綜述新疆地區大麻研究成果,總結不同時期大麻利用方式與差異及其產生的原因,同時通過植物學分類鑒定與年代測定等方法對新疆吐魯番地區出土的大麻遺存進行再研究,梳理傳世文獻與出土文書,探討大麻藥用價值的利用情况。

生產工藝方面。劉揚等《鄂爾多斯烏蘭木倫遺址石器工業及其文化意義》(《考古學報》2022 年 4 期)對鄂爾多斯烏蘭木倫遺址的發掘歷程進行了回顧,並對該遺址的石器遺存的材料,製作方法等進行分析,並對相似遺址進行文化對比,總結出烏蘭木倫遺址石器工業的特點與在舊石器文化演進中的意義。牛功青《新疆維吾爾自治區博物館藏土爾扈特銀印金屬成分及鑄造工藝研究》(《文物天地》2022 年 5 期)對土爾扈特銀印的造型特點進行了簡述,並對其金屬成分以及鑄造工藝特徵進行探討分析,總結了其材料來源以及製造方法與工序。劉錦增《清代新疆銅礦開採研究》(《中國邊疆史地研究》2022 年 4 期)對乾嘉道年間至光緒年間的銅礦開採情況、規模變化以及調整進行詳細地梳理,總結出清代新疆銅礦開採的特徵。王烈成《早期鐵器時代吐魯番地區的生產作業發展狀况分析》(《西部學刊》2022 年 5 期)從吐魯番地區考古情况對早期鐵器時代吐魯番地區畜牧業、農業生產的發展過程進行了系統性分析,並總結出吐魯番地區先民生產作業方式有半定居半遊牧逐步發展爲定居的畜牧業,同時經營粗放的農業生產,在同時期精耕細作的園藝業也開始出現。

天文曆法方面。董永强、辛佳岱《論中國古代的第三種日界——以陝西出土的西魏北周造像碑爲例》(《自然辯證法研究》2022 年 2 期)發現了西魏北周時期實際使用過不同於夜半和平旦的日界的現象,指出昏可以被認爲是中國古代除夜半和平旦之外的第三種日界。

十二、書評與學術動態

書評方面。榮新江《段晴〈中國國家圖書館藏西域文書——于闐語卷〉

（一）》（《敦煌吐魯番研究》第 21 卷）對此書進行詳細介紹，整理了其收錄的于闐語佛教經典，並對每份文書進行概述，總結了作者的寫作風格與學術價值。曾潤《〈唐尚書省右司郎官考〉補訂》（《國學學刊》2022 年 4 期）利用敦煌吐魯番出土文獻、新出石刻材料以及傳世典籍對於《唐尚書省右司郎官考》進行補正，使得此書更加完整。劉屹《評〈アジア仏教美術論集・東アジアⅡ・隋・唐〉》（《敦煌吐魯番研究》第 21 卷）介紹了此書中隋唐時期佛教美術的歷史分期、歷史背景以及基本材料等問題，指出該時期佛教美術的特點，並概括了所遺存的佛像、壁畫等資料，並對日本各學者的研究發現進行梳理整合。易丹韻《評〈アジア仏教美術論集・中央アジアⅠ・ガンダーラ～東西トルキスタン〉》（《敦煌吐魯番研究》第 21 卷）介紹了此書收錄的以日本爲主的世界各國研究者關於亞洲各地區佛教美術最新研究成果。陳志遠《評〈アジア仏教美術論集・東アジアⅠ・後漢・三國・南北朝〉》（《敦煌吐魯番研究》第 21 卷）介紹了此書收錄的對於佛教初傳入中國至南北朝末期的佛教美術研究動態，評估了此書的學術價值。孟彥弘《散藏吐魯番文書的蒐集、釋錄與研究——讀〈吐魯番出土文獻散錄〉》（《西域研究》2022 年 4 期）對榮新江先生主編《吐魯番出土文獻散錄》所做工作進行了梳理整合，總結了吐魯番文獻的特徵以及意義，討論了本書可改進之處。劉拉毛卓瑪《由活化石到活歷史——讀楊富學著〈霞浦摩尼教研究〉》（《蘭州文理學院學報》2022 年 5 期）對楊先生關於霞浦文書研究過程進行介紹，並指出霞浦文書對摩尼教研究的重要學術價值，深入探討了楊先生關於摩尼教深入吸收道教元素以及民間化的研究。張曉燕《新疆方志整理的開拓與貢獻——評郭院林主編〈清代新疆政務叢書〉》（《新疆地方志》2022 年 2 期）評價了《清代新疆政務從書》的全新研究視角、研究方法以及體例結構，分析了其寫作特色與價值。王川《馬政演變史凸顯的歷史唯物主義——〈明清西北馬政研究〉論衡》（《青海民族大學學報》2022 年 2 期）認爲何毅《明清西北馬政研究》一書運用歷史唯物主義對馬政進行研究，爲之後歷史研究提供了很好的範例。韓樹偉、梁鷹《中古契約史研究的重要成果——讀〈中國古代契約發展簡史〉》（《檔案》2022 年 5 期）對《中國古代契約發展簡史》的内容特點、學術價值進行了探討，充分介紹了此書對五種胡語契約所展開的討論以及對中國古代契約發展史規律性的認識，指出此書所存在的待商榷問題。呂恩國《一部值得珍藏的學術著作：劉學堂著〈絲路彩陶天山卷〉評介》（《吐魯番學研究》2022 年 1 期）簡述了《絲路彩陶天山卷》的内容，並對其進行導讀與評介，肯定了其學術價值。牟學林《唐代西域戰略的展開邏輯——張安福〈天山廊道軍鎮遺存與唐代西域邊防〉評述》（《吐魯番學研究》2022 年 1 期）介紹與思考了書中所介紹的唐代所謂的

"世界性"的概念,並對書中的不足之處進行了點評。

學術會議方面。2022 年 6 月 12 日至 13 日劉平國刻石與西域文明學術研討會在新疆拜城召開,來自全國各地的學者圍繞著西域出土文獻以及絲路文明展開深入討論。

研究綜述方面。王朝陽、楊富學《新世紀初歐洲學術界對回鶻文佛教文獻的研究》(《吐魯番學研究》2022 年 1 期)介紹了歐洲各國對回鶻文佛教文獻的研究情況與成果。許建英、劉敏《清代統一新疆後及民國時期新疆蒙古族歷史研究述論》(《西部蒙古論壇》2022 年 4 期)對清代土爾扈特部進行綜合性研究,關注其文獻的翻譯,從學術界關注較少的土爾扈特部西遷與東遷切入,研究其遷移過程,並對清政府之於土爾扈特部的宗教管理和民族政策進行梳理分析,以及梳理了清代察哈爾蒙古的西遷與管理,著重探討了民國時期新疆蒙古族的管理與教育。張向先等《數字人文視角下敦煌吐魯番醫藥文獻知識組織研究》(《圖書情報工作》2022 年 22 期)採用了自頂向下的研究方法,參考了 BIBFRAME 書目模型以及中醫藥語言系統(TCMLS)構建了敦煌吐魯番醫藥文獻文體模型,並在此基礎上利用哈工大語言技術雲平臺 LTP,最終構建了敦煌吐魯番醫藥文獻知識圖譜,爲敦煌吐魯番醫藥文獻智能化理解奠定了基礎。張焱、李楓《敦煌吐魯番醫藥文獻海外傳播與譯介研究》(《中醫藥文化》2022 年 3 期)回顧了敦煌吐魯番醫藥文獻在海外的流散、傳播與研究歷程,分類總結了敦煌吐魯番醫藥文獻,探究了敦煌吐魯番醫藥文獻在海外的翻譯與傳播新階段,推動了中醫藥文化與中國文化之傳播。

紀念文方面。劉進寶編《朱雷學記》(浙江古籍出版社)收錄了朱雷先生生前好友、學生撰寫的紀念、回憶文章,反映了朱雷先生高尚品德與深厚的學術造詣。《敦煌吐魯番研究》第二十一卷(上海古籍出版社)刊載了多位學者紀念朱雷先生的文章。郝春文《朱雷先生二三事》(《敦煌吐魯番研究》第 21 卷)回憶了郝春文先生與朱雷先生令人印象深刻的幾件事,深刻表達了郝先生對朱雷先生的尊敬與追思。王素《風獨溫如玉　文章穩若山——緬懷朱雷先生》(《敦煌吐魯番研究》第 21 卷)回憶了王先生與朱雷先生共事的經歷,回顧了朱雷先生對其史料整理工作的指導。魏斌《絳帳秋濃人已遠——回憶從學朱雷先生的經歷》(《敦煌吐魯番研究》第 21 卷)回憶了從學朱雷先生期間的種種經歷。

"敦煌多民族文化的交往交流交融"
學術研討會綜述

陶蓉蓉(西北民族大學)

敦煌自古以來就是多民族聚居區和中外文化的交匯之地。先後活動於這裏的主要民族就有羌、塞種、月氏、烏孫、匈奴、鮮卑、退渾、粟特、吐蕃、回鶻、党項、蒙古族等。在敦煌發現的 7 萬件古代文獻中,除漢文外,尚有豐富的吐蕃文寫卷,另有突厥文、回鶻文、于闐文、粟特文、西夏文、回鶻式蒙古文、八思巴文等多種文獻,爲我們認識歷史上敦煌及河西地區民族的歷史文化,尤其是各民族之間的交流交往與交融提供了彌足珍貴的資料。

敦煌文化有悠久的歷史和豐富的内涵,古來以漢文化爲主流,同時吸納、包容、融會周邊的各種的文化因素,不斷豐富、發展、繁榮。華夏文化不僅在周邊諸族中廣爲流傳,移風易俗,變夷爲夏,而且使入主中原的"胡人"征服者最終被華夏文化所融合,逐漸"漢化"。華夏文化突破血緣、種族的藩籬,將不同的族類化爲一個整體。在這一點上,敦煌雖爲一個狹小區域,卻極具代表性。例如北魏、西魏、北周,都是鮮卑建立的政權,在敦煌都留下了豐富的文化遺産。從這一時期的石窟中,不僅可以看到鮮卑人的文化特色,又有來自西亞、中亞、印度,甚至希臘、羅馬的文化因素,這些文化因素在敦煌交融,最終體現出來的卻是明顯的漢文化傳統。不同族類能夠在敦煌和諧共處,相依共存,文化上融合同化,最終文化超越種族,成爲中華文化的一部分,這種文化也成爲中華民族賴以凝聚的血脉。這種情況在中唐吐蕃統治敦煌時期,乃至歸義軍政權滅亡後敦煌存在的沙州回鶻、西夏政權與元政權統治時期,都體現得非常明顯,即統治民族各不相同,使晚期敦煌民族文化呈現出多元的特點,但這些文化的核心與主綫,無一不是傳統的中原文化。古往今來敦煌民族衆多,留下了豐富的歷史文獻資料和石窟藝術資料,生動地記録了不同族類凝聚成統一的中華民族的歷史進程,對於闡明中華民族共同體意識最具典型意義。

爲進一步促進敦煌學、敦煌民族歷史文化研究的發展,2022 年 8 月 10—13 日,由敦煌研究院主辦,敦煌研究院人文研究部與國家民委重點項目"敦煌歷史文化中的各民族交往交流交融研究"課題組(主持人: 楊富學)承辦的"敦煌多民族文化的交往交流交融"學術研討會在敦煌莫高窟順利召開。此次會議匯聚了來自中國社會科學院、北京大學、浙江大學、中國人民大學、中央民族大學、南開大學、山東大學、河南大學、寧夏大學、陝西師範大學、西北大學、內蒙古大學、西南民族大學、山西科技大學、山西師範大學、寧夏大學、北方民族大學、寧夏醫科大學、遼寧師範大學、青海師範大學、浙江農林大學、西安建築科技大學、新疆大學、塔里木大學、蘭州大學、西北師範大學、西北民族大學、甘肅政法大學、蘭州財經大學、河西學院、甘肅民族師範學院、西安博物院、西安市文物保護考古研究院、寧夏社會科學院、寧夏文史館、甘肅省文物考古研究所、天水市博物館、平涼市博物館、敦煌研究院以及蒙古國立大學、日本神奈川大學等 30 多個單位的 60 餘位專家學者及研究生應邀參加了會議。

一、概　　説

　　本次會議開幕式由敦煌研究院人文研究部部長楊富學研究員主持,首先介紹了會議緣起與諸位代表,並對所有到場來賓表示熱烈歡迎。楊富學研究員講到,敦煌自古以來就是多民族聚居區和中外文化的交匯之地,今敦煌地區現存的 700 餘個洞窟中,約有三分之一的洞窟與少數民族政權或宗教信徒存在着聯繫。在漢族統治敦煌時期,這裏分佈著許多不同的民族,如月氏、烏孫、匈奴、羌、吐谷渾、龍家、粟特及來自中亞、西亞等地的衆多民族,他們在文化上相互融合,相互吸納,但凝聚於核心者始終是中原漢文化。敦煌漢文化超越種族界限,成爲各族類共同心理素質的基石。此次"敦煌多民族文化的交往交流交融"學術研討會的召開,將進一步促進敦煌學尤其是民族歷史文化研究的進展。

　　敦煌研究院院長蘇伯民研究員致會議開幕式歡迎詞。蘇伯民院長講到,近年來,黨和國家高度重視中華民族共同體歷史、中華民族多元一體格局的研究,大量的研究成果實證了中華文明的多元一體、相容併蓄、綿延不斷,爲中華民族偉大復興提供了強大的精神動力和堅強支撐。習近平總書記在視察敦煌研究院時指出:"敦煌文化延續近兩千年,是世界現存規模最大、延續時間最長、內容最豐富、保存最完整的藝術寶庫,是世界文明長河中的一顆璀璨明珠,也是研究我國古代各民族政治、經濟、軍事、文化、藝術的珍貴史料。"相信本次會議將有助於促進各位專家學者更廣泛、更深入地交流各自領域的研究進展和實踐經驗,進而相互借鑒,取長補短,共同推動我國少數民族歷史文化的研究,爲鑄牢中華民族共同體意識做出新的、更大的貢獻。

　　西北師範大學李并成教授代表與會專家學者致辭。李并成教授講到,敦煌不僅是國內許多民族交往共生的重鎮,從更廣闊的視域上看,敦煌還是貫穿歐亞大陸的國內外不少民族交往交流的熱土和重要過渡地帶,來自不同國家、不同民族、不同文明類型的多元文化在這裏進行了長時期的交匯交流、對話依存與沉澱，呈現出人類共有精神家園的構建規律和前進趨勢，文化特色上表現出鮮明的開放、多元的風格。多民族的聚集雜居，多種文化體系的交錯融合，多種宗教的併存和相互滲透，多種風尚習俗的交互薰染，"海納百川，有容乃大"，是敦煌歷史文化發展演變爲絲綢路上東西方多民族文化交流的生動縮影和典型例證。這次盛會旨在持續落實習總書記講話精神，共同挖掘探討敦煌多民族歷史文化的內涵，推動古代絲綢之路與敦煌地區多元文明的交往交流交融，鑄牢中華民族共同體意識，繁榮新時代敦煌學事業，具有重要的學術意義。

本次會議共收到參會論文 70 餘篇，其中 50 餘篇文章在大會中做了詳細報告。來自全國各地的各位代表在莫高窟匯聚一堂，共同探討敦煌多民族文化交往交流交融，從石窟壁畫藝術、出土文獻、傳世文獻、宗教以及絲路歷史文化等方面進行深入探討研究。

二、敦煌石窟壁畫研究

莫高窟第 464 窟位於莫高窟北區崖面北端，素有"小藏經洞"之稱。孫伯君《莫高窟第 464 窟蓮花冠上師爲西夏國師鮮卑寶源考》論述了莫高窟第 464 窟南面東起下排第一格壁畫，其中人物的服飾除了冠帽與藏傳佛教上師的蓮花帽較爲相像之外，整體的服飾風格基本還是漢地的，故而孫伯君推測這位上師可能出自西夏本土。存世鮮卑寶源翻譯的漢文本《聖觀自在大悲心總持功能依經錄》是西夏藏傳佛教觀音信仰最重要的經典，其"心咒"即"六字真言"，符合第 464 窟壁畫觀音菩薩信仰主題。而寶源文集《賢智集》卷首木刻版畫的裝束和構圖風格也與第 464 窟所繪蓮花冠上師、諸沙彌像與傘蓋非常相像。孫伯君認爲種種迹象表明，西夏國師鮮卑寶源是該窟壁畫所展現藏傳佛教觀音信仰內容的傳譯者、功德主，莫高窟第 464 窟後室壁畫應是元代西夏遺僧所重繪，或許比前室壁畫繪製得要早一些。

根敦阿斯爾《敦煌莫高窟壁畫〈報父母恩重經變〉的再探討——以"孝"與"恩"的思想爲中心》一文，以甘肅省博物館的藏品《佛説報父母恩重經變》爲例，從其畫布、顏料及繪製手法來看，與唐卡工藝類似，是以礦物質顏料在絹帛上彩繪而成。根敦阿斯爾認爲該絹畫不僅體現了中華優秀傳統文化的孝道觀和報恩思想，同時也是佛教本土化的重要例證之一。《佛説報父母恩重經》主張的"恩"，不僅是對父母的肉體和生活上的物質行爲，更指出通過出家信仰三寶，成爲有教養的人乃至成佛，這才是真正的報恩，也稱爲"大孝"。相對來説，陪在父母身邊盡"孝"在佛教教義中被認爲是"小孝"。報恩思想極有可能是從佛教六度思想中的佈施或者平等思維轉化而來的,同時也構建起了出家爲"大孝"的思想。因此,東亞地區的佛教本土化及由此帶來的東亞佛教圈共用的孝道思想爲《佛説報父母恩重經變》賦予了新的價值。

行佳麗《全球文化變遷中的屍毗王割肉貿鴿》,從全球古典文明早期交流的視野來考察,各種文明在歐亞大陸産生交互影響,這些影響所導致的文化變遷都或多或少地在"屍毗救鴿"故事的流傳或衍生現象中留下了痕跡。屍毗王割肉貿鴿的傳奇故事擁有穩定的表現結構,東至日韓西至歐洲都有符合"襲擊者、保護者、被保護者"三者結構的案例證據。行佳麗嘗試將"屍毗救鴿"的起源、表現與變遷置於更大的文明框架之下,通過個案分析進行跨文化比較研究。

祁曉慶《踮起的腳尖——龜茲石窟王族供養人像的形式與意義》,新疆龜茲石窟壁畫中保存下來的龜茲王族供養人像呈現出相似的服飾和面貌特徵,祁曉慶在文章中提出龜茲王族供養人像"腳尖站立"姿態和多人併排站立的圖式結構,與伊朗和中亞藝術有極大的淵源,同時也受到拜占庭基督教藝術的影響。

李國、柴勃隆《榆林窟"阿育王寺釋門賜紫僧惠聰"主持窟記重録新識——基於光譜成像技術下的調查研究》,西夏建國近二百載,文獻無征,史臣無以成專書。爬梳西夏紀年事,多有記載不一,缺失或有疏漏推測揣度成分,有些確鑿紀年難尋對應。榆林窟第 15、16 兩窟"阿育王寺釋門賜紫僧惠聰"住持榆林窟記署題"國慶五年歲次癸丑十二月十七日題記",正好可補正《西夏紀事本末》《西夏書事》《西夏記》等撰述"宋熙寧七年、遼咸雍十年,西夏天賜禮盛國慶五年(1074)"之訂疑考誤。榆林窟第 15、16 兩窟記載西夏國慶五年惠聰等人住持榆林窟修窟的發願文,真實記録了阿育王寺賜紫僧惠聰一行在榆林窟修行,修繕彌勒大像等事蹟,是西夏統治瓜州時期的重要文獻,彌足珍貴。

張全民《關於唐長安城遺址新發現的千佛壁畫》,唐代長安佛教寺院的宗教類壁畫題材豐富,以釋儀像和諸經變爲主,惜未留下任何遺跡。2017 年至 2018 年經考古發現千佛壁畫,對於唐代長安佛教壁畫藝術和信仰的研究具有重要意義。千佛壁畫和造像藝術廣泛見於佛教洞窟、造像碑、佛塔等當中。敦煌石窟保存有世界上規模最大、延續時間最長、數量最多的千佛圖像,其中以壁畫爲主。張全民將唐代長安發現的千佛壁畫圖像與敦煌等絲路沿綫的千佛圖像進行對比,揭示其內涵和功能,探討其圖像型式和信仰流佈情況。

初唐莫高窟第 332 窟爲中心塔柱窟,該窟主室的主尊爲三佛造像,西壁龕內塑涅槃像,由於碑文中沒有明確注明,其尊格存在一定爭議,學界大體上有三種解讀：三世佛、三身佛和彌勒三會説法像。龍忠在《莫高窟第 332 窟主尊定名考》一文中，在綜合前人研究基礎上，對第 332 窟主室前部三鋪立佛造像的題材和名稱問題做進一步的論證。研究發現其中壁畫和彩塑造像，反映了當時敦煌盛行的法華信仰、華嚴信仰、西方净土信仰，以及瑞像信仰，龍忠結合第 332 窟碑文記載，對洞窟造像内容進行比對分析，認爲莫高窟第 332 窟主室的主尊造像爲縱三世佛。

三、敦煌歷史文化研究

位於河西走廊西端、西域門户的敦煌，曾爲古絲綢之路國際經濟文化的交流建樹過不朽的豐碑。卷帙浩博的敦煌遺書中留下了絲綢路上物種傳播與交流的豐富史料，其中藥物品種的傳播與交流爲十分重要的一個方面，很值得深入發掘研究。李并成《敦煌與海上絲綢之路——以敦煌海外藥品的輸入爲中心》，通過檢索大量敦煌文獻，考得經由海上絲綢之路輸往敦煌的藥品達 85 種以上，較《〈海藥本草〉輯釋》中的外來藥物多出 54 種，可見敦煌文獻對於補苴、考證傳入我國的海外藥物具有重要作用，據之也可爲構建敦煌文獻的藥名譜系提供重要依據。敦煌並不靠海，海上絲路輸入敦煌的物品肯定還得經由陸路轉運，但這些物品的源頭是在海外，最初是由海路運輸的，可以真實而生動地反映出海上絲綢之路在國際經濟文化交流中不可或缺的重要作用，以及對於作爲絲路樞紐重鎮敦煌的巨大影響。

河湟地區自古就是多民族聚居區，絢麗的多元民族文化在這裏交往交流交融。多洛肯《明清時期河湟地區民漢文化交融研究》一文中論述明清河湟民漢文化的交融根植於其特定的文化生態，是隨著生產力的發展，基層組織的過渡，行政管理體制與内地逐漸同一的歷史進程自然而然產生的，這也是少數民族發展本民族文化的内在要求。其交融的具體表現是：以儒家文化爲核心的文教體系逐漸確立，並且培養了一大批少數民族儒士；少數民族成員的文化觀念逐漸與中原地區相融合，尤其推崇節、孝、忠、仁等儒家精神；在以農耕、居室、服飾爲代表的生產生活方式上也實現了與中原漢族的互通；在文學創作中我們也可以看到漢族文人對多民族文化的認可和贊賞，少數民族文人對漢族文化的推崇和喜愛。河湟地區民漢文化交融的歷史進程，既是中華民族多元一體文化形成與發展的典型和縮影，也是河湟地區各民族人民鑄牢中華民族共同體意識的文化根基和精神源泉。

秦漢時期，已有多個民族在敦煌及其周邊地區生活，並因其在東西方交流中的樞紐地位而凸顯，尤其是在晚唐至元代時期，敦煌更是眾多民族的匯聚之地，頻繁的民族遷徙和往來，加上東西方之間的經濟文化交流，使得敦煌的文化呈現出多元性的特點。楊富學《中華民族共同體意識在敦煌的獨特表達》主要論述了歷史上不同民族在敦煌和諧共處,相依共存,文化上融合同化,最終文化超越種族,成爲中華文化的組成部分。敦煌諸族,不管漢族還是其他民族,皆心向中原,以中原文化爲崇尚,由"華心"而"歸義"。敦煌各民族的文化雖各有特色,但凝聚於核心者始終是中原漢文化。敦煌多民族歷史文化的演變進程,對於闡明中華民族共同體意識頗具典範意義。

潘城《從敦煌〈茶酒論〉看佛教茶文化與民族融合》,通過對敦煌寫本《茶酒論》中有關佛教與茶的内容進行解讀,結合唐代茶文化狀況,看佛教茶文化在當時的發展。《茶酒論》不論是作爲"爭奇小説"還是"俳優戲腳本",都是一種利於在民間傳播的文體。看似是"茶""酒"之間平等的爭辯,實際上是茶從南方向西北敦煌地區傳播過程中利用酒的普及性的一種廣告。這也可以解釋《茶酒論》曾被居士、僧人抄録,並封存於敦煌莫高窟藏經洞的原因。佛教有效地利用了茶溝通寺院禮儀與世俗生活,起到了傳播教義的目的。當茶與佛教相結合,成爲華夏文化的一個組成部分進入敦煌,起到了吸納、融合周邊的各種文化因素,在西域諸民族中廣爲流傳。茶湯成爲移風易俗,變夷爲夏,乃至突破血緣、種族藩籬的精神飲品。

高彦《新時代打造"敦煌舞派"弘揚中華傳統文化的機遇和優勢》指出,敦煌舞是敦煌文化的重要組成部分,汲取繪畫藝術、詩文藝術、宗教藝術、當代舞蹈藝術的養分,以嶄新的敦煌風格的舞蹈語彙,創造出屬於當代人審美意識的中國古典舞蹈的一種新形式。敦煌舞派脱胎於戲劇流派,呈現當代舞蹈藝術特徵,體現了獨特的藝術魅力、文化内涵與傳承體系。十八大以來,敦煌舞派在國家高屋建瓴的頂層設計下迎來了新的發展機遇,對於弘揚中華傳統文化有極大的鼓舞。高彦以打造敦煌舞派爲著力點,回顧我國在敦煌舞傳承及人才培養取得成績的基礎上,梳理了敦煌舞派發展的政策史,以爲新時代打造敦煌舞派具有一定的理論依據和現實意義,同時也認爲它是未來引領和再造敦煌藝術的一枝獨秀。

元代敦煌壁畫是多民族文化及宗教信仰之間碰撞融合的藝術産物,記録和反映了元代時期文化藝術交流的情況。壁畫内容不僅豐富多樣,佛、神像的體態造型也異常獨特。胡曉麗《元代敦煌壁畫舞姿研究》一文對元代敦煌壁畫中神像體態方面的内容進行了整理、提煉和研究。將壁畫中的佛像體態,如:坐姿、跪姿、站姿、跳躍、飛翔等姿態進行分類,並做了舞姿復原和動作解析。同時,探索如何科學運用和發展這些舞姿做了初步嘗試,爲解讀元代敦煌壁畫中舞藝的工作積累了大量的素材。

薛正昌《絲路與敦煌:多元文化交流融合的地方》以敦煌爲中樞研究東西

文化交流交融,是一個永恒的話題。絲綢之路成就了敦煌,敦煌石窟的形成與存在,本身即爲中外文化交流交融的結晶。沒有絲路通道,何來中外文化之交流;沒有中外文化多元碰撞與交流,何來敦煌千年文化遺存。敦煌,是東西文化交流交融的參與者和見證者。作者通過梳理敦煌壁畫舞姿、民族文書、漢藏文獻以及莫高窟北區考古與文化交流等各種形式的文化遺存和交流交融,既可看到中原文化在這裏的融合,也可以看到外國文化的影響力和中外文化交流交融的精湛過程。古絲綢之路上不同文明和國家、地區之間的交流互鑒,千年的積澱已蝶變成爲異彩紛呈的歷史畫卷,給我們帶來深刻的歷史啟示。古絲路精神,符合當代各國人民的共同願望和時代發展潮流。研究和總結古絲綢之路上的文化交往和不同文明之間互學互鑒的歷史經驗,對於推動"一帶一路"建設走深走實,促進不同文明交流互鑒,構建人類命運共同體具有重要時代價值和特殊的現實意義。

四、文 獻 研 究

楊銘發表《坌達延非吐谷渾王子辨——以敦煌本〈吐蕃大事記年〉爲中心》。"達延"或"坌達延"與附蕃的"甥吐谷渾王"是否出自同一世系,學術界迄今尚存爭論。楊銘以敦煌本《吐蕃大事記年》爲主要綫索,結合相關的漢藏文獻重新做了梳理,從文獻記載兩者次數的多寡、名號的差異,雙方在吐蕃政事和唐蕃關係中角色的區別,以及世系延續時間的長短不一,辨明坌達延出自吐蕃本土的達布王族,與附蕃的吐谷渾小王并非同族,自然不是同一世系。

《北京大學藏敦煌文獻》(上海古籍出版社,1995)收録了多件北京大學圖書館收藏敦煌吐魯番出土文獻,其中編號"北大附 T2"(以下簡稱"T2")和"北大附 T3"(以下簡稱"T3")極爲特殊。阿依達爾《北京大學圖書館藏回鶻文〈金光明經〉注疏研究》一文通過對 T3 中的漢文原文以及韻文的譯文與柏林藏《金光明經》對比可見,T3 所參考的漢文本并非勝光參考的漢文《金光明經》,同時 T3 的譯者亦沒有參考勝光譯回鶻語《金光明經》,故其底本爲已經失傳的《金光明經》某一注疏,還是回鶻人獨創之作不得而知。至於 T2、T3 爲何要從《金光明經》引文,并對其進行注釋,阿依達爾認爲該韻文與勸請有關,爲注疏勸請内容才引出此韻文。同理,T2 之内容對應《金光明經》第二卷"夢見金鼓懺悔品"的韻文"於佛法僧衆,不生恭敬心,作如是衆罪,我今悉懺悔",顯然與懺悔思想有關。從這一層面講,北京大學圖書館藏 T2、T3 以及國家圖書館藏 GT15－64 應屬同類文獻,從其"勸請""隨喜""懺悔"等内容看,應爲依據《金光明經》所進行的"五悔"類注疏文獻。

陳粟裕、張建宇《俄藏和田梵文〈法華經〉插圖研究》從新疆和田地區以及敦煌藏經洞中發現的梵文、于闐文寫本來看,大乘經典《法華經》曾在古代于闐廣泛流行。近年來俄羅斯科學院東方文獻研究所公佈了一件出自和田地區的《法華經》寫本照片,部分經頁上繪有插圖。題記顯示該寫本爲于闐人Inkula 供奉,從風格學、圖像學角度觀察隨經插圖,可見于闐與喀什米爾地區在宗教藝術方面的交流與融合,豐富了高原絲綢之路文化交流的認知。

馮培紅曾撰《敦煌曹氏族屬與曹氏歸義軍政權》一文系統考察了漢宋間敦煌曹氏的發展演變,並對五代宋初曹氏歸義軍節度使曹議金家族的族屬作了蠡測,推斷爲粟特人。在此次會議中,馮培紅再發文《〈唐曹懷直墓誌銘并序〉與敦煌粟特曹氏》,以《唐曹懷直墓誌銘并序》等碑誌資料爲綫索,對墓誌予以重新校錄并作探討。同時結合歷史文獻記載和學界相關研究,對曹懷直家族族屬以及與敦煌粟特曹氏之關係做出詳細闡釋。對唐曹懷直墓誌及其反映的問題進行研究,推進了敦煌曹氏族屬相關研究的進展。

趙潔潔《〈千字文〉回鶻譯本綜考》揭示《千字文》在古代周邊民族流傳的具體情況。以回鶻爲例,13 至 14 世紀它被譯成回鶻文,目前已刊佈的殘片共計 12 件,涵蓋了 4 種抄本,各自呈現出不同的行文體例。回鶻譯本主要採用直譯法釋義,多用音譯法翻譯專有名詞,用意譯法闡釋歷史典故。除了探討翻譯方法,也著重考察了夾寫漢字的現象,從漢文到回鶻文釋義在詞彙、句式、語法等方面的特點。《千字文》回鶻譯本的流傳揭示了回鶻受漢文化影響較深,及古代周邊民族對我國傳統語言文化強烈的心理認同。

張田芳、楊富學《延壽〈宗鏡録〉之流播及其與敦煌本回鶻文〈説心性經〉之關聯》認爲回鶻文《説心性經》來源複雜,兼受南北禪學之風影響,內容徵引《楞嚴經》《圓覺經》和《華嚴經》者甚多,而這些內容均見於永明延壽《宗鏡録》等著作。《宗鏡録》成書於北宋立國之初,但因秘藏於閣而鮮爲人知,直到北宋中期後才在教內爲人所識,成爲學僧傳閱的對象。正因其限於教內傳播,制約了《宗鏡録》在全國範圍內的廣泛流佈,以至在敦煌和黑水城出土諸多宋元禪宗文獻中未見任何延壽的著作。及至元代,禪僧頗重《宗鏡録》,尤其是與回鶻關係甚密的中峰明本和天元惟則均受其影響,當會間接地影響到回鶻禪僧。元末,《宗鏡録》地位驟升,受到統治者重視而得以入藏,進一步促其流佈。精通禪學的智泉法師在撰寫《説心性經》過程中吸收延壽"一心爲宗"禪學思想,當爲情理中事。

岳鍵《銀川新發現〈西夏譯經圖〉年代考》一文指翻譯西夏文大藏經是 11世紀西夏王朝精神生活中的一件大事。這項宏大的事業肇始於元昊稱帝的1038 年,終結於崇宗乾順在位的 1090 年。在 53 年時間裏西夏共譯經 362 帙、812 部、3 579 卷。銀川藏《西夏譯經圖》的發現,爲西夏譯經史提供了最新的直觀可視的圖像資料。豐富了譯經史的内容,對研究西夏的歷史文化有很大的啟發,不但具有極高的學術研究價值、藝術觀賞價值和以圖證史的考古學價值,而且極具文物藝術品收藏價值,它是收藏界的珍品,也是文物中的國寶。

齊德舜《〈續資治通鑑長編〉注引宋代筆記吐蕃文獻考述》指出:宋代筆記資料中的吐蕃文獻在李燾編纂《續資治通鑑長編》過程中起到了至關重要的作用。李燾不僅在編纂《長編》正文時大量取材於宋代筆記吐蕃文獻,而且在注文中用宋代筆記吐蕃文獻對正文予以補充,同時李燾還充分利用宋代筆記吐蕃文獻對官修史書予以校勘,從而確保《長編》所記史實的準確性和權威性。

郭來美《俄藏敦煌吐魯番文獻與俄羅斯唐代民族研究》一文認爲:俄羅斯科學院東方文獻研究所是世界上敦煌吐魯番文獻的主要收藏地之一,因所藏文獻數量大、類別廣、語種豐而備受關注。俄藏敦煌吐魯番文獻以宗教典籍、世俗文書爲主,由漢文及多種民族語言書寫,爲唐代邊疆民族研究補充了新材料。

鄭玲《回鶻文〈彌勒會見記〉翻譯技巧探析》指出:對勘和比較吐火羅文本和回鶻文本《彌勒會見記》所見回鶻譯者在實際翻譯過程中,常使用增加話題轉移標記如 anta ötrü 等、使用呼語、增加修飾類詞語、增加數量詞類修飾語、增加佛的尊號類的修飾語、增加名詞性修飾語等翻譯手法,上下語境的連接貫通、人物形象的塑造等方面使得回鶻文本較吐火羅文本更具口語化,其佛教文學作品或者作爲早期的文學劇本性質更爲突出。

五、敦煌宗教相關研究

俄羅斯學者索羅寧(Kirill Solonin)《西夏佛教在 10—13 世紀東亞佛教中的地位》提出了西夏佛教研究的最大障礙是學術界缺乏關於西夏佛教傳播的系統性的闡述:漢僧、吐蕃僧並没有保留西夏佛教史的系統記載;西夏人雖然有如此材料,但早已失傳,但存其引語而已。因此,研究西夏佛教史的主要數據源是西夏文佛典本身。索羅寧從以西夏佛教史爲"文本系統"歷史、"新版"西夏漢傳佛教史的可能性、漢傳藏傳在西夏佛教的關係問題以及西夏佛教系統架構等幾個方面論述了 10—13 世紀時期西夏佛教在東亞佛教中的地位。

張海娟、胡小鵬《元代佛教王權觀與國家合法性構建》認爲:有元一代,統治者對佛教文化大加利用,其藉由皇室儀式儀仗、君王名號賦予、帝師之制創立等路徑,形塑出元朝皇帝爲佛教"轉輪王"的君主面相;同時亦借助皇權推動,促進了藴含著强烈護國色彩與王權思想的佛教文獻的弘播,繼而從世俗與宗教兩大領域雙向强化了其統治合法性與政治領域中的"國家""君王"觀念。這不僅爲論證元朝之正統性提供了重要的宗教理論基礎與思想意識支撐,且對元代思想文化整合、多民族融合乃至大一統國家建構等皆發揮了重要意義。

菩提迦耶是釋迦證悟成道之地,是佛教誕生之所,因此也成爲古代印度佛教四大聖地之首,由此也成爲佛教信衆最神聖的地方,是中國古代赴印度求法僧人所必瞻禮之地。梁霞《晋唐求法僧在菩提伽耶求法巡禮活動》指出早在 3 世紀末,就有中國僧人曾瞻禮菩提伽耶,晋唐時期,有不少中國僧人曾赴菩提伽耶求法巡禮。菩提伽耶有衆多佛教遺迹,求法僧赴此聖地禮菩提樹,瞻仰釋迦真容像,臨摹雕刻佛陀成道像,爲釋迦真容像送袈裟、罩華蓋、披法服。晋唐求法僧巡禮菩提伽耶後便離開,並不常住,僅有個別求法僧曾在菩提伽耶的摩訶菩提寺習佛法、學律儀,甚至一度成爲"寺主人"。義净等大多數華僧,在求法巡禮時居無定所,都不免缺乏歸屬感,深感作客飄零之苦,因此,疾呼"大唐西國無寺",並向唐廷上書"請求在西方造寺"。

張多勇《合水縣館藏四尊小胡族佛造像》論述了甘肅合水縣隴東石刻藝術館收藏的四尊單體佛造像。合水博物館展廳將時代標注爲西夏,《合水石刻》將時代確定爲金,《合水石窟與石刻造像》一書將時代確定爲西夏。張多勇在文章詳細介紹了四尊造像概況、党項內遷與漢化進程,認爲其造像應爲宋代小胡族造像,而非西夏時期造像,也非宋金造像。

王樂慶《景教在回鶻中的傳播與影響》主要論述了景教在回鶻地區的始傳、回鶻景教遺物的發現以及回鶻景教團與周邊地區教團的往來。高昌地區是絲路的重要節點、多元文明交匯之地,高昌的景教是從西而來的,其景教教團與其西河中和波斯、拜占庭的教團有著密切關係。高昌回鶻的景教教團與敦煌、甘州地區的教團聯繫也比較密切。敦煌文獻有甘州波斯僧來沙州的記錄,推測應該亦會有從敦煌西行拜訪高昌的波斯僧。高昌回鶻的景教教團和敦煌的景教教團往來亦可見於藏經洞及北窟出土文獻之中。

出自藏經洞的唐五代功德剪紙《對鹿拜塔》《佛塔》《群塔與鹿》《持幡菩薩立像》《菩薩立像》《彩色紙花》等,其用途和功能主要爲寺內僧人佛教節日裝飾佛堂、佛教信徒佛教節日做供養、過往香客在寺院做布施等;從一個側面印證了唐五代繁榮的佛事活動,從而有助於我們深入瞭解絲綢之路上的宗教文化融合的情景。張玉平《從藏經洞出土功德剪紙看宗教文化在敦煌的交流與融合》以佛教文化在古絲綢之路傳播爲背景,通過圖像文化內涵考釋,結合考古資料,將中西方佛塔建築造型與剪紙佛塔圖像進行對比,將敦煌晋唐花卉畫像磚與唐五代彩色紙花剪紙進行對比,將菩薩立像與莫高窟同時代壁畫中的菩薩圖像進行對比,從多個維度探索其圖像生成範式,解析佛教信仰的轉喻空間,進一步論述佛教文化在敦煌的交流與融合。

王祥偉《吐蕃時期敦煌僧尼的名籍制度》論述佛教傳入中國後,隨著僧尼人數的逐增及眾多民眾偽冒僧尼規避賦役,從而對世俗政權的統治帶來不利影響,故世俗統治者開始對僧尼設置簿籍,加強管理。吐蕃統治敦煌之後,吐蕃在將敦煌僧尼納入部落民籍的同時,還編制專門的僧尼名籍,這種僧尼名籍制度既具有吐蕃色彩,又應受到唐代僧籍制度的影響,是吐蕃加強對新占領區統治的產物。

六、各民族文化交融研究

艾爾肯·阿熱孜《從維吾爾語的一個古老漢語借詞(čay)看漢維文化交融》根據維吾爾語各歷史發展時期文獻中出現的有關漢語借詞,在充分參考國內外學者相關研究成果的基礎上,運用歷史比較語言學的一般理論和方法,對現代維吾爾語中的古老漢語借詞 čay 及其相關詞語的語義和詞源進行詳細的探討並在此基礎上對於《維吾爾語詳解詞典》中關於 čay 一詞的詞義和詞源解釋進行修正。同時,根據相關文獻和語言學研究資料所提供的例證,通過對相關漢語借詞從語音、結構、詞義、文化內涵等方面進行詳細考證,深刻解釋其背後的文化融合。

"卡拉"一詞在中亞地區的城堡建築名稱中出現。謝洋在《從"卡拉"一詞淺析中亞"卡拉"建築的多元文化交流與交融》一文中通過"卡拉"一詞的釋義、起源及在不同地區城堡建築中命名的情況和在我國中亞史相關著作中的翻譯情況進行梳理,初步探析中亞地區"卡拉"的特點及多元文化交流與交融,並提出將"卡拉"作爲中亞地區的一種建築類型直接進行音譯,以便開展持續深入的調查和研究。

郭勤華《相際經營:宋遼夏金元時期多民族的交往交流交融》指出:相際經營原理將跨民族經濟活動的非經濟制約因素所規約的社會及自然實體稱爲"相"。宋遼夏金元時期不同民族在橫貫亞歐北部草原的古代文化交通綫路的"草原絲綢之路"上,以水系、地域爲基礎,共同締造、多元維繫著草原絲綢之路地景和中原及其周邊通衢,他們長期守望相助,相際經營,將自身與他者融入其中,以最優路徑實現交往交流交融,符合客觀社會發展的內在需求,共用相同基礎資源,展示了不同地域、不同民族在共生空間內妥善解決公共資源配置與民族關係交往交流交融的國際共用性質。

于光建《從喪葬習俗看西夏與吐蕃文化的交往交流交融》認爲:党項西夏的喪葬習俗,經歷了青藏高原居住的党項舊俗到內遷黃土高原的夏州党項葬俗,再到西夏建立後喪葬習俗的多元民族文化的融合變遷。由於西夏與吐蕃在地域的相鄰,党項族與吐蕃民族在族源上的相近,在喪葬方式、葬具、隨葬品等方面有極大的相同性,這是兩者在文化上彼此相互影響的體現。西夏與吐蕃在文化源流上的融合,反映出在文化上,各民族之間通過交往交流交融,共通性逐漸增大,文化認同的基礎逐漸增強,最終凝聚爲"羌漢彌人同母親,地域相隔語始異"的中華民族共同體。

熱孜婭·努日發表《歷史上漢語對回鶻語的影響初探》一文,認爲漢語回鶻語間的語言接觸具有悠久的歷史,存世的回鶻語文獻中有相當高的比例均是由漢語譯入的佛教經典。而在宗教文獻之外,也有一些由漢語譯入的世俗文獻被發現。這都顯示歷史上曾有一部分回鶻人學習並掌握了漢語、漢文,其中佛教僧侶和知識分子當屬主體。同處於古代絲綢之路上的漢語和回鶻語作爲相鄰的兩種書面語,經過了高昌回鶻時期大量漢語的經典被譯入回鶻語的這一過程,使得後者受到了前者深刻的影響,有著相當長的相互接觸。熱孜婭·努日試圖將這種影響從語言學的角度做一初步的分析和歸納,以期重現漢語—回鶻語之間的語言接觸和互相影響的歷史。

胡蓉《回鶻借由儒學而融入中華民族共同體的歷史途徑》認爲回鶻儒學發端於隋唐時期的漠北汗國,成熟於蒙元時期,唐宋元時代不斷發展壯大的回鶻儒學,成爲回鶻融入中華民族共同體的歷史途徑。多元一體的中華文化是各民族文化交流互鑒的結果,因爲有了回鶻儒學的影響,蒙元時期的中原儒學不同於漢唐時期,是一種超越了民族界限的"新儒學"。回鶻文漢文合璧的文獻宣示了中華民族文化多元一體的内在聯繫,這種獨具特色的文化現象昭示出回鶻人從民族認同到國家認同的發展歷程。蒙元時期回鶻的族群認同與國家認同是歷史上的一種特殊現象,西域畏兀兒既要忠於亦都護又忠於蒙元皇帝,蒙元皇帝的地位高於亦都護。回鶻文化相容遊牧和農耕兩種文化,在民族格局中具有鮮明的特色。

七、其 他

匈奴最高首領稱"單于",單于及諸王的后妃稱"閼氏"。寶音德力根、陳溯《閼氏考——兼及柔然突厥官號"伊利"、"俟斤"》試圖訓釋和解讀"閼氏"一詞的音義,並追溯其語源。作者首先根據漢籍有關記載準確定義其詞義並找到對應的漢譯;然後利用古漢語音韻學知識構擬其可信的音值;再從與匈奴有族源關係的契丹語詞彙中尋找同音、同義詞;最後探討其所屬語系乃至語言。最終成果或有益於匈奴人語言以及族屬問題的解決。

海霞《"哈剌灰"考辨》一文指出:哈剌(哈拉)灰,意爲"黑色的",又指"奴隸、平民"。作爲一個蒙古族群,哈剌灰於至元十三年(1276)追隨察合臺貴族出伯、哈班兄弟逃離察合臺汗國，東歸投於忽必烈麾下，其與蒙古幽王家族關係密切，爲幽王家族屬部。哈剌灰自中亞而來，其經歷了由最初信仰伊斯蘭教而後皈依佛教的過程。同幽王家族一樣，即使哈剌灰皈依佛教，卻仍葆有伊斯蘭文化情結。隨著歷史發展，哈剌灰或併入其他蒙古部落、或融入當地民族之中。

牛文楷《兩漢時期烏氏地望及相關問題蠡測》，秦惠文王滅烏氏戎後，設置了烏氏縣，兩漢時期的烏氏屬安定郡所轄。牛文楷在前人研究的基礎上，將烏氏相關史料、出土器物、東漢時期的羌漢戰爭及田野考古調查資料相結合，對兩漢時期的烏氏地望進行再考證，認爲兩漢時期烏氏縣治位於今平涼市崆峒區政府所在地，東漢時期羌漢衝突貫穿於始末，導致安定郡縣多次內遷，涇陽被省併，朝那遷徙治所，烏氏的轄區面積延伸到西北部原朝那、涇陽境內。

袁書營《世界性民間遊戲"老鷹捉小雞"的起源論證分析》，作爲世界性的民間遊戲"老鷹捉小雞"所特有的文化傳播策略能夠非常有效的助力這一目標的實現。因此，首先探究其全球範圍內的起源則顯得尤爲重要。作者基於這些考慮，利用體育人類學的田野調查法，一方面在全球範圍內梳理了這個小遊戲在國內外各大洲的主要存在情況；另一方面深入討論了針對這個小遊戲起源的國際範圍內的爭議，並對其起源結合敦煌文獻內容進行了大膽猜想。通過論證分析，袁書營認爲："屍毗救鴿"是"老鷹捉小雞"遊戲的起源。

朱希帆《西夏服飾的流變與相關問題研究》，服飾是文化外化的體現，西夏統治時期，積極吸收中原及其他民族服飾制度和服飾樣式，同時也保留自身民族傳統服飾的特點，這種特點蘊含了多民族間的"多元與共生"。服飾的變遷是歷史發展鏈條中不可分割的一部分。透過服飾看歷史，從文獻、圖像資料中找尋其服飾文化特點，從這些文化特點中管窺党項民族心理的構建，這同時也是研究西夏歷史文化的重要支點。

米小強《大夏爲吐火羅再考》，西域國大夏有希臘—巴克特裏亞王國和吐火羅二說。巴克特裏亞說認爲大月氏征服的就是希臘—巴克特裏亞王國，然漢文史籍證明，月氏之前的大夏地區已經遭受過一次征服，探求西史，這次征服當爲吐火羅等斯基泰部落所爲；希臘—巴克特裏亞王國大約亡於前2世紀30年代，然漢文史籍中的大夏記載可遲至3世紀中葉，故大夏並非希臘—巴克特裏亞王國。吐火羅斯坦因吐火羅人而得名，參考塞克在某地建立王國後所統治地區往往以塞克名之，吐火羅斯坦之名也當形成於吐火羅王國之後。吐火羅斯坦地名至早見於貴霜迦膩色伽時期，月氏、貴霜皆非吐火羅，故吐火羅王國當建立在月氏之前。再結合大夏和吐火羅的對音，認爲大夏即吐火羅。月氏到來之前的大夏俗土著、無大長及兵弱畏戰,原因在於,吐火羅等遊牧人在攻占巴克特裏亞後,在公元前 130 年左右受到帕提亞國王邀請,奔赴美索不達米亞與塞琉古作戰,遲至前 127 年才返回。俗土著自然是因爲希臘人王國被征服後,其生業方式沒有被强行改變。連遭匈奴、烏孫打擊的月氏,就是趁著吐火羅等部落離開巴克特裏亞之機,西徙而臣之。

西夏榷場文書的集中公佈,爲統計和計算西夏榷場貿易的稅率以及一般等價物的尺度提供了極大的便利。張玉海《西夏榷場的稅率與尺度》論述了在西夏榷場中,川絹、河北絹的價格波動一定程度上會影響到商户貿易總額的估值,進而影響到西夏榷場稅收。西夏在榷場中採取浮動稅率,考慮到了川絹、河北絹的市場價格對交易商品的影響,將川絹作爲榷場稅收標準,同時將河北絹作爲參考值,實行雙係數稅收登記體制,不僅可以確保稅收的穩定,而且有利於防止替頭私自更改商户貿易估值,體現了西夏榷場管理體制的嚴密性。由於宋、金在尺度上並不統一,西夏榷場收稅時必然要換算出川絹與河北絹之間的比值,於是人爲地將一匹川絹減少七尺,亦即每匹川絹三十五尺,用以維持固定的河北絹 2∶1 的比價,這樣就可以快速估算商户貨品總價值和收稅額。

此次"敦煌多民族文化的交往交流交融"學術研討會圍繞歷史上敦煌諸民族的交往交流交融展開研究,共計收到來自全國各地的漢、蒙古、維吾爾、哈薩克、回、藏、滿等不同民族及俄羅斯學者提交的論文 70 餘篇,有 50 餘位代表在會上做了精彩演講。各專家、學者就石窟壁畫藝術、歷史文獻、宗教、絲路歷史文化等問題在會上做出深入交流,深化和拓展了相關領域研究,對經後敦煌諸民族文化交融等研究提供了新的研究思路和方向。

總之,此次會議在敦煌研究院組織下、在全體與會人員的協同支持下,會議和考察活動安排緊湊、形式多樣、內容豐富多元,圓滿地完成了大會的全部議程,達到了組織此次會議的初衷和目的。通過此次會議的圓滿舉辦,以期學界湧現更多、更好的成果,共同推進敦煌歷史上多民族文化交往交流交融問題的進一步研究。

《敦煌仏頂尊勝陀羅尼経変相図の研究》評介

陳凱源（陝西師範大學）　潘　飈（中國社會科學院大學）

在佛教藝術中，把依據一部佛經的内容、故事等繪製或雕刻而成的圖像，稱之爲經變。從早期常書鴻先生提出將敦煌壁畫分作經變、故事畫、曼荼羅、佛像、圖案、供養人像六大類，再到段文傑先生認爲敦煌壁畫大體可分爲佛像畫、故事畫、傳統神話題材、經變畫、佛教史蹟畫、供養人畫像、裝飾圖案畫等七類，經變始終是敦煌壁畫中的一個重要門類。

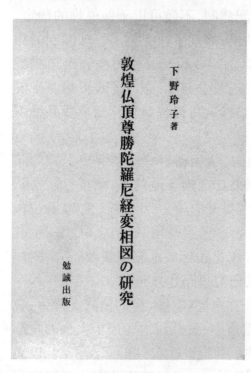

圖一　《敦煌仏頂尊勝陀羅尼經変相図の研究》書影

佛頂尊勝陀羅尼經變是敦煌石窟約四十種經變當中的一種，當前敦煌石窟中已經辨析出的佛頂尊勝陀羅尼經變共有八鋪，分別位於莫高窟盛唐第217、103、23、31窟、莫高窟晚唐第156窟、莫高窟宋初第55、454、169窟，其出現時代從盛唐至宋初。2017年，日本學者下野玲子《敦煌仏頂尊勝陀羅尼経変相図の研究》（東京：勉誠出版，2017年）一書在日本出版（圖一），該書是學界首部以佛頂尊勝陀羅尼經變爲題目的研究著作。

《敦煌仏頂尊勝陀羅尼経変相図の研究》（以下簡稱《尊勝經變研究》）雖已出版數年，但考慮到當前尚無該書專門性的評述文章，且近年來以敦煌佛頂尊勝陀羅尼經變爲對象的研究成果繼續湧現，如朱生雲《莫高窟第217窟壁畫中的唐長安因素》（《絲綢之路研究集刊》第二輯，2018年）、沙武田《敦煌壁畫漢唐長安城相關問題申論》（《敦煌研究》2018年3期）、沙武田《敦煌壁畫中的罽賓人形象考》（《文物與考古》2020年6期）、陳凱源《敦煌佛頂尊勝陀羅尼經變的樣式演變》（《形象史學》第二十一輯，2022年）、沙武田《絲路傳法旅行圖——莫高窟第217、103窟尊勝經變序文畫面解讀》（《敦煌研究》2022年5期）、張小剛《莫高窟第169窟〈佛頂尊勝陀羅尼經變〉及其相關問題》

（《故宮博物院院刊》2023 年 2 期）等。基於學界對佛頂尊勝陀羅尼經變這一題材的重視與關注，筆者以爲有必要對《尊勝經變研究》一書中的内容作一介紹，並就敦煌佛頂尊勝陀羅尼經變研究過程中的一些問題進行補充闡述，以期對該經變日後的研究有所推動。

一、《敦煌仏頂尊勝陀羅尼経変相図の研究》内容概述

《尊勝經變研究》由"緒言"、第一部"唐代敦煌仏頂尊勝陀羅尼経変相図とその所依経典"、第二部"敦煌法華経変相図の再檢討"共三大部分組成。

"緒言"作爲本書導入部分的内容共有兩節，分別是第一節"唐代敦煌石窟壁畫の意義と仏頂尊勝陀羅尼経変相図"和第二節"『仏頂尊勝陀羅尼経』の研究狀況"。這部分内容主要是對敦煌佛頂尊勝陀羅尼經變的相關情況以及《佛頂尊勝陀羅尼經》的研究情況作簡單交代。

第一部分是對唐代敦煌佛頂尊勝陀羅尼經變及其所依據經典的研究，這部分内容分爲六章。

第一章"莫高窟第二一七窟南壁の仏頂尊勝陀羅尼経変相図"是對莫高窟第 217 窟南壁佛頂尊勝陀羅尼經變内容的考釋（圖二）。本章内容作爲作者敦煌佛頂尊勝陀羅尼經變系列研究的出發點，提出了第 217 窟南壁過去被

圖二　莫高窟第 217 窟佛頂尊勝陀羅尼經變

認爲是法華經變的壁畫爲佛頂尊勝陀羅尼經變的新觀點。作者將第 217 窟南壁壁畫劃分成 9 個大區域（圖三），依據佛陀波利翻譯的《佛頂尊勝陀羅尼經》和唐定覺寺主僧志静於永昌元年（689）撰寫成的《佛頂尊勝陀羅尼經序》進行逐一解讀。壁畫中的 A、B、C、D、E、F 六個區域描繪的是《佛頂尊勝陀羅尼經》基本内容，包括佛在誓多林給孤獨園給大衆説法、善住天子在三十三天生活、善住天子受七返畜生惡道之苦、受持尊勝陀羅尼得何種功德、如何受持佛頂尊勝陀羅尼以及經文最後善住天子得到解脱佛爲其摩頂等内容。G、H、I 三個區域表現的則是《佛頂尊勝陀羅尼經序》中佛陀波利如何在五臺山上受老人指示返回西國取經，隨後將佛經在中土傳譯的相關事蹟。

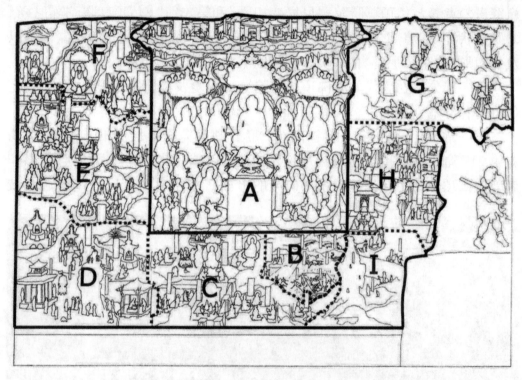

圖三　莫高窟第 217 窟佛頂尊勝陀羅尼經變綫描圖

第二章“莫高窟における仏頂尊勝陀羅尼経変相図の展開”是對在過去與第 217 窟佛頂尊勝陀羅尼經變同樣被認爲是盛唐時期法華經變的莫高窟第 103 窟南壁、第 23 窟窟頂東披和第 31 窟窟頂東披壁畫的解讀。作者在這一章中將上述四鋪壁畫的各個畫面進行比較分析，認爲這四鋪壁畫均爲佛頂尊勝陀羅尼經變。在比較的過程中，作者發現第 217、103、23 窟的佛頂尊勝陀羅尼經變的畫面較爲接近，應皆爲早期同系列的作品。而第 31 窟中出現了較多不同的圖像，與莫高窟宋代第 55 窟的佛頂尊勝陀羅尼經變有共通之處，應是屬於另一個系統，其產生變化的原因可能是受到密教信仰的影響。

　　第三章“莫高窟第二一七窟の供養者像と制作年代”對第217窟的營造年代進行了重新探討。學界根據第217窟西壁下方供養人像的榜題内容,一般認爲第217窟建於8世紀初期。作者在考察第217窟西壁的供養人像後,認爲在目前所見的供養人像下層,還存在一層可能是洞窟最初營造者的供養人像。將表層女性供養人的髮型、服飾以及形態與初唐至盛唐時期的作品進行比較後可知,第217窟主室南壁、北壁、西壁龕頂的壁畫是初唐末期至盛唐的樣式,而西壁表層的女供養人像則屬於盛唐晚期至中唐的樣式。這説明西壁表層的供養人像繪製的時間比主室内的壁畫時間要晚,所以供養人及其榜題中的内容爲洞窟建造時留下的可能性很低。因此,依據供養人榜題中的記載來判斷第217窟的營造時間需要慎重。

　　如果説第一至三章是對敦煌壁畫的圖像學研究,那麼隨後的四到六章則是作者從文獻學的角度對《佛頂尊勝陀羅尼經》及其相關問題的探討。

　　第四章“仏陀波利訳『仏頂尊勝陀羅尼経』の経序に関する問題”對佛陀波利譯本的經序相關問題進行了整理,特別探討了各譯本的譯出年代及佛陀波利譯本經序的成立年代。佛陀波利譯本的經序與地婆訶羅譯《佛頂最勝陀羅尼經》(地婆訶羅第一譯)中的彦悰經序在經典譯出年代上的記錄有部分矛盾之處。作者經過考察,與大多數前輩學者一樣都認爲彦悰經序所記的杜行顗譯經、地婆訶羅第一譯的譯出年代是正確的。而關於佛陀波利譯本的譯出年代,作者則認爲或許是在杜行顗譯、地婆訶羅第一譯之後,直到永淳二年(683)才譯出的。關於地婆訶羅第二譯本的譯出年代,作者認爲如果相信譯者名字的話,定位在垂拱元年至垂拱三年(685—687)雖是妥當的,但假設在《開元釋教録》編纂的開元十八年(730)期間譯出也並無不妥。在佛陀波利譯本經序的成立年代上,作者根據經序中提到的“神都魏國東寺”“最後別翻”“順貞”等内容,推測經序是從永昌元年(689)八月開始没多久就由某人著述,與定覺寺主志静“改定”的陀羅尼共同附於經典上。經過對石刻資料、敦煌壁畫的考察,作者認爲到8世紀初佛陀波利譯本及其經序傳播到了河北省的其他地方,由中央遠及敦煌,至盛唐時則廣泛地傳播到了各地。

　　第五章“唐代前期および奈良朝の仏頂尊勝陀羅尼”,主要討論了佛陀波利譯《佛頂尊勝陀羅尼經》中的陀羅尼可能從很早的時期就已經被修改的問題。佛陀波利譯《佛頂尊勝陀羅尼經》的石刻本和寫本混雜有很多的不同的陀羅尼,根據正文的漢字、夾注詞句(句號、反切等音注)的不同,可以將這些陀羅尼劃分爲明顯不同的系統,作者認爲在陀羅尼開始流傳的武周時期,就至少有房山天授二年(691)本、龍門石窟蓮花洞外如意元年(692)本兩個系統在一定地區傳播,它們與開元時期常見的系統不同。

另外,依經序記載,佛陀波利譯本中應有兩種陀羅尼,即經中陀羅尼(佛陀波利原譯陀羅尼)與經末陀羅尼(最後別翻),但經末陀羅尼逐漸佚失,而經中陀羅尼也被不斷修改。作者經過調查認爲目前唯一存世的既有經中陀羅尼又有經末陀羅尼的寫經是日本正智院所藏的天平十一年(739)本,作者與藤枝晃都認爲該寫經與最初附有經序的佛陀波利譯本相似,是正統的寫本。而該寫經的陀羅尼十分獨特,其經中陀羅尼與宋本地婆訶羅第二譯的陀羅尼一致,經末陀羅尼則與現行的杜行顗譯陀羅尼一致。同時,作者也指出佛陀波利譯本的經序與五台山文殊信仰進行了結合,這對該經的流傳起了很大作用。

第六章"刊本大藏経における仏陀波利訳「仏頂尊勝陀羅尼」の変遷",是針對佛陀波利譯、杜行顗譯、地婆訶羅第二譯的陀羅尼混亂狀況進行討論。作者將中國木版印刷的大藏經,即刊本大藏經作爲討論材料,盡可能追溯佛陀波利譯的漢文陀羅尼原本,試圖理清多個混亂系統的來龍去脈。從高麗再刻本的刊記可以看出,在最初的刊本大藏經,即北宋《開寶藏》和它的繼承者《金藏》中,佛陀波利譯、杜行顗譯、地婆訶羅第二譯的陀羅尼關係錯綜複雜,陀羅尼的傳入情況極爲混亂,而高麗再刻本爲了糾正這一點,採用了現在詳細情況已經不清楚的《契丹藏》來判明。作者認爲這種陀羅尼的混亂恐怕並非始於北宋時期,從佛陀波利譯本的經序中可以看到在經典被翻譯後不久的7世紀末就已經開始,這是爲了尋求陀羅尼的正確性而反覆修改的結果。

第二部分是對隋代、盛唐以及中唐吐蕃統治時期敦煌法華經變的再探討,這部分內容共分有三章。

第一章"莫高窟隋代第四二〇窟法華経変相図の再検討"是對莫高窟隋代第 420 窟窟頂法華經變的再考察。第 420 窟法華經變作爲敦煌石窟中最早出現的法華經變,其位於洞窟窟頂位置。以往學界的研究認爲,第 420 窟窟頂東披繪製有觀世音菩薩普門品的內容,南披有譬喻品中火災喻的相關圖像,而北披和西披則是序品和方便品的場景。在北披壁畫的中央出現有佛涅槃的畫面,這是爲了表達佛以方便説法引導衆生的一種表現方式。作者考察後認爲,第 420 窟窟頂北披和西披的圖像是依據曇無讖所譯的《大般涅槃經》進行繪製的,西披圖像中衆多的佛説法場面可與經中壽命品釋迦對五十二類衆生進行最後説法的內容對應,北披除繪有佛涅槃的畫面外,還繪有諸力士"相與集聚平治道路"的內容。因此,對於第 420 窟窟頂西披和北披的內容應解讀成涅槃經變。

第二章"莫高窟唐代法華経変相図の再検討——第二三窟壁畫の位置付け"是對作爲莫高窟第 23 窟法華經變的再研究。第 23 窟中繪有莫高窟盛唐時期最大規模的法華經變,又因洞窟主室南、北、東三壁均繪有法華經變,該窟又被稱爲法華窟。作者通過對敦煌法華經變樣式的梳理以及第 23 窟的法華經變中各畫面的再解讀,認爲第 23 窟法華經變無論是整體構圖,還是各個畫面對經中内容的表現方面,均與吐蕃統治時期以來的法華經變有諸多共同點。而吐蕃統治時期敦煌法華經變的構圖表現形式並不是這一時期突然出現的,其原型可追溯到盛唐時期,至於各畫面的圖像表現形式也大多是盛唐時期開始延續的。

第三章"吐蕃支配期以降の敦煌法華経変に関する一考察"以吐蕃統治時期敦煌法華經變中新出現的屏風畫爲中心,對晚唐五代宋初各時期法華經變中尚未確定的畫面的探討。吐蕃統治時期敦煌法華經變構圖及畫面上有了飛躍式的變化,其構圖樣式開始固定,並與洞窟内的西方净土變、彌勒經變等壁畫多出現在洞窟南壁。作者通過對法華經變屏風畫中方便品、譬喻品、剃發出家和高座上比丘的圖像,以及初轉法輪與涅槃圖像的對比分析,認爲野獸與地獄圖像是表現《法華經》中譬喻品謗法的内容,涅槃和初轉法輪的圖像則是方便品的内容。而自吐蕃統治時期以來,石窟中其他經變看起來都是在以往的構圖和圖像的基礎上展開的,法華經變則是在盛唐時期出現的構圖和圖像的基礎上,以更爲細緻化方式加以表現。

以上是對《尊勝經變研究》一書中各章内容的概括性介紹,我們可以從中發現,該書雖然以佛頂尊勝陀羅尼經變爲題目,但作者研究的範圍並不局限於佛頂尊勝陀羅尼經變,還涉及《佛頂尊勝陀羅尼經》及法華經變的内容。另外,需要指出的是,作者在該書中主要是針對莫高窟盛唐時期的四鋪佛頂尊勝陀羅尼經變進行研究,並未對晚唐、宋初的佛頂尊勝陀羅尼經變進行討論。所以作者以敦煌佛頂尊勝陀羅尼經變研究作爲其著作的題目,難免存在以偏概全之嫌。不過,作者對敦煌盛唐佛頂尊勝陀羅尼經變釋讀,不僅改變了學界對敦煌唐代法華經變的傳統認知,同時還豐富了唐代敦煌石窟中的經變種類,而作者對敦煌法華經變的再解讀亦將部分尚未明確或解讀錯誤的畫面得以正名。總之,《尊勝經變研究》通過細緻的圖像釋讀、比對,嚴密的論證以及深入的研究,發現和考證出諸多新的内容,對於敦煌石窟藝術、唐代敦煌密教發展情況等方面的相關研究具有積極的意義。

二、敦煌佛頂尊勝陀羅尼經變研究
相關問題的補充與思考

《佛頂尊勝陀羅尼經》是一部在唐宋廣泛流傳的密教經典,與中原地區多建造佛頂尊勝陀羅尼經幢的不同情況相比,敦煌地區並未發現佛頂尊勝陀羅

尼經幢的實物遺存。但敦煌藏經洞中保存的三百餘號《佛頂尊勝陀羅尼經》
及其相關文獻,以及石窟中出現的佛頂尊勝陀羅尼經變爲我們研究敦煌佛頂
尊勝陀羅尼信仰提供了寶貴的資料。就敦煌佛頂尊勝陀羅尼經變而言,圖像
的大體情況已經明晰,但筆者以爲仍有不少相關的問題值得關注與思考。

(一) 敦煌佛頂尊勝陀羅尼經變序品部分畫面的相關問題

第 217、103 窟佛頂尊勝陀羅尼經變的西側均繪製有志静撰寫的《佛頂
尊勝陀羅尼經序》的内容。施萍婷、范泉《關於莫高窟第 217 窟南壁壁畫的思
考》(《敦煌研究》2011 年 2 期) 曾列舉出四點理由質疑第 217 窟南壁壁畫爲
佛頂尊勝陀羅尼經變,其中一點認爲把一部佛經中的序繪入經變中,這不符
合經變畫的規律,這種繪有經序内容的經變形式,尚無他例。關於這一質疑,
下野玲子《尊勝經變研究》並未説明。而筆者以爲,這種情況或許可以從《佛
頂尊勝陀羅尼經》的流傳過程中找到相對合理的解釋。

在各個譯本的《佛頂尊勝陀羅尼經》中,佛陀波利譯本是流傳最廣、影響
最大的。不論是敦煌藏經洞發現的《佛頂尊勝陀羅尼經》寫本,還是唐宋時期
石經幢上鐫刻的《佛頂尊勝陀羅尼經》,其絕大部分均爲佛陀波利譯本,同時
還附帶有志静撰寫經序的内容。這種現象説明《佛頂尊勝陀羅尼經》與經序
之間的關係是極爲密切的,二者幾乎可視爲一體。

從永昌元年(689)志静撰寫《佛頂尊勝陀羅尼經序》,到莫高窟盛唐第
217 窟佛頂尊勝陀羅尼經變的繪出,其時間相差在十餘年之内。如此之短的
時間,反映出《佛頂尊勝陀羅尼經》傳播速度之快。《佛頂尊勝陀羅尼經》能在
翻譯出來後不久就廣泛流布,除此經本身可净除惡道之苦,尤其是破地獄功
能爲人們所推崇外,更爲關鍵的一點是《佛頂尊勝陀羅尼經》能與五臺山及文
殊信仰聯繫起來。如經序中記載,《佛頂尊勝陀羅尼經》是佛陀波利在五臺山
上得到文殊菩薩化身的老人指點後帶到中國的經典,是一部得到文殊菩薩認
可的經典。唐王朝是中國歷史上第一個把五臺山確定爲文殊道場的政權,這
極大地推動五臺山及文殊信仰的發展。第 217 窟佛頂尊勝陀羅尼經變繪有佛
陀波利在五臺山上遇文殊老人的情節,這一情節在此後敦煌石窟的五臺山圖
中也多有繪出,是五臺山圖中的標誌性情節之一。由此可見,《佛頂尊勝陀羅
尼經》與五臺山及文殊關係密切。作爲新譯出不久的經典,其經變畫在敦煌
石窟中首次出現,如何讓敦煌當地信衆認識和瞭解《佛頂尊勝陀羅尼經》,這
是一個十分重要的問題。在此情況下,將經序的内容與佛經一同表現出來,
是一個可行的方法。它一方面能讓人們更好地瞭解該經的傳譯情況,另一方
面能夠借助文殊信仰的影響力,使《佛頂尊勝陀羅尼經》更好地在敦煌當地推
廣。這或許是解釋敦煌佛頂尊勝陀羅尼經變爲何出現經序内容的一種思路。

此外，在第 217 窟佛頂尊勝陀羅尼經變經序部分畫面的最西側還出現了一尊體型較爲龐大的人物（圖四），《尊勝經變研究》亦未對這身人物進行説明。趙曉星通過對《古清涼傳》的解讀，認爲這身人物是守護金剛窟的山神。但據志静所撰《佛頂尊勝陀羅尼經序》記載，佛陀波利最後到五臺山，"入山於今不出"，而佛陀波利入金剛窟的傳説，直到北宋延一的《廣清涼傳》中才有記載。因此，第 217 窟佛頂尊勝陀羅尼經變經序部分畫面中出現的這身人物其身份及意涵，或許還有進一步探討的空間。

（二）敦煌佛頂尊勝陀羅尼經變的粉本來源

張彦遠《歷代名畫記》云："每作一畫，必先起草，按文揮灑。"這一記載説明了草稿與繪製之間存在密不可分的關係，作畫必先有畫稿。在《歷代名畫記》《唐朝名畫錄》《寺塔記》《益州名畫錄》等畫史資料中有不少唐代各地寺院繪有各式各樣佛畫的記錄，當中包括西方净土變、彌勒變、藥師變、維摩變等

圖四　莫高窟第 217 窟佛頂尊勝陀羅尼經變經序部分中的未知名人物形象

多種經變，但卻没有佛頂尊勝陀羅尼經變的相關記載。

第 217 窟的佛頂尊勝陀羅尼經變作爲在敦煌石窟中首次出現的此類經變，從其整體的構圖佈局、細節圖像的描繪等方面來看，該經變自出現之開始已是相當成熟的作品。《佛頂尊勝陀羅尼經》從譯出再到後來以經變的形式出現在敦煌石窟之中，其相差時間極短。那麼敦煌佛頂尊勝陀羅尼經變最初的粉本到底從何而來？這一問題學界並無定論。沙武田、朱生雲等學者通過對佛頂尊勝陀羅尼經變序品部分中方形宮城畫面的解讀，認爲表現的是唐長安城大明宮和西明寺的畫面，進而指出在 8 世紀初敦煌壁畫中出現的作爲新樣的佛頂尊勝陀羅尼經變，其粉本畫稿來自經典翻譯與佛教繪畫大興的長安。

第 217 窟的佛頂尊勝陀羅尼經變説法場景下方的發願文榜題上，因有後期回鶻文遊人題記覆蓋，以及年代久遠文字褪色嚴重等原因，原來最初的漢文題記極難釋讀。據《伯希和敦煌石窟筆記》（甘肅人民出版社，2007 年）記載："（第 217 窟）左側壁大畫面上的中央題記中包括潞荆（州）賈生□的'□

願文'。"題記中的"潞荊"即是潞州。潞州即今天的山西長治一帶,自南北朝以來,潞州就受到佛教文化的强烈影響,隋唐一統後,這裏的佛教更是有了很大的發展。潞州是前往五臺山巡禮途中的重要一站,而《佛頂尊勝陀羅尼經》的興起,又與佛陀波利在五臺山上受文殊老人點化的事蹟有密切關係。結合經變榜題中"潞荊"二字,可以認爲佛頂尊勝陀羅尼經變的粉本存在從潞州或五臺山一帶傳到敦煌的可能性。

《尊勝經變研究》中指出了第 217 窟西壁目前所見供養人像的下層,還存在有一層可能是洞窟最初營造者的供養人像,而陳菊霞《敦煌莫高窟第 217 窟營建家族新探》(《故宮博物院院刊》2020 年 8 期)又提出了第 217 窟並非學界所普遍認爲的陰家窟,而是劉家窟的新觀點。若將這些研究與佛頂尊勝陀羅尼經變中央榜題的内容相結合,或許有助於解決第 217 窟的營造時間、洞窟功德主、佛頂尊勝陀羅尼經變粉本來源等一系列問題。

(三)敦煌與巴蜀地區佛頂尊勝陀羅尼經變的比較與聯繫

除敦煌石窟外,近年來在巴蜀地區的大邑藥師岩、邛崍夫子岩、資中西岩石羅漢洞等摩崖造像中亦發現有晚唐五代時期的佛頂尊勝陀羅尼經變。通過張亮《四川大邑藥師岩新發現佛頂尊勝陀羅尼經變及相關問題討論》(《敦煌研究》2017 年 3 期)、符永利《四川邛崍市鹽水村夫子岩摩崖造像》(《敦煌研究》2020 年 4 期)、劉易斯《四川資中西岩羅漢洞浮雕造像調查與分析》(《大足學刊》第四輯,2020 年)的辨析可知,巴蜀地區的佛頂尊勝陀羅尼經變均以條幅畫的形式表現出經中的内容。特別是邛崍夫子岩摩崖的 K17 佛龕,該佛龕中部現殘存一八邊形經幢底座,可推測該位置原有一經幢,龕内兩側刻有《佛頂尊勝陀羅尼經》中的部分情節,如善住天子墮入地獄、七返畜身、安尊勝陀羅尼於塔中等情節。這種在佛龕内左右兩側以條幅畫形式表現《佛頂尊勝陀羅尼經》中内容的經變構圖樣式,與敦煌宋代的佛頂尊勝陀羅尼經變可謂是如出一轍。

晚唐以來,密教勢力在四川佔據主導地位,巴蜀地區的石窟中就保存有大量密教造像,而新發現的這些佛頂尊勝陀羅尼經變正是晚唐五代時期出現在四川地區的新造像題材。考慮到晚唐五代宋初這段時期,四川地區與敦煌的佛教交流十分頻繁,藏經洞中還發現刻印於四川的佛經,那麼巴蜀石窟中的佛頂尊勝陀羅尼經變與敦煌宋代的佛頂尊勝陀羅尼經變之間存在什麼樣的關係,這應是對於佛頂尊勝陀羅尼經變進一步研究需要思考的問題。

過去,學界認爲佛頂尊勝陀羅尼經變直到北宋初期才在敦煌石窟中出現。下野玲子在實地調查、詳細記録的基礎上,比對經文與圖像,最終釋讀出四鋪盛唐時期過去一直被誤讀爲法華經變的佛頂尊勝陀羅尼經變,從而大大提前了佛頂尊勝陀羅尼經變在敦煌的出現時間。總的來説,敦煌佛頂尊勝陀羅尼經變的研究雖取得了一定的成果,但經變中的一些細節畫面、經變的粉本來源以及不同地區間經變的比較研究等内容,仍有進一步深入的空間。希望本文對《尊勝經變研究》一書的介紹,以及筆者在研究過程中的一些思考,能起到拋磚引玉的作用,以期更多學者關注這一課題的研究,共同解決敦煌佛頂尊勝陀羅尼經變自身及相關方面的問題。

基金項目:陜西師範大學歷史文化學院研究生"念海史學"探索項目"敦煌漢傳密教圖像研究"(NH－A－03)。

俗字不俗：通向古代寫本研究的津梁

——《敦煌俗字典》（第二版）評介

喻忠傑（蘭州大學）

近年來，隨著敦煌學研究的持續深入，部分敦煌學者早期的重要成果相繼得以重新修訂再版。這些成果的集中再現，一方面反映出學者們在經久積累、不斷思考過程中對各自研究領域的引領和促進，另一方面也體現出對應學科在漸趨合理、臻于完善過程中對相關學者的規範和校正，雙向呈現出學者和學科之間的良性互動與共融。同時，這也從側面説明了敦煌學作爲一門交叉學科的深廣延展性，在基礎史料充分刊佈，學科劃分漸趨細化的情形下，敦煌學業已形成了獨有的研究方法與理論。經過百余年發展，這門自成體系的新興學科，已經由新材料的發現及整理刊佈階段過渡到專門研究，繼而進入整體梳理並綜合研究的新階段。近期由上海教育出版社推出的《敦煌俗字典》（第二版），正是在這樣的學術背景之下，經黃征先生潛心多年、精審修訂而成的再版力作。

一

20 世紀初年，敦煌莫高窟藏經洞中數萬件文獻被發現，其内容涉及 4 至 11 世紀宗教、史地、文學、語言、政治、經濟、藝術等諸多領域，幾乎囊括了中國古代的所有學科。敦煌文獻絕大多數是手抄古寫本，與傳世刻本文獻不同，其中存有大量的俗體字。文字辨認和釋錄是順利閱讀寫本的前提，認字不清，則文獻不明。彙集編纂敦煌文獻中的異體字，對於深入研究這些古代寫本無疑具有重大的現實意義。第二版《敦煌俗字典》在初版基礎上進行了大幅增補，主要新增了原編缺失的字頭條目和漏收的字形，同時增加了部分按語和疑難字考辨。因爲正文例字皆直接掃描于已刊正式圖版，字樣均爲原卷真迹，所以字形原貌得以高度保持。加之以特殊技術處理，文字更加清晰，這在很大程度上爲讀者辨識寫本字形提供了諸多便利。

在寫本研究過程中，部分俗字的酌定對寫本内容的討論至關重要。例如，在北京盈字 76 號（BD876 號）寫本卷尾題記部分載有："太平興國二年（977）歲在丁丑潤（閏）六月五日，顯德寺學仕郎楊願受一人思微，發願作福。寫畫此《目連變》一卷，後同釋迦牟尼佛嘗會彌勒生作佛爲定。後有衆生，同發信心，寫畫《目連變》者，同池（持）願力，莫墮三途。"其中"畫"字在辨識中多有爭議，早期研究者大都辨識爲"盡"。"盡""畫"雖僅一字之差，但對於寫本屬性的判定至關重要。若將《敦煌俗字典》所列"畫"與"盡"的多種俗寫字體詳加比勘，我們會發現北京盈字76號中該字形體，更接近于"畫"而非"盡"。另據日本學者荒見泰史先生考證，此《目連變文》原來帶有圖像，若將二者合觀，基本可以斷定原卷此處當爲"寫""畫"並提無疑。可見，只此一字之定奪，對于該寫本及目連系列寫本中圖文互涉問題研究，又賦予了更多參考價值。此外，在字典正文之前，作者通過較大的篇幅翔實陳述了俗字的定義、起源、特徵、類型以及前景，其中在論及敦煌俗字的時代共性和地域個性部分時，文中特舉杭州雷峰塔出土《一切如來心秘密全身舍利寶篋印陀羅尼經》爲例，在將經文中的許多字形與敦煌俗字加以比較之後，作者指出敦煌俗字與國內其他地域的俗字時代共性大于地域個性的特點。此類見解之形成，誠然與黄征先生對俗字的全面觀察與敏銳感知密切相關，但更源於他實事求是的治學態度。若將這一研究方法和結論，推及討論日本京都金光寺所藏《佛説目連救母經》的時代斷限問題，則同樣極具啓發性。《佛説目連救母經》在20世紀60年代由日本學者宫次男發現，並于1967年作爲佛教美術研究資料在日本《美術研究》第255期上發表。此後，中外學人對於該寫卷的時代與文體問題展開了激烈討論。而如果在前賢研究的基礎上，再憑借《敦煌俗字典》中的俗字比勘法和"時代共性"論補證《佛説目連救母經》，我們便可進一步明確此卷當出于宋代，而非原卷題記所顯示的元代。又如，在敦煌寫本中同樣存有一個以目連救母爲主題，以"經"稱名的殘卷S.4564，卷中有"四迊圍繞，何時得出？"一語①。其中"迊"字被部分研究者誤釋爲"周"。敦煌所見目連系列變文同題異構現象爲變文寫本之最。若將此文句與其他寫本相關內容比照參看，則基本可以確定該字爲"匝"而非"周"。但是，"迊""匝"字形差異明顯，使人不禁發問："迊"字何變而至於此？而當我們進一步核檢《敦煌俗字典》時，個中因由便豁然開朗。字典"匝"字第二條後附有編者按語，文中指出"匝"字從"匸"表示周遭環繞之意，而俗字經多次改寫後，最終改成"迊"而從"辶"，已經遊離於原創意義之外。依此可知，"迊"乃"匝"之俗字。而由於"匝"變體繁多，該條例字也由原版的五例增加到十三例。除此之外，作者還在按語中言簡意賅地點出了該字體書寫變化的脈絡，論稱由"匸"一變而爲"辶"旁無點，再變而有點。雖未盡述由來，但已略呈軌轍。這些研究成果的日漸豐富，一方面得益于黄征先生經年悉心搜録和沈潛累積，另一方面則是對初版刊行後，部分學者提出商榷意見和建議的正面回應，而類似的增補和

---

① 黄永武《敦煌寶藏》（第36册），臺北：新文豐出版公司，1982年，第576頁。

校正也自然成爲第二版修訂之後的一個重大變化。

漢語文字學包括兩大方面：小篆以前的古文字學和隸書而下的近代文字學（以俗文字學爲主）。受傳統學術觀念的影響，古文字學從一開始就得到廣泛而高度的重視，而近代文字學的研究卻相對冷寂而緩慢。漢語文字學體系的建構需要平衡兩端，近代文字學的發展任重而道遠。近二十年來，隨著漢語俗字研究領域相關學者的辛勤耕耘，近代文字學煥發出前所未有的活力，其中敦煌俗字研究異軍突起，產生了一系列豐碩成果。《敦煌俗字典》正是其中代表性的成果之一。作爲一種專學領域的工具書，該字典既可作爲按圖索驥的有效利器，推求坐實俗字身份，又可作爲史料解析時的輔助手段，以行多重證據之法而考訂異文、佐證史實。與初版相比，新一版除了在内容上有大幅增補，其辭書的系統性方面也更爲嚴謹和全面，於部分字源考證和解釋方面尤可見作者所付出的心力。

二

出於歷史原因，發軔於 20 世紀 50 年代的敦煌俗字研究在大陸曾一度中斷。但在海峽彼岸的中國寶島臺灣，潘重規先生在倡導和經營敦煌學研究之初，即提出"目録是門徑，文字是基礎"的觀點①，並於 1977 年始，偕衆弟子耗時一年編纂了《敦煌俗字譜》，其中收録了大量唐五代前後流行的俗字，對古籍整理尤其是敦煌寫本整理具有重要的指導意義。之後潘先生就敦煌俗字陸續發表了一系列研究專文，敦煌俗字研究藉此在實踐與理論兩方面得到實質性的進步。然而，囿於所見材料，《敦煌俗字譜》的問題也較爲明顯：因在取材上所依據者僅限於臺北收藏的一百四十四個寫卷和日本神田喜一郎所編《敦煌秘籍留真新編》中法藏的一小部分寫卷，故致此譜取材範圍過窄，難以呈現出整個敦煌寫卷俗字的面貌。加之缺乏簡擇，往往同一形體連篇累牘，眉目不清，且部分字頭的分屬亦未盡妥當。② 但潘先生的創舉和字譜的誕生對敦煌俗字研究，實有導夫先路、開啟户牖之功。

90 年代中期，張涌泉先生《漢語俗字研究》與《敦煌俗字研究》相繼問世，二書内容詳贍，立論審慎，對俗字的稱名、範圍、流變、類型及辨識方法與研究意義等逐一作了精深闡釋和全面總結，爲俗字研究奠定了理論基礎。與此同時，蔡忠霖先生《敦煌漢文寫卷俗字及其現象》一書出版，該書以敦煌漢文寫卷俗字爲主體，對六朝及唐五代時期的多種俗字加以比較研析，述其異同，釋其成因，進一步推動了俗字的整體性研究。嗣後，黃征先生捃摭敦煌群籍，網

---

① 蔡忠霖《敦煌漢文寫卷俗字及其現象》（鄭序），臺北：文津出版社，2002 年，第 1 頁。
② 張涌泉《漢語俗字研究》（增訂本），北京：商務印書館，2010 年，第 323—324 頁。

羅海外放佚,最終得撰《敦煌俗字典》一編。是著自成書之日起,便與《敦煌俗字研究》共爲研治敦煌學過程中文本溯源的重要依據和參照,二書亦堪稱敦煌俗字研究之雙璧。十數年後,《敦煌俗字典》和《敦煌俗字研究》又相繼由上海教育出版社修訂再版。這種成果再現絕非簡單意義上的學術重複,而是研究者沉澱凝練、自覺提昇的結果。同時,也體現了敦煌學在穩步推進過程中,向縱深和綜合發展的內在要求。

十餘年前,蔡忠霖先生在評價《敦煌俗字典》時,曾談及字典初版偏重收錄俗字字形、出處和錄文,而對俗字的成因及音義上的考辨有所缺失。文中曾舉一例,初版中"礙"字下收有五字,其中"㝵"字四種是否可作俗字似可商榷①。作爲回應,新一版字典中對類似問題都給予了必要的增述,其中"礙"字條下增收爲十二種,並在"㝵"後增補此字來源之説明,指出"㝵"作"礙"用,應是佛教文獻興起後產生的結果。敦煌寫本從內容上大體可分爲宗教典籍、官私寫本、中國四部書、非漢文寫本等類,其中僅佛教類寫本就占到漢文寫本的九成左右。蔡先生所言敦煌俗字中的前述現象並非個案,若由此及彼,在討論敦煌佛教文獻的文本生成時,研究者能合理引入俗字研究理論還可拓寬視野、匡正謬誤。或是出於對整體篇幅和辭書體例的考慮,作者並沒有全面展開對俗字的成因和音義的考辨實踐。這種選擇應該説是較爲理性和自洽的。在初版前言中,作者對敦煌俗字研究進行展望時,文後臚列了十項俗字研究的重要項目,其中既有字形方面的,亦有字音領域的。在十多年後的新一版中,十項計劃依舊在列,這説明敦煌俗字研究在實踐探索與理論研究方面仍然擁有廣闊的前景,而此等事業亦絕非一朝一夕可畢其功於一役。儘管如此,新一版依然留下些許遺憾,諸如部分常用字下所收字例偏少,"仁""想"之下只有一例,"采""山"亦僅兩例,既然是字典,若能爲讀者考慮增補此類字例,以便習檢,善莫大焉。再如,新編字例示範就目前來看,作爲字形簡單對比之功能遠大於專業研究者可參考信息之功能,試舉一例説明,"囂"字之例共計十種,其中從"言"從"頁"者並存一處,排佈未見有何規律,若能適當分類處理,或者簡要分析一二,釐清脈絡,或可爲後學者指出得窺門徑要訣。

此外,敦煌文獻構成複雜,內涵豐富,今日所見之大端是手寫本時代最真實的樣態。在一部全面反映彼時俗字面貌的工具書中,甄選字例時若能綜合考慮到寫本書手的個體因素,抑或可爲確定寫本創製者的身份提供便利。比如,道真其人行蹟,在敦煌寫本中時有所見,他對敦煌諸寺佛經的聚集和置備,曾做出過諸多貢獻。道真本人在收藏、整理佛典的同時,也曾積極參與佛

① 蔡忠霖《引諸迷途,導夫先路——評黃征〈敦煌俗字典〉》,敦煌學會編印《敦煌學》第 26 輯,2005 年,第218 頁。

經的抄寫,所以在敦煌寫本中存有不少道真簽署的佛經,具體如：P.2193《目連緣起》卷尾題署"界道真本記",S.3452《佛說無量壽宗要經》卷背所題"三界寺沙門道真轉之",BD2211(張字 62)《大般若波羅蜜多經卷七四》記載"界比丘道真受持",等等①。雖然書手的每一次書寫會因爲不同時期、不同場合發生細微變化,但其總體風格大體會保持一致。我們遍檢新版《敦煌俗字典》中"道""真"二字,前者有字例 15 種,後者有 20 種之多,而它們全部選自寫本正文,沒有出自寫本題記和簽署的例字。然而值得註意的是,字典中"真"字有出於《沙州各寺僧尼名簿》的字例。倘若在辭書編纂之初,在此基礎上能更進一步,將敦煌寫本題記或簽署中的書手具名字例亦納入其中,或許對寫本真實面貌的探究又將增加些許便宜。然而正如黃征先生在字典前言中所述,"敦煌俗字無處不在"。若一味求全,將巨量俗字依不同標準囊括於一編,又實非理性之舉。也正因此,對於未來的敦煌研究而言,實現這些俗字研究的更多學術設想,顯然需要更爲艱辛的付出與更加漫長的等待,但毫無疑問,在這一學術探究過程中,自然充滿了無限的誘惑和積極的意義。

三

自敦煌學興起以來,浙江很快就成爲敦煌學研究的學術重鎮之一。20 世紀八九十年代,姜亮夫、蔣禮鴻、郭在貽等先生篳路藍縷、傾力開拓,他們以杭州大學爲中心,逐步形成了具有自身特色的敦煌語言文字學研究新領域。黃征先生在杭州大學期間得諸位先生親炙,是當時大陸學界較早接觸敦煌俗字的青年學者。1987 年初,郭在貽先生攜弟子張涌泉、黃征組成課題三人組,擘劃合作撰寫"敦煌學三書"——《〈敦煌變文集〉校議》《敦煌變文匯校》與《敦煌吐魯番俗字典》。詎料"三書"未及成稿,兩年之後郭先生遽歸道山,先生所遺事業繼而由張、黃二位高足承其遺志,黽勉以求。

1990 年黃征先生考取蔣禮鴻先生漢語史訓詁學方向博士生,專事敦煌文獻和敦煌語言文字研究。蔣先生是我國著名的訓詁學和敦煌學家,素以學風嚴謹、學問精湛著稱,其深厚學殖源自清代樸學的學術傳統。樸學重考據、貴實證,凡有所出必依詁訓。於是有清一代,文字音韻訓詁之學極爲昌明,自然成爲了治經先生們的看家本領。受樸學思潮影響,從清代至民國的古代字書、辭書研究加速進階到一個新的高度。但是由於辭典編纂向來都被看作是"爲人"的工作,而有所創見的學者又多將其視爲"小道",即便是敦煌文獻發現之後的很長時期內,從事俗字研究的學者亦是鳳毛麟角,遑論編纂一部與

① 鄭炳林、鄭怡楠輯釋《敦煌碑銘贊輯釋》,上海：上海古籍出版社,2019 年,第 1168—1174 頁。

俗字相關的辭書。蔣禮鴻先生於兹肇始，以訓詁爲根柢，博涉漢語史、古籍校勘和辭書編纂，在敦煌學語言文字的研究和人才培養方面率先發力。1959 年初版的《敦煌變文字義通釋》及不久刊出的《中國俗文字學研究導言》，既爲敦煌俗字和俗語詞研究開闢了新路，也爲之後的相關研究樹立了典範。這種學術實踐已由純粹的個人學問升華爲完全的學術自覺。在此之後，郭在貽、張涌泉、黃征等學者的敦煌俗字研究自當是受蔣先生直接影響的結果。2005 年《敦煌俗字典》的出版，一方面標誌著"敦煌學三書"原初計劃的最終完結，另一方面也預示著一種與現代學術接軌兼具研究功能的敦煌俗字辭書體系的開啟。十五年後《敦煌俗字典》修訂再版，除篇幅成倍增加，不足得以修正之外，其關鍵還在於對敦煌俗字研究的學術總結和引領。真正的學術研究至少應該涵括兩方面的意義，一是以"摸得著"的著述爲外在的學統，二是以"看不見"的傳承爲内裏的道統。人事有代謝，學術貴傳承。蔣禮鴻先生的治學風格和研究理路，在日常的口傳心授中，潛移默化地被弟子門生所接納、吸收進而融會。"敦煌學三書"從最初的設想到完稿問世，又何嘗不是蔣先生曾經的學術願景？張涌泉先生於 1993 年西行入蜀赴四川大學，師從項楚先生攻讀博士學位。項先生小學根底深厚、文獻學養宏富，尤擅佛教文獻，其敦煌變文、王梵志詩和敦煌俗文學研究在海内外首屈一指，但項先生的敦煌學研究同樣曾受到蔣先生的浸潤和沾溉。1922 年初，北京大學研究所國學門成立伊始，校方即函聘王國維先生爲通信導師。是年冬天，他向研究所主任沈兼士先生提出研究問題四目，其中在言及古文學中連綿字之研究一題時曾說："若集此類之字，經之以聲，而緯之以義，以窮其變化而觀其會通，豈徒爲文學之助，抑亦小學上未有之事業也歟！"[1]信中王國維先生雖然僅僅言涉連綿字一題，但若將此延及敦煌俗字研究亦未嘗不深契此意，而敦煌俗字所能助力的研究領域又豈止文學與小學兩端？王國維先生對敦煌文學研究有開啟山林之功，其名山事業卻因先生英年自沈而輟止。斯人所未就者，至其再傳姜亮夫先生而成；蔣禮鴻、郭在貽先生所願望者，亦得其再傳弟子而遂之。黃征先生數十年如一日，孜孜矻矻，卓絶探索，將自己的智識體驗和學術追求熔鑄在敦煌俗字的研究中，這種不懈努力當是學術代際傳承最好的印證。

基金項目：本文係 2016 年度國家社科基金重大項目"5 — 11 世紀中國文學寫本整理研究"（16ZDA175）階段成果之一。

---

[1]　謝維揚、房鑫亮主編《王國維全集》（第 15 卷），杭州：浙江教育出版社，2010 年，第 857 頁。

盡精微而致廣大

——楊富學著《回鶻文佛教文獻研究》評介

王紅梅（西華師範大學）

《回鶻文佛教文獻研究》作爲"西北民族文獻與文化研究叢書"之一，由上海古籍出版社于 2018 年出版，全書分上、下二編，共二十九章，後附參考文獻、索引及後記，計 42.9 萬字，是回鶻學家楊富學先生又一部皇皇巨著。該書以國内外所刊佈的回鶻文寫本爲基本資料，結合西域、敦煌的漢文寫本、回鶻藝術品以及漢文史乘的相關記載，探討了 9 至 18 世紀佛教在回鶻中的興衰歷史及其對政治外交、民族交往、科技傳播諸多方面的影響。該書的出版，必然對敦煌吐魯番學、西北民族史的研究産生巨大的推動作用。

近十年來，楊富學先生著作頻出，呈井噴之勢，一發而不可收拾，學術大餐不斷來襲。從早期的專著《回鶻之佛教》（新疆人民出版社，1998 年）到近年來陸續推出的新著，諸如《印度宗教文化與回鶻民間文學》（民族出版社，2007 年）、《回鶻學譯文集》（甘肅民族出版社，2012 年）、《西夏與周邊關係研究》（與陳愛峰合著，甘肅民族出版社，2012 年）、《甘州回鶻史》（中國社會科學出版社，2013 年）、《回鶻與敦煌》（甘肅教育出版社，2013 年）、《回鶻學譯文集新編》（甘肅教育出版社，2015 年）、《西域敦煌宗教論稿續編》（甘肅教育出版社，2015 年）、《回鶻摩尼教研究》（中國社會科學出版社，2016 年）、《元代畏兀兒宗教文化研究》（與王紅梅合著，科學出版社，2017 年）、《從蒙古圖王到裕固族大頭目》（與張海娟合著，甘肅文化出版社，2017 年）、《敦煌民族史探幽》（甘肅文化出版社，2018 年），等等。楊富學先生不斷推陳出新，新書湧出，且學術水準高，内容廣涉，令人不能不佩服。假以時日，楊先生繼續保持高度的學術熱情，必定會躋身著作等身的知名學者之列。

《回鶻文佛教文獻研究》由《回鶻文佛教文本研究》與《佛教與回鶻歷史文化》二部分組成，上編側重於敦煌、吐魯番等地出土的回鶻文佛教寫本、石窟題記及其相關問題的研究，下編則重點探究回鶻佛教中的彌勒信仰、觀音信仰及其對周邊民族的影響。

縱覽全書，該著作的學術貢獻與創新體現如下：

第一，内容豐富，研究視角新穎，反映出楊富學先生執著學術、孜孜不倦的精神。

《回鶻文佛教文獻研究》彙聚了楊富學先生二十餘年回鶻佛教研究之菁

華。該書所録二十九篇文章均在國内外期刊上發表過,並未曾收入上述學術專著及個人文集之中。這些文章時間跨度長達近二十年,最早發表於 2000 年,一直延續至今,不斷推陳出新,發表新見,反映出楊富學先生執著學術、孜孜不倦的精神。但是,所刊發的期刊分散且不易檢索,有六篇發表於《民族語文》《敦煌研究》《西南民族大學學報》等國内核心期刊之外,有二篇發表於臺灣《中華佛學學報》,更多的是參加北京、蘭州、香港、臺灣、安卡拉、耶路撒冷等地學術會議所提交的論文。此次結集出版爲年輕學子及同行學者搜檢研究提供了便利。

該書研究内容豐富,開拓了回鶻學研究的諸多領域,從早期對藏密經典中"佛母""七寶"的考證,對彌勒信仰、觀音信仰的論述,對突厥佛教、回鶻印刷術的討論,直至近年來對敦煌 464 窟及榆林窟題記的解讀,對《説心性經》寫本屬性的討論,真是包羅萬象,精彩紛呈,新見迭出。這些專題研究視角新穎,或以新資料討論新問題,或以舊資料挖掘出新問題,具有拓荒性的學術價值。

第二,發掘新材料,重視實地考察,解決學術界懸而未決的難題。

陳寅恪在《陳垣敦煌劫餘録序》中提出:"一時代之學術,必有其新材料與新問題。取用此材料,以研求問題,則爲此時代學術之新潮流。"新材料的出現必然帶來新問題,推動學術研究的發展。《回鶻文佛教文獻研究》刊佈了一批回鶻文佛教文獻的漢譯,有些屬於首次翻譯,還有部分文獻爲首次刊佈,其中蘭州回鶻文《八十華嚴》寫本、莫高窟 464 窟回鶻文榜題屬於首次刊佈,具有較高學術價值。

《華嚴經》是華嚴宗據以立宗的重要經典,目前所知的回鶻文本中有《四十華嚴》《八十華嚴》二種,其中《八十華嚴》回鶻文殘卷在國内屢有發現,最近在莫高窟北區石窟、蘭州私人藏品中亦有發現,且有貝葉式、册子式、摺子式等多種形式,可見其流傳廣泛。蘭州范氏藏品中兩張回鶻文《八十華嚴》寫卷,保存基本完好,書寫精美工整,爲摺子式寫本,分別屬於《十無盡藏品》與《毗盧遮那品》。楊富學先生結合莫高窟文獻的流失經歷,考證了該寫本的來歷,認爲應出自汪宗翰之私藏,後輾轉爲范氏所收藏。楊富學先生與阿依達爾·米爾卡馬力合作首次將該寫本轉寫成拉丁文字母,並翻譯成漢文,爲探究華嚴宗在回鶻地區的流佈提供了彌足珍貴的資料。

敦煌莫高窟 464 窟素有"第二藏經洞"之稱,出土了大量的回鶻文、西夏文、藏文、漢文等民族古文字寫本,其中最爲珍貴的文物應屬千餘枚回鶻文木活字。王道士、伯希和、奥登堡、張大千等曾先後造訪挖掘過該窟,近年來敦煌研究院清理北區時,在第 464 窟附近又發現了 19 枚木活字。在北區 464 窟附近共計出土了 1152 枚回鶻文木活字,成爲世上僅有的古代木活字實物。故有學者認爲元代莫高窟北區第 464 窟可能是一個回鶻文刊經場所①。

莫高窟 464 窟長期以來受到國内外回鶻學者的關注,但對其斷代卻各持己見。敦煌莫高窟 464 窟原被定爲西夏窟,但缺乏令人信服的證據。該窟回鶻文題記衆多,壁畫豐富精美,前室内容爲善財五十三參變,後室爲觀音三十二應化現變。窟内還有回鶻文榜題,與壁畫五十三參一一對應,講述壁畫之内容。可惜許多題記及榜題因年久漫漶,難以釋讀,僅有數則榜題可清晰辨讀。楊先生多次親赴敦煌莫高窟北區,實地考察 464 窟,發現後室的甬道兩壁各存漢風菩薩兩身,在菩薩頭頂的回鶻文榜題保存完好。楊富學先生與阿依達爾·米爾卡馬力通力合作,完成了這些榜題的轉寫與漢譯,考證三則回鶻文榜題皆爲勝光法師譯《金光明最勝王經》之摘抄。結合石窟藝術品,楊先生重新考證了 464 窟開鑿重修的年代,認爲該窟開鑿當在北涼,原爲禪窟,至元代才被改造爲禮佛窟,現存壁畫、回鶻文題記及寫本皆爲元代之作,從而證明莫高窟第 464 窟爲元代回鶻窟,而非西夏窟。楊富學先生首次刊佈的回鶻文榜題,爲該窟的斷代分期提供了可靠的文字材料,解決了學界一直爭論不休、懸而未決的難題。

第三,洞察敏鋭,善於挖掘問題,推動敦煌學的縱深發展。

楊富學先生善於發掘問題,善於洞察學界鮮爲人知的新問題。近三十年來,學界對回鶻佛教的研究熱鬧非凡,新書新見不斷推出,但佛教在突厥汗國境内的流傳情況卻頗受冷落,相關研究寥寥無幾。隋唐時期,突厥成爲北方最爲强悍的少數民族,以尚武爲風氣,建立了疆域遼闊的突厥汗國。而以慈悲爲懷的佛教如何在汗國境内流傳,可以說是個饒有趣味、值得討論的問題。楊富學先生卻獨具慧眼,依據傳世文獻的記載,結合地下出土資料,對突厥佛教之興衰歷史與基本特徵進行了詳盡的考察。佛教在突厥中的傳播始於 6 世紀下半葉佗鉢可汗統治時期,來自北齊、印度的高僧都曾於突厥弘揚佛法,除此,粟特佛教亦對突厥佛教的形成產生了一定的影響。但由於佛教戒殺生、戒爭鬥的教義與突厥遊牧射獵、尚勇好武的習俗多有牴牾,故佛教在漠北地區未能深紮下根,在佗鉢可汗去世后不久便趨於衰落。惟有居於中亞一帶的西突厥人因受當地長期流行的佛教的影響,在突厥王室成員和貴族官僚的扶持下,佛教在西突厥所屬之地一直非常興盛,直到 8 世紀以後才隨着突厥汗國的衰亡和伊斯蘭教勢力的東侵而漸趨衰亡。

第四,不迷信權威,勇於推陳出新,不斷昇華回鶻學研究的高度。

楊富學先生勇於對回鶻學研究中一些疑難問題進行更深入的探究,善於

---

① 伯希和著,耿昇譯《伯希和敦煌石窟筆記》,蘭州:甘肅人民出版社,2007 年,第 375 頁。

利用新出土文獻材料,不斷推陳出新,修正前賢研究中的不足之處。第十五章對敦煌本回鶻文《說心性經》屬性的考證,研究視角新穎,材料可信,推論過程嚴謹有致,可謂該書最爲精彩的部分。

敦煌本回鶻文《說心性經》(Xin tözin uqidtačï nom)是回鶻文獻中一部極爲珍貴的篇幅較長、保存完好的佛教寫本。該寫本編號 Or.8212－108,由斯坦因 1907 年在敦煌莫高窟獲得,現存倫敦大英圖書館,紙質細薄,完整無破損,與《回鶻文佛教詩歌集》合爲一册,共 38 頁,其中第 2a－16b 頁《說心性經》,計 405 行。《說心性經》以回鶻文行書體書寫,清晰可讀,文中夾寫漢字,據其題跋與文字特徵,推斷應成書於元代①。

回鶻文《說心性經》長期以來頗受學術界的關注,但國內外學者對其屬性持不同觀點,尚無定論。1976 年,日本學者莊垣內正弘對該文獻進行了系統研究②。特肯(Ş. Tekin)認爲該文獻並非翻譯作品,而是回鶻文原創著作,對其進行深入研究,將其轉寫、翻譯成德文並附有圖版③。德國著名回鶻學家茨默(P. Zieme)提出這部著作譯自漢文佛典,但所依據的底本卻無法確定④。德國回鶻文專家勞特(J. P. Laut)認爲它可能爲某瑜伽(Yogacara)行派著作的譯本⑤。國內學者傾向於認爲它是回鶻文獻中唯一的一部佛教哲學原著⑥。張鐵山對該寫本進行深入研究,並翻譯成漢文⑦。阿里木·玉蘇甫分析了該文獻的語言特點與佛教術語,認爲《說心性經》不是譯作,而是一部原創的回鶻文佛教哲學著作⑧。

由此可知,國內外學者對回鶻文《說心性經》的研究不可不謂精彩紛呈,成果頗豐,以常理推之,如若更深入探究,欲提出新論,必然需要更爲可信的材料來佐證,否則,必會引起學界爭議。楊富學與張田芳先生卻另闢蹊徑,没有停留在泛泛而論式的推論,而是從敦煌莫高窟北區新出土的回鶻文寫本中

---

① 張鐵山《回鶻文佛教文獻〈説心性經〉譯釋》,畢楳等編《中國少數民族文學與文獻論集》,瀋陽:遼寧民族出版社,1997 年,第 341 頁;牛汝極《回鶻佛教文獻——佛典總論及巴黎所藏敦煌回鶻文佛教文獻》,烏魯木齊:新疆大學出版社,2000 年,第 230—231 頁。

② 莊垣內正弘《"ウイグル語寫本·大英博物館藏 Or. 8212(108)について"》,《東洋學報》第 58 卷第 1—2 期,第 1—37 頁。

③ Ş. Tekin, *Buddhistische Uigurica aus der Yüan-Zeit*, Budapest, 1980, pp. 17－142.

④ P. Zieme, *Religion und Gesellschaft im UigurischenKönigreich von Qoco. Kolophone und Stifter des alltürkischen buddhistischen Schrifttums aus Zentralasien*, Opladen: Westdt. Verl, 1992, p. 44.

⑤ J. P. Laut, Berwetung der buddhisische Uigurica aus der Yüan-Zeit, *Zeitschrift der Deutschen Morgenlandischen Gesellschaft*, Bd. 134, 1984, P. 153.

⑥ 耿世民《敦煌突厥回鶻文書導論》,臺北:新文豐出版公司,1994 年,第 112 頁;張鐵山《回鶻文佛教文獻〈説心性經〉譯釋》,《中國少數民族文學與文獻論集》,瀋陽:遼寧民族出版社,1997 年,第 341 頁。

⑦ 張鐵山《回鶻文佛教文獻〈説心性經〉譯釋》,畢楳等編《中國少數民族文學與文獻論集》,瀋陽:遼寧民族出版社,1997 年,第 341—371 頁。

⑧ 阿里木·玉蘇甫《回鶻文〈説心性經〉來源考》,《民族語文》2010 年第 1 期,第 59—64 頁;阿里木·玉蘇甫《敦煌回鶻寫本〈説心性經〉研究》,北京:中國社會科學出版社,2014 年,第 5 頁。

尋找論據。首先,該書對《説心性經》作者的身份進行考證①,寫本尾跋中 Čisuya(齊蘇雅)學界以往將其視作抄寫者,據莫高窟北區回鶻文寫本 B140：5,他翻譯過《文殊所説不思議佛境界經》等經典,據北區回鶻文寫本 B128：18,齊蘇雅都統非爲普通書手,而是精通佛典、能夠講授五部佛經的佛教高僧,應爲《説心性經》的撰寫者而非抄寫者。

回鶻文《説心性經》從内容上看,旨在論述心性問題,禪味十足。楊富學與張田芳先生將該寫本與諸敦煌禪宗寫本和各種禪籍一一比照,發現回鶻文《説心性經》大量引録敦煌禪宗寫本《觀心論》《修心要論》《般若波羅蜜多心經疏》以及禪宗經典《圓覺經》、禪宗燈史《宗鏡録》中的文字,有的直接引用,有的爲改編。最終推論,認定《説心性經》不是某一種佛學著作的翻譯與改編,而是以禪宗典籍爲主,根據自己的理解而進行的創作,均爲四行詩形式,既是現知唯一回鶻文佛學原著,又可視作一部優美的禪學詩歌集。

當然,本書也存在一些值得提昇的空間,仍存在著不夠完美之處。該書收録了楊富學先生一些早期論文,並在内容上保持其舊貌,雖呈現出楊先生學術探索的歷程,但也保留早期論文的瑕疵。楊富學一向重視回鶻文文獻的搜集,在《回鶻彌勒信仰考》《佛教與回鶻印刷術》等章節中,搜集了一些相關的題記、讚美詩、銘文、發願文等,但不足之處在於僅引用了譯成漢文的譯釋,卻没有引出其回鶻文原文,對於後來者的參考引用帶來一定的難度。不過,整體而言,《回鶻文佛教文獻研究》一書視角新穎、材料翔實,信息豐富,突破了以往回鶻文佛教文獻研究的局限性,對敦煌學、回鶻學研究必將起到重要的推動作用。

基金項目：本文係國家社會科學基金西部項目"元代畏兀兒漢文文獻整理與研究"(21XTQ002)階段性成果。

---

① 楊富學、張田芳《回鶻文〈説心性經〉作者身份考》,《中國邊疆學》2017 年第 1 期,第 192—199 頁。

精耕學術　打造精品

——寫在《法藏敦煌藏文文獻》出版之後

曾曉紅（上海古籍出版社）

2020年，《法藏敦煌藏文文獻》完成出版。從2006年第一册出版至今，歷時整整15年。這套叢書共35册，收錄了伯希和收藏的敦煌古藏文文獻共3174個編號，2.8萬餘幅高清圖版，采用漢—藏雙語定名，囊括了法國國家圖書館收藏的全部敦煌藏文文獻。與以往海內外敦煌藏文文獻選輯的零星出版相比，此次出版完整呈現了法藏敦煌藏文文獻的全貌，在世界範圍內尚屬首次。

敦煌古藏文文獻是已知現存的最古老的紙質藏文文獻，這批文獻種類有佛教經典、歷史著作、契約文書、政事文書、法律條文、占卜、傳説故事、苯教儀軌、文學著作、翻譯著作、書信等，涉及吐蕃的歷史、政治、經濟、文化、宗教、文字等諸多方面，不僅是研究吐蕃歷史、文化、宗教等的第一手珍貴史料，也是中古時期漢藏文化交流的重要見證，更是中華民族命運共同體的歷史寫照。其重要學術價值，惠及西域史、敦煌學、藏學、絲路研究等諸多領域。對《法藏敦煌藏文文獻》出版的重大意義，學界評價甚高。2006年《法藏敦煌藏文文獻》第一册出版後，藏學專家、中央民族大學王堯教授曾説，對這項成果，“怎麽估計都不會過高”。清華大學人文學院沈衛榮教授評價：“其出版惠及學界，功在千秋。”

《法藏敦煌藏文文獻》《英國藏敦煌西域藏文文獻》《甘肅藏敦煌藏文文獻》是上海古籍出版社“敦煌古藏文文獻出版工程”的三大主體，分別被列爲“2011—2020年國家古籍出版規劃”“十三五國家重點圖書出版規劃”項目，獲得國家古籍整理出版資助、國家出版基金資助。自2004年《法藏敦煌藏文文獻》項目首先運行以來，敦煌古藏文文獻的出版作爲一項重大原創性精品文化工程，集幾代藏學專家、出版人的筆路藍縷之功。筆者有幸作爲“敦煌古藏文文獻出版工程”的項目參與者，既欣喜於項目的完成，也感慨於出版過程的艱辛。以下簡要回顧《法藏敦煌藏文文獻》項目實施的來龍去脈，梳理總結打造這項文化出版精品工程的頂層設計、出版經過、編輯經驗及重大意義，全面展現專家學者與出版人緊密合作，精耕學術、共創精品的歷程。

一、動議：讓海外古藏文文獻以出版形式先行回歸

20 世紀初，敦煌藏經洞大開，出土了 5—11 世紀的佛教經卷、社會文書、刺繡、絹畫、法器等文獻文物 7 萬餘件，爲研究中國及中亞古代歷史提供了數量巨大、內容極爲豐富的第一手資料，這些被譽爲"中古時代的百科全書"的文獻文物中，包括 2 萬餘件敦煌古藏文文獻。不幸的是，短短 10 年間，英國的斯坦因、法國的伯希和、俄國的奧登堡、美國的華爾納、日本的橘瑞超……各國"探險家"們紛至沓來，國之重寶紛紛被盜掘、騙購，幾經流散，分藏於英、法、俄、日乃至世界各地。總量約 10 000 件、約佔總數"半壁江山"的敦煌古藏文文獻中被斯坦因、伯希和分別運往英國、法國，現分藏於英國國家圖書館和法國國家圖書館，這批文獻也是敦煌古藏文文獻中最有價值的部分。

20 世紀二三十年代至七八十年代，圍繞敦煌古藏文文獻的研究成爲國際藏學最前沿的課題和陣地，成爲衡量國際藏學研究學術水平的一把標尺。然而，由於英國斯坦因、法國伯希和所獲敦煌西域古藏文文獻深藏在倫敦和巴黎，中國學者很難利用。中國最傑出、最優秀的藏學家，不得不依賴於外國圖書館，爲一睹文獻真容疲於奔命往返於各收藏機構。時至今日，中國藏學家對敦煌古藏文文獻的研究也一直處於被動追隨外國研究者的局面，相關研究往往落於人後。21 世紀，敦煌學已經成爲國際顯學，經過一個世紀的奮勇追趕和努力，我國敦煌學人徹底改變了"敦煌在中國，敦煌學在日本"的屈辱學術地位，在國際敦煌學界"中國的聲音"日益受到重視，並引領著學科的前沿發展。但敦煌藏文文獻的研究仍是較爲薄弱的領域，甚至有學者坦言，國內敦煌藏文文獻研究的滯後，一定程度上拖了整個"敦煌學"的後腿。

面對大批敦煌文獻流失海外，幾代學人痛心疾首。在流失文獻文物尚無法做到實物回歸的情況下，學術界、出版界面臨敦煌古藏文等基礎性文獻史料的巨大空白。無法利用新材料，研究就難以取得新進展，國內藏學研究舉步維艱，陷入無法同國際同行比肩的學術困境。海外敦煌古藏文文獻先期整理刊佈，成爲幾代學人殷切期待的首要任務。讓英國國家圖書館、法國國家圖書館等海外機構收藏的敦煌古藏文文獻以出版的形式先期回歸，通過出版化身百千、嘉惠學林，成爲學界和出版界的共同夙願。

上海古籍出版社是一家以專業學術出版爲主要定位的老字號出版社，早在 1989 年，就預流"敦煌學"在中國蓬勃發展的契機，在多方協助和努力下，開始"敦煌吐魯番文獻集成"叢書的出版。在此後的 20 年中，上海古籍出版社由社長、總編親自領隊，組建編輯室主任、編輯、攝影、美編爲核心的出版團隊，分赴俄、法、英各國收藏機構，共派出海外工作小組 10 餘批。在經費極度

壓縮的艱難條件下,通過現場拍攝、分工著錄,有計劃、有步驟地將分藏各國的文獻、文物影印出版。這批文獻的出版,極大便利了學界利用,同時也符合國家戰略——讓散失在海外的文獻、文物以各種形式返回祖國。此舉不僅開風氣之先,更滿足了學界需求。媒體報道:"以英藏、法藏、俄藏敦煌西域漢文文獻出版爲標誌,大批流失海外文獻通過出版形式回歸祖國,促進中國的相關學術研究大步趕上了已經領先百年的西方和日本,呈現出波瀾壯闊、浩浩蕩蕩的場面。"

2004 年,在敦煌文獻漢文部分先期影印出版的契機下,面對敦煌民族語文獻出版空白的強烈歷史使命感和社會責任感,上海古籍出版社再次做了一個重大決定:將敦煌古藏文文獻等海外民族文獻的出版回歸提上議事日程,並將"敦煌古藏文文獻出版工程"列爲重大項目。隨後,出版社與西北民族大學合作,開始聯絡英國、法國國家圖書館,准備整理出版流失海外的敦煌民族古文獻。2005 年初,出版社和西北民大得到兩國圖書館的積極響應,法國國家圖書館郭恩、英國國家圖書館吳芳思爲該出版項目熱情奔走,積極促成合作。2005 年 4 月,在國際敦煌項目(IDP)第六次會議(北京)期間,出版方和兩國圖書館負責人商談,取得了實質性的進展,分別簽署了合作編纂出版的意向書及實施細則。此後,《法藏敦煌藏文文獻》首先開始了編纂出版的籌備工作。

二、定調:要做就做學術文化精品

敦煌古藏文文獻的出版,凝結著老一輩藏學家殷切的期許,承載著民族團結的深厚囑托,匯聚著幾代藏學專家、出版人的精誠智慧,傾注著各級領導的關懷與期望。基於對敦煌古藏文等民族文獻出版重大意義的深刻認識,上海古籍出版社領導在立項之初,就定下了"打造敦煌古藏文文獻出版學術精品"的基調和目標。2005 年,《法藏敦煌藏文文獻》出版編纂工作正式展開,出版社從組織領導、人員調配、出版資金等各方面,全力保障項目的順利運行。由總編親自掛帥,抽調業務骨幹,整合了一支精幹的編、印、發團隊。原"敦煌吐魯番文獻集成"項目中經驗豐富的編審、美編、校對、印制、發行等主管人員繼續接手"敦煌古藏文文獻出版工程",同時充實了數位碩士研究生以上學歷,各自具有史學、文獻學、敦煌學、考古學等專業特長,大多從業十年以上的資深編輯,各環節分別落實專人負責,流程運轉嚴格根據項目步驟分階段實施。前輩們以自身豐富的實踐經驗爲項目運行積累起寶貴財富,爲敦煌古藏文文獻從出版內容到出版形式的各個細節進行把關;另一方面,前輩們通過傳幫帶,結合項目實踐鍛煉,相繼培養了一批青年骨幹爲主體的編輯團隊,爲敦煌古藏文文獻的出版提供了老、中、青結合的完備的人才梯隊。一代一代出版人的接力,爲"敦煌古藏文文獻出版工程"提供了堅實的專業人才保障。

"敦煌古藏文文獻出版工程"的精品化路綫,體現在從選題立項到開本選擇,從内容編排到印制工藝的各個出版細節中。以《法藏敦煌藏文文獻》爲例,該叢書借鑒日本部分西域藝術圖録的出版形式,走專業化、國際化出版路綫,選擇8開的開本,以方便文獻高品質呈現,便利學者研究。文獻的圖版部分,由於當時條件限制,正文采用黑白圖片編排,又按照重要、必須和有助於識别字蹟、色彩等要求,遴選部分寫卷作爲彩色插圖,二者互相補充,研究者既可對文書寫卷内容有清晰認識,又可通過彩色插圖還原寫卷原本形態,大體把握文獻的文物特性。排版時,盡量保持寫本的原始尺寸,部分文獻或因物理特性或因本身殘損漫漶,適當放大或縮印,每幅圖片利用電腦軟件進行調亮、增加對比度等細節處理,以使文字等細節更清晰,幫助研究者研讀文獻内容。文獻編訂過程充分考慮國際性,圖版部分采用藏—漢雙語定名,序言、前言等則根據出版合作方的不同,采用中、藏、英、法文等結合的多語言呈現形式。該叢書册數多,規模大,跨越時間長,爲保持叢書一致性,出版時製定了嚴格的凡例,並在各册的編纂過程中嚴格遵循。文獻的定名,如原卷有標題者(包括各種不同寫法),爲保持原貌,依原文照録;如無標題者,依照内容擬題;部分文書定題參照了相關的研究成果。

爲打造敦煌古藏文文獻這一精品文化出版工程,編纂方西北民族大學的專家學者們孜孜不倦、精益求精,以嚴謹的學風和審慎的考辨,爲項目完成做出了很大貢獻。西北民族大學地處金城蘭州,在藏學研究及民族文獻整理方面具有得天獨厚的條件,並有豐厚的學術積澱和豐碩的研究成果。《法藏敦煌藏文文獻》開始編纂出版的2006年,西北民族大學成立海外民族文獻研究所專司其事,組成了包括多識、華侃、才讓、紮西當知、嘎藏陀美教授等一批國内外著名的藏學、史學、文獻學專家在内的研究團隊,同時請王堯、陳踐諸位教授出任學術顧問,開始編輯、整理、研究海外敦煌藏文文獻。匯集了相關領域最優秀的學者力量,研究所對海外藏民族文獻開展廣泛調查,核實敦煌古藏文文獻的收藏、出版情況。與出版社多次聯合組隊,奔赴各收藏機構,對史料進行調查和研讀。項目正式啓動後,購買了各收藏機構的敦煌古藏文文獻的完整的縮微膠卷。近年隨著數字化技術的發展,研究所也與時俱進,充分利用該校信息研究院國家民委藏文信息技術重點實驗室和藏語言文化學院網絡實驗室進行科研,結合傳統的文獻學與現代計算機技術,綜合藏學、文獻學、考古學、語言學、計算機技術等學科資源,發揮數字技術等現代高科技優勢,大大提高了工作效率,在較短時間裏保質保量完成文獻及吐蕃早期語言文字的整理研究工作。這些基礎性的研究工作,爲將該項目打造成文化出版精品工程奠定了堅實的基礎。

敦煌古藏文文獻的大規模、全面性搶救出版,絶不是簡單的文獻影印出版,而是一項具有重大影響的文化出版工程。對於鑄牢中華民族共同體意識,促進各民族交往交流交融、唱響各民族團結奮鬥、共同繁榮發展的主旋律,引導各族人民增强對偉大祖國、中華民族、中華文化的認同,具有重要而深遠的意義。

三、專業: 用精益求精的工匠精神做書

20世紀八九十年代是一個"學者型編輯"輩出的年代,其時適逢敦煌學在國內蓬勃發展,預流此學術潮流的上海古籍出版社,以"敦煌吐魯番文獻集成""敦煌古藏文文獻出版工程"等項目培養人才,編輯從做中學,從學中做,精益求精的工匠精神貫穿於編輯工作的全過程,湧現出一批學者型編輯。

編輯自身學養不足,則判斷不出所編輯圖書的學術質量的高下,提不出高水准的修改意見。爲了與作者溝通對話,真正做到服務作者、服務學術,"敦煌古藏文文獻出版工程"的編輯在工作中發揚工匠精神,學會用"兩條腿走路":一方面是加强編輯本身的專業素養,從修正書稿裏的錯別字、標點符號等硬傷做起,對書稿的學術科學性、文字規範性、表達嚴謹性、知識准確性、邏輯思維嚴密性等多方面著手,同時練好内功,編、印、發做到心中有一盤棋,並全面把控裝幀設計、印刷工藝、紙張用料等細節。另一方面,提高自己的學術水平,時刻關注研究領域的學術進展,從梳理學術史開始,將能找到的參考資料全部精讀,編輯做到既拿得起紅筆改稿子,更拿得起藍筆寫稿子,努力提昇編輯策劃能力和社會影響力,爭取成爲有成就的專家學者。

出版敦煌古藏文文獻,編輯雖有不懂藏文的先天缺憾,但更要對敦煌古藏文的學術發展和出版成果長期跟蹤,深度介入,只有具備相應學科學術的基本判斷能力,才能服務好學術、服務好讀者。爲此,編輯學習傅斯年先生"上窮碧落下黄泉,動手動腳找東西"的精神,廣泛涉獵佛教學、吐蕃史、藏傳佛教史和文獻學相關知識。如關於西藏歷史,研讀《青史》《紅史》《西藏簡史》《吐蕃僧諍記》《吐蕃年表》《吐蕃編年史》等名著,可使我們對西藏早期歷史及藏傳佛教"前弘期""後弘期"的分野有大致的了解。案頭必備的常用參考書,還有《大正藏》密教部分,王堯、陳踐先生的《吐蕃歷史文書》《法國國家圖書館藏藏文文獻解題目録》等。由漢文著作入手,我們對藏文相關問題的研讀逐步深入,諸如被認爲"正經"的典範文本的早期譯本、西藏密教的發展、

西藏美術的發展範式、佛教儀式的實踐等,都是需要密切關注的課題。因爲編輯人員不懂藏文,爲了更好地服務作者、把好質量關,我們借鑒著名佛學專家周叔迦先生通過比對字數的方法編制西夏文文獻目錄的啓發,在編輯實踐中自行摸索出一套"笨辦法",即通過向西北民大專家請教一些藏語的基本語法,熟悉藏文文獻定名的詞彙、句式和習慣,通過音節、字數的比較,或者前後不一致的比勘,經常從音節、符號、書寫格式等方面提出疑問。這套編校方法雖不科學、不完備,但往往行之有效,編輯據此經常能發現一些疏漏,幫助編纂者糾正一些錯誤、缺陷。

圖録的出版,定名是其中的關鍵元素。隨著學術研究的深入,文獻的定名往往也在不斷更新認識。編輯需要在編輯環節中對寫本的定名更有把握,就需要一方面時刻關注學術進展,一方面廣泛搜集中外整理的敦煌藏文文獻目録、論著進行比照對勘。專業學術刊物,如《敦煌研究》《敦煌學輯刊》《中國藏學》《西域研究》《敦煌吐魯番研究》等發表的相關論文都是必備資料;新近出版的著作也需要時刻留心。法藏部分有《拉露目録》,即《國立圖書館所藏敦煌藏文寫本注記目録》;王堯、陳踐目録,即《法藏敦煌藏文文獻解題目録》等。英藏部分的托馬斯關於印度事務部圖書館收藏品中的一些敦煌世俗材料的編目,武内紹人《西域古藏文契約》的研究,威利普散整理的印度事務部圖書館收藏品中的敦煌藏文佛教寫卷目録,山口瑞鳳主持、東洋文庫編纂的斯坦因收集品的敦煌藏文寫卷目録,武内紹人關於斯坦因第二次探險所得、來自米蘭和麻札塔格的藏文寫卷編目,Jacob Dalton 和沙木關於斯坦因收集品裏藏文部分的密教寫卷編目等,也都是案頭必備的參考。編輯在編校中發現問題,一方面通過廣泛搜尋資料,得到初步方案後再請編纂方答疑解惑,最終定讞;一方面尋求中國敦煌吐魯番學會學者們的外部幫助,聯絡和請教敦煌學各領域的專家,集思廣益,建立開放機制;一方面求助於《翻譯名義大集》《大正藏》《梵和大辭典》《大正藏索引》等大型工具書,韋編三絶,爲精準定名不遺餘力。

除了定名,還有部分編號圖版缺失的問題。筆者在編輯過程中經常遇到這類問題。比如伯希和藏文寫本 P.T.2111/2114/2179/2205 諸編號圖版排版時發現底本未見,縮微膠卷和 IDP 中均遍尋不獲,於是一邊翻閱《拉露目録》找綫索,一邊向法國國家圖書館的羅棲霞老師咨詢館藏情況。蒙羅老師賜告,其中 P.T.2111/2114/2205 諸編號均見伯希和漢文寫本,並詳細列出了漢文的編號、定名及圖版鏈接。P.T.2179 被告知"該寫本已丟失很長時間了,没有縮微膠卷",編纂時只好寫上"館藏缺"備查。衆人拾柴火焰高,諸多專家的熱心幫助和無私奉獻,也是敦煌古藏文文獻出版工程得以順利實施的一大關鍵。

做書就要有精益求精的工匠精神,正是這種匠心追求,保障了敦煌古藏文文獻出版的高標准和專業性。

四、探索:"一帶一路"文化出版的多元發展

《法藏敦煌藏文文獻》等"敦煌古藏文文獻出版工程"國家項目高效率、高質量完成的同時,編輯團隊也通過深挖作者資源,積極探索"一帶一路"文化出版的多元發展。《法藏敦煌藏文文獻》叢書主編才讓教授策劃主編的"西北民族文獻與文化研究叢書","十三五"國家重點圖書出版規劃項目、國家出版資金資助項目《格薩爾文庫》,我社與中央民族大學合作的"古代維吾爾語詩歌集成"、與中國人民大學合作的"西域歷史語言研究譯叢""歐亞古典學研究叢書"、與蘭州大學合作的"絲綢之路歷史語言研究叢刊"等精品學術叢書選題的開發,是我社依托專業的文獻整理出版經驗,在民族文獻出版方面進一步深挖選題潛力,深度開發選題價值,形成的新的選題梯隊。這一系列原創性學術叢書,進一步豐富了上海古籍出版社的民族文獻出版格局,使我社成爲民族文獻出版的一大重要陣地。我社出版結構進一步延展,出版內容更加豐富,品牌整合功效顯著。

近年來,新一輪科技革命和產業變革孕育興起,帶動了數字技術強勢崛起,促進了產業深度融合,引領了服務經濟蓬勃發展。順應數字化、網絡化、智能化發展趨勢,出版社在立足紙質學術圖書的高品質整理與出版的同時,也積極探索專業出版的全方位立體化模式。針對敦煌吐魯番這類寫本文獻的稀缺性、史料性強,但部頭大、占地廣,學者翻閱查找、利用不便的缺點,我們初步計劃在寫本文獻全部刊佈後,建立起包括敦煌古藏文文獻在內的"敦煌吐魯番集成出版數據庫",通過數字化手段較完整地保存這批珍貴的文獻、文物資料,建成一個集學術性、權威性、適用性、安全性於一體的文獻數據庫,依托數據庫平臺強大的功能爲國內外研究者提供服務,或可爲古籍社的融合發展之路增添有生力量。

以 2004 年《法藏敦煌藏文文獻》的籌備出版爲起點,"敦煌古藏文文獻出版工程"至今已運行十七載,一代代藏學專家、出版人肩負歷史使命,薪火相傳,爲這項具有重大原創性的精品文化工程殫精竭慮,孜孜不倦。在"一帶一路"偉大構想的指引下,出版社當以"敦煌古藏文文獻出版工程"的運作爲契機,將中華優秀文化的重要組成部分、中華古籍寶庫中的璀璨明珠的敦煌西域古藏文文獻整理好、出版好,爲鑄牢中華民族共同體意識做出應有的貢獻。

努力打造敦煌學研究高地

——鄭炳林教授主編"敦煌與絲綢之路研究叢書"簡介

劉全波（蘭州大學）

　　絲綢之路從來不是一條簡單的路，她是東西方文明碰撞、交融、接納的通道，絲綢之路沿綫留存下的大量文獻、文物、遺址、遺蹟就是她曾經輝煌燦爛的見證。敦煌是絲綢之路上的一個關鍵點，是帝國的門户，更是王朝走向西方的堡壘，懸泉漢簡、敦煌藏經洞乃至石窟壁畫塑像，爲我們瞭解敦煌提供了豐富的材料，如欲瞭解歷史、探索文明，敦煌就是毋庸置疑的最典型的地方，對中華文明乃至世界文明都具有標本意義。其實，敦煌的環境是艱苦的，敦煌的人口是較少的，而這個西北邊緣之郡縣，卻成爲了華戎所交一都會，卻造就出兼容並蓄、異彩紛呈的文化文明，這無不得益於絲綢之路的暢通。當然，敦煌絕不是絲綢之路上的唯一明珠，絲綢之路是一串明珠的組合，只是由於各種原因，諸多燦爛輝煌的歷史文化沒有保留下來，而敦煌由於機緣巧合，爲全人類保存下了如此氣勢恢弘、精美絕倫的文化瑰寶。

　　蘭州大學敦煌學研究所創建於改革開放初期，是國内最早開展敦煌學研究的機構之一，多年來，研究所在敦煌吐魯番文獻、石窟寺考古與藝術、西北區域史、中西交通史等領域默默耕耘，堅守奮鬥，取得了一系列優秀成果。爲了實現科學研究與人才培養的複合式發展，蘭州大學敦煌學研究所十分重視中青年人才的培養與發展，爲了展現研究所21世紀以來的研究成果，由鄭炳林教授主編的"敦煌與絲綢之路研究叢書"陸續在甘肅文化出版社出版，第一輯20部著作已經全部出版完成。

　　收入"敦煌與絲綢之路研究叢書"第一輯的有：魏迎春、馬振穎《敦煌碑銘贊續編》，韓鋒《敦煌儒韻——以敦煌儒家文獻爲中心》，買小英《敦煌家庭儒釋倫理關係研究》，田永衍《敦煌醫學文獻與傳世漢唐醫學文獻的比較研究》，郝二旭《唐五代敦煌農業專題研究》，魏郭輝《敦煌寫本佛經題記研究——以唐宋寫經爲中心》，王使臻《敦煌遺書中的唐宋尺牘研究》，鮑嬌《敦煌符瑞研究——以符瑞與歸義軍政權嬗變爲中心》，金身佳《敦煌寫本宅經葬書研究》，喻忠傑《敦煌寫本戲劇發生研究》，聶葛明《元魏譯經研究》，楊學勇《三階教史研究》，錢光勝《唐五代宋初冥界觀念及其信仰研究》，武海龍《民國時期河西地區佛教研究》，劉永明《絲綢之路道教歷史文化論集》，祝中熹《摩碏廬文史叢稿》，劉全波《類書研究通論》，柳慶齡《〈方氏像譜〉研究》，趙曉芳《從移民到鄉里——公元 7—8 世紀唐代西州基層社會研究》,王新春《西域考古時代的終結——西北科學考查團考古學史》。

上述作品其實可以分爲兩大類,第一類是書名中有"敦煌"的 10 部,這些著作多是圍繞敦煌藏經洞文獻展開專題研究,深入探討了敦煌碑銘贊、敦煌儒學、敦煌家庭、敦煌醫學、敦煌農業、敦煌寫經、敦煌尺牘、敦煌符瑞、敦煌占卜、敦煌戲劇等相關問題,諸書在前人研究基礎上,多有新探索、新發現、新進展。

《敦煌碑銘贊續編》對歸義軍時期書寫的諸修窟功德記進行了重新輯錄和注釋,共收錄 47 篇漢文修窟功德記,5 篇西夏文修窟功德記,這些文獻多出自敦煌本地文人學者之手,對於瞭解當時敦煌地區的文化發展水準非常重要。與傳世刻本儒家文獻不同,敦煌儒家文獻主要是寫本,而且在時間上從六朝到五代宋初皆有保留,較宋元善本爲早。《敦煌儒韻——以敦煌儒家文獻爲中心》就是針對這些寫本文獻進行梳理、分類、考察、研究,展現了漢唐以來儒學在敦煌與廣大西北地區的流傳脈絡。《敦煌家庭儒釋倫理關係研究》分別闡述了敦煌家庭的親子關係、夫妻關係、兄弟關係以及僧俗關係,敦煌家庭關係實現了儒家家庭倫理與佛教家庭倫理在"理論"與"實踐"上的相互印證,體現了同一性中的差異性、多樣性中的統一性。《敦煌醫學文獻與傳世漢唐醫學文獻的比較研究》將敦煌醫學文獻與傳世漢唐醫學文獻結合起來研究,並對敦煌地區的醫事制度與醫事狀況做了總結,闡明了敦煌醫學文獻的總體特點。《唐五代敦煌農業專題研究》利用敦煌文獻中的農業資料並結合石窟壁畫中的農作圖等,對農業生產狀況進行了全面的研究,如農業生產技術水準的發展,不同時期農作物種植比例變化的原因和影響等,還原了唐五代時期敦煌地區的農業生產面貌。

《敦煌寫本佛經題記研究——以唐宋寫經爲中心》重構了以佛經及其題記爲載體的唐宋敦煌佛教文化交流史,展現了敦煌各階層人士信仰的漸次變化。尺牘的產生發展是一個連續性的過程,在一定程度上是中華傳統禮樂制度文明的載體。《敦煌遺書中的唐宋尺牘研究》對敦煌地區出土唐宋時期的漢文尺牘文獻進行了細緻的研究,書中的特色在於重視對敦煌尺牘的分類研究。《敦煌符瑞研究——以符瑞與歸義軍政權嬗變爲中心》重點分析了自張氏歸義軍至曹氏歸義軍這段時間內,敦煌符瑞主題的變化及其思想、作用的演變。《敦煌寫本宅經葬書研究》深入剖析了敦煌寫本宅經葬書中的陰陽五行、天人合一哲理思想,揭示了其中追求人類理想環境的深刻哲理與保護生態環境的智慧。《敦煌寫本戲劇發生研究》多角度探究唐五代戲劇發生的淵源和演變的過程,並依據敦煌寫本中戲劇發生的諸多特質,綜合呈現唐五代戲劇的形態。

"敦煌與絲綢之路研究叢書"第一輯第二類著作亦有 10 部,這些作品雖不以"敦煌"名書,但亦多是圍繞西北出土文獻、西北區域史展開,展現了敦煌學的交叉學科性質,更展現了敦煌與絲綢之路研究的寬度與廣度。

《元魏譯經研究》集中展示北魏、西魏、東魏時期佛教譯經的諸多面相,譯經是弘揚佛法的基礎,從平城到洛陽再到鄴城,隨著佛經的翻譯,佛教義學興起,開啟了中國佛教發展的新局面。《三階教史研究》藉助傳統典籍、敦煌文獻以及碑銘文獻等多種史料,再現了隋唐時期盛極一時的三階教從繁榮到滅亡的真實圖景,也展示了佛教中國化過程中在社會和宗教等方面的特質。《唐五代宋初冥界觀念及其信仰研究》以敦煌吐魯番文獻與《太平廣記》中入冥故事的結合與比較展開研究,豐富並加深了人們對唐五代宋初社會生活的認知。《民國時期河西地區佛教研究》對民國時期河西地區佛教寺院的位置、數量及留存狀況,心道法師在河西弘法創宗等問題進行了考察,此時河西佛教雖已衰落,但仍在艱難發展,並爲後來向現代佛教過渡奠定了基礎。《絲綢之路道教歷史文化論集》深入考察了敦煌曆日與敦煌道教,河洮岷民族地區的道教與民間信仰,崆峒山道教與隴東道源文化等內容,對西北道教研究多有新見新説。

《摩碏廬文史叢稿》是祝中熹先生的文集,主要針對甘肅古代歷史文化展開考察,頗多真知灼見,尤其是其對秦文化的研究,多是在實地考察基礎上的理論思考。《類書研究通論》從敦煌類書出發,對類書的定義、淵源、流變、流傳、流弊、功用等多個方面做了全面而豐富的論述,爲學界展現了一個翔實而多彩的類書世界,提昇了學界對類書文獻學的全方位認知。《〈方氏像譜〉研究》以甘肅省榆中縣博物館所藏《方氏像譜》爲中心,考察了從明初至清初方氏歷代先祖的生平事蹟、武職襲替、婚姻家庭等,爲研究明代西北地方社會生活提供了寶貴史料。《從移民到鄉里——公元 7—8 世紀唐代西州基層社會研究》充分運用傳世文獻、吐魯番文書、碑誌等資料,選取新興平民、女性與僧尼三個代表性的"點"進行考察研究,爲審視與觀察西州社會秩序提供了不可或缺的新視角。《西域考古時代的終結——西北科學考查團考古學史》就西北科學考查團的組建、考察經過與結果、考古遺物運輸分配與保存、著名學者在中國西北考察經歷及西北科學考查團與近代中國學術關係等方面作了詳細梳理和研究。

歷史文獻研究尤其是敦煌吐魯番文獻研究是蘭州大學敦煌學研究所多年來默默耕耘的主陣地,這些著作多數是作者在蘭州大學攻讀學位期間的成果,經過多年的沉澱與修訂,終於陸續面世,博士學位論文多是一個學者的第一部專著,凝聚著導師與學生的諸多心血,既代表了作者的學術水準、學術潛力,也展現了導師的學術思路、學術功力,更展現了一個研究所的傳統特色、深厚底蘊。這一大批成果的面世,必將全面推動敦煌學與絲綢之路研究的新發展、新進步,爲打造敦煌學學術研究高地添磚加瓦。

鄭炳林教授主編"敦煌與絲綢之路研究叢書"第二輯20種,亦正在陸續出版中,不久就會奉獻給學界。他們分別是:姬慧《敦煌社邑文書常用動詞研究》,石澍生《3—8世紀吐魯番出土文獻書法研究》,張利亞《唐五代敦煌詩歌寫本的傳播及其接受研究》,任曜新《新疆庫木吐喇佛塔出土鮑威爾寫本研究》,許棟《中國中古文殊信仰研究》,孔令梅《敦煌大族與佛教》,張穎《敦煌佛經音義語言研究》,吳炯炯《新刊唐代墓誌所見世系考訂及相關專題研究》,吐送江·依明《西域史語——海外回鶻學研究譯文集》,祁曉慶《敦煌歸義軍社會教育研究》,鄭麗穎《俄國外交官彼得羅夫斯基西域考察活動研究(1883—1903)》,韓樹偉《西北出土契約文書所見習慣法比較研究》,李梅景《奧登堡及其兩次中國西北考察研究》,丁思甘《〈通報〉與20世紀上半期法國漢學》,紅梅《〈法華經·普門品〉多語種文本比較研究》,劉全波《中古時期類書編纂的歷史脈絡與觀念流變》,陳于柱、張福慧《敦煌漢、藏文術數文獻與武威西夏木板畫的互證研究》,陳雙印《敦煌寫本〈諸山聖蹟志〉校釋研究》,公維章《西夏元明清時期的敦煌佛教》,韓春平《故紙新生:敦煌遺書的數字化》,劉傳啓《敦煌儒釋道喪俗文獻整理與研究》。

《吐魯番出土文書補編》出版
李　暉（上海師範大學）

　　朱雷著、新疆維吾爾自治區博物館編《吐魯番出土文書補編》一書已於2022年4月由巴蜀書社出版發行。

　　本書是作者與新疆維吾爾自治區博物館2017年國家社會科學基金重點項目"吐魯番出土文書補編"的結項成果。本書所收錄文書共434件,均爲新疆維吾爾自治區博物館所藏的未經刊佈的吐魯番出土文書殘片。在形式方面,本書採用高清彩色圖片,並仿照《吐魯番出土文書》整理、研究方式和圖文對照的編排方式,對這批未刊文書進行了拍照、編號、拼接、釋讀、定名、解題、注釋等,同時也修正了一些過去釋文、定名失誤之處。在内容方面,本書所收文書以阿斯塔那墓葬出土文書爲主,兼具其他雜文書與不知墓號的吐魯番文書。同時爲保證原貌,在書末附有作者的全部整理手稿。本書所收文書廣泛涉及了政治、法律、民族、交通、經濟、民俗等内容,進一步補全了唐長孺先生及其團隊整理出版的《吐魯番出土文書》。

　　總之,本書是吐魯番出土文書整理的最新成果,爲十六國至隋唐的社會、宗教、法制等多方面研究提供了一批新的材料,對推動中古時期西域社會文化以及絲綢之路沿綫的歷史研究具有十分重要的學術價值。

《和田出土唐代于闐漢語文書》出版
康詩穎（上海師範大學）

　　榮新江編著《和田出土唐代于闐漢語文書》一書已於2022年9月由中華書局出版發行。

　　本書是作者多年以來關於于闐文書的研究成果,是海外藏和田文書的首次彙集整理。本書收録了衆多海内外所藏的和田地區出土的漢語非佛教文書,包括英國的霍恩雷收集品和斯坦因收集品、瑞典的赫定收集品、俄國收集品、德國吐魯番探險隊收集品、弗蘭克收集品、日本的大谷探險隊收集品,以及中國公私散藏收集品等,共計300餘件。作者在走訪倫敦英國圖書館、日本龍谷大學、聖彼得堡俄羅斯科學院東方文獻研究所、柏林德國國家圖書館等多處收藏機構的基礎上,摘録了幾乎所有散在海外的和田出土漢語文書,並借整理和田出土漢語文書之機,將散存的録文和檔案袋中的紙片收集起來,形成本書的基本内容。作者對每件文書均根據内容予以擬題,對其斷代、定性、文書特徵等作解題説明,列出相關研究信息,編制人名地名索引及于闐文書編號索引,便於利用。

本書所收的和田出土漢語文書時間跨度從唐代開元年間到貞元末年,對於研究唐朝勢力進入西域地區的歷史、唐朝安西四鎮時期的于闐鎮以及于闐王國的政治、文化、宗教、語言等方面,具有非常重要的學術價值。

2022 年敦煌學研究論著目録

鄭長遠　張慧潔　郭澤志（上海師範大學）

　　2022 年度,中國大陸地區共出版敦煌學專著 50 多部,公開發表相關論文 400 餘篇。現將研究論著目録編制如下,其編排次序爲: 一、專著部分; 二、論文部分。論文部分又細分爲概説、歷史、社會文化、宗教、語言文字、文學、藝術、考古與文物保護、少數民族歷史語言、古籍、科技、書評與學術動態十二個專題。

一、專　著

郝春文等編著《英藏敦煌社會歷史文獻釋録》(第 18 卷),北京: 社會科學文獻出版社,2022 年 4 月。

郝春文等編著《英藏敦煌社會歷史文獻釋録》(第 19 卷),北京: 社會科學文獻出版社,2022 年 12 月。

郝春文主編《敦煌吐魯番研究》(第 21 卷),上海: 上海古籍出版社,2022 年 9 月。

郝春文主編《2022 敦煌學國際聯絡委員會通訊》,上海: 上海古籍出版社,2022 年 8 月。

敦煌研究院《甘肅藏敦煌藏文文獻勘録》(30 卷),蘭州: 甘肅民族出版社,2022 年 8 月。

常書鴻《敦煌,敦煌——常書鴻自傳》,長沙: 湖南文藝出版社,2022 年 6 月。

段文傑《敦煌是我生命的全部: 段文傑回憶録》,西寧: 青海人民出版社,2022 年 3 月。

寧可《寧可文集》(第一卷、第二卷),北京: 人民出版社,2022 年 9 月。

常沙娜《花開與敦煌: 常沙娜眼中的敦煌藝術》,北京: 中國青年出版社,2022 年 8 月。

陳民鎮《饒學概論——饒宗頤學術思想研究》,北京: 中國社會科學出版社,2022 年 6 月。

董洪亮、王錦濤、付文、銀燕《敦煌守護人》,北京: 人民日報出版社,2022 年 5 月。

段兼善《敦煌人生: 我的父親段文傑》,杭州: 浙江人民出版社,2022 年 5 月。

李偉國《中古文獻考論: 以敦煌和宋代爲重心》,上海: 上海古籍出版社,2022 年 11 月。

鄭炳林著、趙青山編選《隴上學人文存・鄭炳林卷》,蘭州:甘肅人民出版社,
　2022 年 3 月。

馬德著、買小英編選《隴上學人文存・馬德卷》,蘭州:甘肅人民出版社,2022
　年 3 月。

張德芳《簡牘樓劄記》,南京:鳳凰出版社,2022 年 5 月。

游自勇《壺蘭軒雜録》,南京:鳳凰出版社,2022 年 7 月。

榮新江《從張騫到馬可・波羅:絲綢之路十八講》,南昌:江西人民出版社,
　2022 年 11 月。

榮新江主編《絲綢之路上的中華文明》,北京:商務印書館,2022 年 3 月。

王使臻《敦煌公文研究》,北京:光明日報出版社,2022 年 1 月。

邢耀龍《敦煌大歷史》,北京:北京聯合出版公司,2022 年 12 月。

唐納德・洛佩兹著,馮立君譯《慧超的旅行》,北京:社會科學文獻出版社,
　2022 年 8 月。

向達著,劉進寶、劉波編《中西交通與西北史地研究》,杭州:浙江大學出版社,
　2022 年 8 月。

楊秀清《唐宋時期敦煌大衆的知識與思想》,蘭州:甘肅人民出版社,2022 年
　4 月。

胡同慶、王義芝《故事裏的敦煌:敦煌壁畫中的婦女生活》,蘭州:甘肅文化出
　版社,2022 年 1 月。

趙聲良主編《敦煌歲時節令》,南京:江蘇鳳凰美術出版社,2022 年 4 月。

趙聲良《敦煌山水畫史》,北京:中華書局,2022 年 11 月。

伏俊璉、周奉真《甘肅文化史》,北京:中華書局,2022 年 4 月。

伏俊璉主編《寫本學研究》(第 2 輯),北京:商務印書館,2022 年 7 月。

項楚主編《中國俗文化研究》(第 21 輯),成都:四川大學出版社,2022 年
　8 月。

劉進寶主編《絲路文明》(第 7 輯),上海:上海古籍出版社,2022 年 11 月。

陝西師範大學歷史文化學院等編《絲綢之路研究集刊》(第 8 輯),北京:社會
　科學文獻出版社,2022 年 9 月。

吕麗軍《英藏敦煌寫本文獻研究》,北京:中國書店,2022 年 7 月。

張小貴《中古祆教東傳及其華化研究》,上海:上海古籍出版社,2022 年 12 月。

張涌泉、張小豔、邰同麟主編《敦煌文獻語言大詞典》,成都:四川辭書出版社,
　2022 年 12 月。

謝明《宋前道經疑難字詞考釋》,北京:中華書局,2022 年 10 月。

王繼如、吳蘊慧《敦煌文獻通讀字》,北京:商務印書館,2022 年 8 月。

程潔《敦煌變文敍事研究》,北京:中國書籍出版社,2022 年 6 月。

俞曉紅《敦煌變文與明清文學論集》,合肥:安徽師範大學出版社,2022 年
11 月。

李小榮、楊祖榮、王曉茹主編《敦煌文學藝術的多維詮釋》,成都:巴蜀書社,
2022 年 11 月。

常書鴻著,劉進寶、宋翔編《敦煌石窟藝術》,杭州:浙江大學出版社,2022 年
1 月。

羅世平等主編《吐蕃時期的敦煌藝術研究》(圖像編),南京:江蘇鳳凰美術出
版社,2022 年 4 月。

羅世平等主編《吐蕃時期的敦煌藝術研究》(石窟編),南京:江蘇鳳凰美術出
版社,2022 年 4 月。

羅世平等主編《吐蕃時期的敦煌藝術研究》(經變編),南京:江蘇鳳凰美術出
版社,2022 年 4 月。

國家圖書館編《敦煌遺書書法選集》(第三、四輯),北京:國家圖書館出版社,
2022 年 11 月。

馬德、呂義主編《敦煌草書寫本識粹:大乘百法明門論疏(卷下)》,北京:社會
科學文獻出版社,2022 年 6 月。

王菡薇、陶小軍《敦煌南朝寫本書法研究》,南京:江蘇人民出版社,2022 年
3 月。

高德祥、陳雪靜《敦煌樂舞大典》,上海:上海音樂出版社,2022 年 9 月。

李裕群《中國石窟寺》,北京:科學出版社,2022 年 7 月。

索南《敦煌藏文寫本〈入菩薩行論〉研究》,上海:上海古籍出版社,2022 年
11 月。

金瀅坤主編、王三慶著《敦煌蒙書校釋與研究・語對卷》,北京:文物出版社,
2022 年 6 月。

王亞麗《敦煌寫本醫籍與日本漢籍比較研究》,上海:上海古籍出版社,2022
年 10 月。

萬明、李雪濤、戴冬梅主編《耿昇先生與中國中外關係史研究紀念文集(全 3
冊)》,北京:中國社會科學出版社,2022 年 8 月。

湛如《西明東夏:唐代長安西明寺與絲綢之路》,北京:中華書局,2022 年 12 月。

二、論　文

(一) 概説

意如、朱玉麒《中國國家博物館藏段永恩舊藏文書題跋釋録》,《中國國家博物

館館刊》2022 年第 4 期。

段真子、意如《中國國家博物館藏 C14.1341 號册頁解題》,《敦煌吐魯番研究》
（第 21 卷）,上海：上海古籍出版社,2022 年 9 月。

孫寧《也談國立北平圖書館拍攝法藏敦煌文獻經費的籌措》,《古籍整理研究
學刊》2022 年第 5 期。

王冀青《斯坦因所獲敦煌絹畫 CH.0040 號〈廣目天王像〉流入印度之途徑研
究》,《敦煌吐魯番研究》（第 21 卷）,上海：上海古籍出版社,2022 年 9 月。

張涌泉、周思敏《李盛鐸舊藏敦煌寫卷殘斷原因新探》,《敦煌研究》2022 年第
6 期。

朱若溪《道真補經目録與敦煌藏經洞關係試探》,《敦煌研究》2022 年第 6 期。

宋翔《整理國故背景下的"敦煌學"》,《絲路文明》（第 7 輯）,上海：上海古籍
出版社,2022 年 11 月。

溫小寧《〈英藏敦煌文獻〉攝影記往》,《敦煌學輯刊》2022 年第 4 期。

趙大旺《常書鴻與 1948 年的敦煌藝術展覽會》,《敦煌研究》2022 年第 1 期。

馬明達《常書鴻與 1948 年南京敦煌藝展》,《暨南史學》2022 年第 1 期。

馬明達《常書鴻與國立敦煌藝術研究所的創建》,《絲綢之路研究集刊》（第 8
輯）,北京：社會科學文獻出版社,2022 年 9 月。

朱玉麒《黄文弼與傅斯年——以史語所傅斯年檔案爲中心》,《敦煌學輯刊》
2022 年第 4 期。

韓琦《建築史研究與敦煌石窟——從新史料看梁思成和伯希和的交往》,《敦
煌研究》2022 年第 1 期。

高田時雄著,范麗雅譯《伯希和與内藤湖南》,《美術大觀》2022 年第 9 期。

高田時雄《内藤湖南的敦煌遺書調查及相關資料》,《絲路文明》（第 7 輯）,上
海：上海古籍出版社,2022 年 11 月。

車振華《〈敦煌遺書總目索引〉擬增補"俄藏敦煌遺書目録"考略——兼論王
重民、關德棟的學術交往》,《東嶽論叢》2022 年第 6 期。

徐臻《胡適敦煌學研究在英語世界的傳播和影響》,《外語研究》2022 年第
5 期。

任光宇《科學方法、學術發現及考古學道德問題——續論敦煌學起始之"葉裴
聯合發現説"的重要意義》,《社會科學論壇》2022 年第 1 期。

馮婧《西方寫本研究對敦煌寫本研究的啓發——以實物寫本學、比較寫本學
爲例》,《敦煌吐魯番研究》（第 21 卷）,上海：上海古籍出版社,2022 年
9 月。

孫寶岩《敦煌學或石窟研究論著編輯中常見問題探究》,《敦煌學輯刊》2022

年第 1 期。

羅華慶、楊雪梅、俞天秀《流失海外敦煌文物數字化復原項目概述》,《敦煌研究》2022 年第 1 期。

吳健《文化遺産數字藝術呈現出新模式——以數字敦煌展陳理念與視覺傳達爲例》,《美術觀察》2022 年第 10 期。

王巧雯、張加萬《"數字壁畫建築"敦煌壁畫中建築的數字化構建——以敦煌莫高窟第 361 窟南壁西起第一鋪壁畫圖像中佛寺建築爲例》,《敦煌研究》2022 年第 2 期。

鞏一璞、王小偉、王濟民、王順仁《命名實體識別技術在"數字敦煌"中的應用研究》,《敦煌研究》2022 年第 2 期。

許麗鵬、吳健、俞天秀、丁曉宏《莫高窟第 172 窟北壁建築圖像的三維數字化呈現》,《文物保護與考古科學》2022 年第 1 期。

（二）歷史

魏睿驁《大中初年張議潮遣使活動探究——以 P.2686V、P.3481Vc 爲中心》,《敦煌學輯刊》2022 年第 1 期。

趙世金《"北周迎后"及北周政權對甘州的經略——以碑刻史料爲中心》,《敦煌學輯刊》2022 年第 2 期。

孫培崗《咸通初年歸義軍與唐朝關係新探——〈裴識墓誌〉再考釋》,《蘭州大學學報》2022 年第 6 期。

何美峰《俄藏敦煌文獻 Дх.06031 號文書研究》,《黑龍江社會科學》2022 年第 1 期。

陸離《吐蕃統治河隴西域時期節度使相關問題考論》,《中國邊疆史地研究》2022 年第 4 期。

米文靖《以姻親視角看歸義軍張氏政權的興衰》,《西夏研究》2022 年第 2 期。

吳麗娛《敦煌 BD09349A 號殘卷爭議與開元宗廟禮復原》《敦煌吐魯番研究》（第 21 卷）,上海：上海古籍出版社,2022 年 9 月。

趙耀文《法藏 P.T.1190 漢文書殘片考釋——兼論發文機構與"肅州之印"的相關問題》,《敦煌學輯刊》2022 年第 1 期。

管俊瑋《從國圖藏 BD11178 等文書看唐代公文鈐印流程》,《文獻》2022 年第 1 期。

張雨《法藏 P.4745 寫本所見總管府三官考》,《敦煌吐魯番研究》（第 21 卷）,上海：上海古籍出版社,2022 年 9 月。

大西磨希子著、李孝峰譯《綴織當麻曼荼羅與唐王朝——敦煌發現的宮廷寫經與諸州官寺制度》,《絲綢之路研究集刊》（第 8 輯）,北京：社會科學文獻出版社,2022 年 9 月。

李賀《敦煌儒宗周生烈生平著述探賾》,《敦煌研究》2022 年第 6 期。

侯旭東《東漢〈曹全碑〉"敦煌效穀人也"發微——兼論家族研究的視角》,《學術月刊》2022 年第 7 期。

錢伯泉《敦煌張氏家族和高昌張氏家族的關係》,《吐魯番學研究》2022 年第 1 期。

邵郁《出土石刻與晉唐時期武威陰鏗家族研究》,《敦煌學輯刊》2022 年第 3 期。

周倩倩《7—10 世紀敦煌地區慕容氏研究》,蘭州大學 2022 年博士學位論文。

陳雙印《敦煌西漢金山國人口及其出現低谷原因蠡測》,《敦煌研究》2022 年第 6 期。

鄭炳林、張静怡《西漢敦煌郡西域間駿馬貿易與李廣利征大宛》,《敦煌研究》2022 年第 1 期。

鄭炳林、許程諾《西漢敦煌郡的水利灌溉研究》,《敦煌研究》2022 年第 4 期。

鄭炳林、張静怡《西漢敦煌郡畜牧業産品的生産與銷售:以敦煌出土簡牘文獻爲中心》,《絲路文明》第 7 輯,上海:上海古籍出版社,2022 年 11 月。

伊寶、高策《從壁畫中的"耕犁圖"看唐宋犁型之變兼論山西 X 型山地犁成因》,《科學技術哲學研究》2022 年第 3 期。

趙貞《國家圖書館藏 BD16147A〈開元户籍〉考釋》,《唐宋歷史評論》第 10 輯,北京:社會科學文獻出版社,2022 年 5 月。

王祥偉《再論敦煌寫本"便物曆"的起源與性質——與簡牘資料的比較研究》,《中國經濟史研究》2022 年第 4 期。

潘春輝、趙雪静《歸義軍時期敦煌貸絹契研究》,《石河子大學學報》2022 年第 3 期。

黃正建《敦煌經濟文書中的"格"》,《敦煌研究》2022 年第 5 期。

鄭炳林、司豪强《西漢敦煌居盧訾倉城修築與歸屬》,《敦煌學輯刊》2022 年第 1 期。

魏迎春、鄭炳林《西漢敦煌郡通西域南道與對鄯善的經營》,《敦煌學輯刊》2022 年第 2 期。

魏迎春、鄭炳林《西漢時期的玉門關及其性質——基於史籍和出土文獻的考論》,《寧夏社會科學》2022 年第 3 期。

侯楊方、賈强、楊林《唐玉門關位置與玄奘偷渡路綫的精准復原》,《歷史地理研究》2022 年第 3 期。

黃宇超《懸泉里程簡所見河西驛道與政區再議》,《歷史地理研究》2022 年第

3 期。

楊富學、熊一瑋《"敦煌"得名考原》,《敦煌研究》2022 年第 2 期。

楊富學《霍去病征祁連山路綫與月氏故地考辨》,《暨南學報》2022 年第 7 期。

劉振剛《敦煌寫本 P.2522 的性質及〈貞元十道録〉逸文問題》,《敦煌研究》
　　2022 年第 1 期。

劉振剛《敦煌寫本〈諸道山河地名要略〉殘卷的編次及史源問題》,《敦煌學輯
　　刊》2022 年第 3 期。

劉振剛《韋澳〈諸道山河地名要略〉的創作及流傳問題》,《古籍整理研究學
　　刊》2022 年第 1 期。

劉振剛《敦煌本〈諸道山河地名要略〉井谷關考索》,《中國歷史地理論叢》
　　2022 年第 2 期。

何美峰《歸義軍時期沙州百姓充使的幾個問題》,《唐史論叢》2022 年第 1 期。

趙雪静《唐五代宋初敦煌文書中絹的使用與流通研究》,西北師範大學 2022
　　年碩士學位論文。

孟憲紅《唐五代敦煌女性的經濟活動》,山東師範大學 2022 年碩士學位論文。

（三）社會文化

金瀅坤《敦煌蒙書〈武王家教〉中唐代童蒙"形象"教育解析——以"八賤"爲
　　中心》,《浙江師範大學學報》2022 年第 6 期。

金瀅坤《敦煌蒙書〈武王家教〉與唐代家教中的"人倫"教育解析——以"五
　　逆"爲中心》,《社會科學戰綫》2022 年第 12 期。

任占鵬《晚唐姓氏教材〈敦煌百家姓〉的編撰特點與學習方式探析——兼論其
　　與〈蒼頡篇〉〈急就篇〉〈百家姓〉的關聯》,《敦煌吐魯番研究》（第 21 卷）,
　　上海：上海古籍出版社,2022 年 9 月。

任占鵬《從"順朱"到"描朱"看學童習字方法的演進——以習字蒙書〈上大
　　人〉爲中心》,《首都師範大學學報》2022 年第 1 期。

吳元元《敦煌蒙書〈兔園策府〉的流傳與散佚》,《中國考試》2022 年第 4 期。

李殷《禮俗之間：唐代的女教倫理與敦煌蒙書的女子教育》,《江西社會科學》
　　2022 年第 1 期。

常蓋心《敦煌本〈千字文注〉之編撰特徵——兼與上野本〈注千字文〉比較》,
　　《敦煌學輯刊》2022 年第 1 期。

買小英《論 8 至 10 世紀敦煌家庭中的主僕關係》,《敦煌研究》2022 年第 4 期。

姚磊《〈肩水金關漢簡〉所見女性史料研究》,《敦煌研究》2022 年第 6 期。

楊寶玉《從敦煌文書看群學民間化》,《中國社會學史》（第 3 卷）,北京：中國
　　社會科學出版社,2022 年 10 月。

魏迎春、朱國立《敦煌節日風俗所見多民族文化交融》,《西北大學學報》2022
年第 6 期。

鄭志剛《敦煌歌辭〈泛龍舟〉與龍舟的源流》,《敦煌學輯刊》2022 年第 1 期。

石江年、柳西江《歸義軍統治時期敦煌民間體育考論》,《河西學院學報》2022
年第 5 期。

王澤湘《敦煌歌辭中的體育研究》,《敦煌學輯刊》2022 年第 1 期。

嚴世偉《禪茶源流新考——從〈歷代法寶記〉談起》,《敦煌研究》2022 年第
3 期。

邵小龍《山一程,水一程——幾件敦煌集部寫本的喪葬儀式解讀》,《古典文學
知識》2022 年第 5 期。

吳浩軍《另類寫本:流傳的限定性和空間的封閉性——以敦煌吐魯番喪葬文
書爲中心》,《河西學院學報》2022 年第 3 期。

沙琛喬、陳國科、劉兵兵《甘肅武威唐代吐谷渾王族墓葬群殉牲習俗初探》,
《敦煌研究》2022 年第 4 期。

朱國立《晚唐五代宋初敦煌節日研究》,蘭州大學 2022 年博士學位論文。

鄧文寬《敦煌數術文獻中的"建除"》,《敦煌吐魯番研究》(第 21 卷),上海:上
海古籍出版社,2022 年 9 月。

趙貞《歸義軍時期陰陽術數典籍的傳抄與占卜實踐》,《敦煌吐魯番研究》(第
21 卷),上海:上海古籍出版社,2022 年 9 月。

朱思奇、陳乙藝《敦煌 P.2668〈十夢〉及十夢壁畫榜題相關問題補論》,《敦煌
吐魯番研究》(第 21 卷),上海:上海古籍出版社,2022 年 9 月。

余欣《讖緯研究的方術進路:以〈龍魚河圖〉考索爲例》,《中華文史論叢》2022
年第 3 期。

劉英華、楊寶玉《P.T.351、P.T.1049〈景教卜辭〉〈鴉鳴占〉綴合與研究》,《國學
學刊》2022 年第 1 期。

楊寶玉《敦煌文書 IOLJ763、P.T.1047 所抄漢文佛經、藏文占卜書綴合與研
究》,《西域歷史語言研究集刊》2022 年第 1 輯,北京:中國藏學出版社,
2022 年 11 月。

范英傑《西涼亡國夢讖新解》,《歷史文獻研究》2022 年第 1 期。

江牧、陳蜜《敦煌本宅經吉法佈局的空間實踐研究》,《創意與設計》2022 年第
6 期。

(四)宗教

劉屹《何謂"末法"——對一些誤解的辨析》,《敦煌研究》2022 年第 1 期。

陳凱源《從寫經題記看敦煌地區的佛頂尊勝陀羅尼信仰》,《史志學刊》2022

年第 5 期。

張海娟、胡小鵬《蒙元時期河西地區的文殊信仰初探——以出土文物爲中心》,《敦煌研究》2022 年第 3 期。

張海娟《文化交融視閾下的 11—14 世紀河西熾盛光佛信仰探析》,《西夏學》2022 年第 1 期。

王晶波、江曄《中古冥報説與佛教罪罰觀念的倫理化、世俗化》,《敦煌學輯刊》2022 年第 2 期。

陳旭、姚泓澤《敦煌契約文書所見民衆佛教信仰》,《西夏研究》2022 年第 4 期。

孫英剛《中古政治史上的月光童子》,《中國史研究》2022 年第 1 期。

郭丹《俄藏 Ф.341〈長阿含經〉出土地探源——基於 LD489302、SH.1538、SH.1653 及梁玉書、王樹枏題跋的考察》,《敦煌吐魯番研究》(第 21 卷),上海:上海古籍出版社,2022 年 9 月。

方一新、嵇華燁《從敦煌寫本看現存〈普曜經〉的翻譯及流傳》,《敦煌研究》2022 年第 1 期。

釋慧正《敦煌寫本〈六祖壇經〉校注拾遺》,《敦煌研究》2022 年第 6 期。

沈秋之《啟功舊藏〈佛説觀佛三昧海經〉殘卷整理研究》,《敦煌研究》2022 年第 6 期。

夏德美《東亞佛教視野中的義寂〈菩薩戒本疏〉》,《中國史研究》2022 年第 2 期。

孫英剛、朱小巧《"離貓爲你守四方"——〈大雲經神皇授記義疏〉中的武則天》,《社會科學戰綫》2022 年第 2 期。

李子捷、程恭讓《敦煌寫本 S.6388〈勝鬘經疏〉的種性與如來藏思想》,《五臺山研究》2022 年第 1 期。

張雨《法藏 P.4745V〈觀心論〉寫本殘卷録校及研究》,《法音》2022 年第 6 期。

張總《新見〈十王經〉所示之拓展變化》,《佛學研究》2022 年第 1 期。

張總《依敦煌本綴理耀州〈十王經〉新得——兼及相關文獻整理方法》,《敦煌研究》2022 年第 5 期。

計曉雲《孤本〈凈土盂蘭盆經〉(P.2185 號)研究》,《浙江大學學報》2022 年第 3 期。

徐漢傑《試論佛教僞經〈凈土盂蘭盆經〉的價值及其影響》,《敦煌研究》2022 年第 3 期。

徐漢傑《佛教疑僞經與中古民間社會》,蘭州大學 2022 年博士學位論文。

李翎《何謂錫杖——圖像與文獻的對比研究》,《敦煌研究》2022 年第 1 期。

余欣《物質性・儀式性・藝術表現：經巾在中古佛道二教中的信仰實踐》，《世界宗教研究》2022 年第 6 期。

于薇《佛教儀式與城市空間——以中古時期的行像與行城活動爲中心》，《美術研究》2022 年第 6 期。

周奇《唐代的度牒文書》，《史林》2022 年第 3 期。

武紹衛《唐後期五代宋初敦煌沙彌的學習與培養——以佛典的學習與閱讀爲中心》，《隋唐遼宋金元史論叢》第 12 輯，上海：上海古籍出版社，2022 年 9 月。

武紹衛《從讀經、抄經到解經：敦煌僧人經典的傳與習——以敦煌摘抄經爲中心》，《寫本學研究》（第 2 輯），北京：商務印書館，2022 年 7 月。

石小英《淺談隋唐時期尼僧的養老與喪葬》，《宗教學研究》2022 年第 4 期。

王祥偉《唐宋時期敦煌佛教的教化勸施活動》，《法音》2022 年第 4 期。

張鵬《敦煌本〈登真隱訣〉考論》，《世界宗教文化》2022 年第 1 期。

高興福《宋文明敦煌古靈寶經目的形成及演變》，《宗教學研究》2022 年第 4 期。

郜同麟《從敦煌文獻看中古道經對佛經的吸收與揚棄》，《中國俗文化研究》（第 21 輯），成都：四川大學出版社，2022 年 8 月。

趙雅辭《從敦煌本〈太上洞玄靈寶真文度人本行妙經〉看〈大悲菩薩傳〉觀音身世的淵源》，《五臺山研究》2022 年第 4 期。

郜同麟《絲路宗教文化視域中的敦煌本〈老子化胡經〉》，《世界宗教文化》2022 年第 6 期。

程思尹《清代張掖道教洞窟遺存與道士活動》，《敦煌研究》2022 年第 4 期。

劉永明、牛利利《蒙元時期的隴南全真教》，《敦煌學輯刊》2022 年第 3 期。

米文靖《〈全敦煌詩〉中敦煌地區的祈賽風俗》，《法音》2022 年第 4 期。

沈琛《再論吐蕃與景教、摩尼教的聯繫》，《敦煌研究》2022 年第 3 期。

李榮輝《從敦煌文書 P.T.1283 看摩尼教傳入回鶻的時間》，《暨南史學》2022 年第 1 期。

蓋佳擇、楊富學《摩尼教對景教（基督教）的容攝與借鑒》，《絲綢之路人文與藝術》（第 1 輯），蘭州：蘭州大學出版社，2022 年 5 月。

蓋佳擇、楊富學《霞浦林瞪公崇拜複論》，《史林》2022 年第 1 期。

張小貴《霞浦抄本與敦煌文獻的關係——近年來霞浦抄本研究的回顧與反思》，《敦煌吐魯番研究》（第 21 卷），上海：上海古籍出版社，2022 年 9 月。

阿旺嘉措、才讓扎西《從敦煌文獻看苯教宇宙觀的形成及演變》，《中國藏學》2022 年第 2 期。

才讓扎西《藏族喪葬儀式中的馬及其神幻敍事——以敦煌藏文苯教文獻爲中心》,《西藏大學學報》2022 年第 4 期。

（五）語言文字

毛增文《從語言文字歷時演變角度看古書引文考證——以敦煌音韻文獻引〈説文〉爲例》,《敦煌研究》2022 年第 2 期。

鄧文寬《敦煌本〈字寶〉中的活俚語（入聲）》,《敦煌學輯刊》2022 年第 1 期。

孫伯君《十二世紀漢語河西方音聲韻特徵再探》,《中國語文》2022 年第 5 期。

張小豔《敦煌文獻字詞輯考》,《唐研究》（第 27 卷）,北京：北京大學出版社,2022 年 3 月。

高天霞《敦煌寫本 P.3715 "類書草稿" 疑難字句考校》,《唐研究》（第 27 卷）,北京：北京大學出版社,2022 年 3 月。

景盛軒《敦煌文獻中 "惡" 字的形、音、義》,《唐研究》（第 27 卷）,北京：北京大學出版社,2022 年 3 月。

張文冠《敦煌雜字疑難字詞箋釋》,《唐研究》（第 27 卷）,北京：北京大學出版社,2022 年 3 月。

敏春芳、焦敏《〈敦煌碑銘讚輯釋（增訂本）〉新增篇目詞彙研究》,《敦煌學輯刊》2022 年第 1 期。

張如青《法藏敦煌寫本 P.3960 新校釋》,《中醫藥文化》2022 年第 2 期。

趙静蓮《敦煌變文字詞考釋四則》,《唐研究》（第 27 卷）,北京：北京大學出版社,2022 年 3 月。

張涌泉、劉丹《敦煌變文疑難詞語選釋》,《敦煌學輯刊》2022 年第 4 期。

吳勇、衛燦、賴依菲《〈敦煌變文集〉所録 "臺舉" 俗語詞考釋》,《長江大學學報》2022 年第 3 期。

郜同麟《試論敦煌道教文獻的漢語史研究價值》,《唐研究》（第 27 卷）,北京：北京大學出版社,2022 年 3 月。

張磊《寫本文獻中的借筆字研究》,《唐研究》（第 27 卷）,北京：北京大學出版社,2022 年 3 月。

黑維强、尹丹《論漢語俗字確定的一個原則與三條標準》,《中國文字研究》2022 年第 1 期。

金雙平《敦煌本〈四分律〉簡化字探析》,《漢字文化》2022 年第 13 期。

張俊民《斯坦因所獲敦煌漢簡釋讀劄記》,《秦漢研究》2022 年第 1 期。

（六）文學

許鴻梅《敦煌變文〈前漢劉家太子傳〉 "劉家太子復國故事" 探微》,《敦煌學輯刊》2022 年第 3 期。

尤澳《日本杏雨書屋藏兩件"太子成道"敦煌變文研究》,《文津學志》2022 年
　第 1 期。

屈玉麗、楊富學《從〈李陵變文〉看敦煌多元文化的碰撞與融合》,《青海民族
　研究》2022 年第 2 期。

邵小龍《一件學術的"五綴衣"——敦煌變文的三份目録》,《古典文學知識》
　2022 年第 4 期。

夏廣興、付麗穎《變文來源及"變"字含義討論的學術回顧——以 20 世紀中國
　大陸研究爲中心》,《敦煌學輯刊》2022 年第 3 期。

桑仲剛《敦煌敍事文獻〈大目乾連冥間救母變文〉英譯的描寫研究》,《湖南大
　學學報》2022 年第 4 期。

《敦煌變文全集》課題組《〈妙法蓮花經講經文(二)〉校註》,《中國俗文化研
　究》(第 21 輯),成都:四川大學出版社,2022 年 8 月。

張新朋《俄藏敦煌文獻中的兩片〈盂蘭盆經講經文〉殘片考辨》,《中國典籍與
　文化》2022 年第 3 期。

計曉云《敦煌講經文新論》,《寶雞文理學院學報》2022 年第 6 期。

陳懷宇《中古時期敦煌燃燈文與石燈銘文比較研究》,《世界宗教研究》2022
　年第 7 期。

劉振剛《敦煌寫本〈法寶東流因緣〉"第三明塔"的編撰年代及性質問題》,《中
　國國家博物館館刊》2022 年第 12 期。

張先堂、李國《敦煌莫高窟清代題壁紀遊詩研究——敦煌石窟題記系列研究
　之三》,《敦煌研究》2022 年第 2 期。

朱利華《寫本語境中的文人詩歌應用——以敦煌婚儀寫本爲例》,《敦煌學輯
　刊》2022 年第 4 期。

買小英《古代敦煌詩詞中的"鄉愁"》,《絲綢之路人文與藝術》(第 1 輯),蘭
　州:蘭州大學出版社,2022 年 5 月。

武紹衛《敦煌本 P.4980〈秋吟〉新探》,《文史》2022 年第 3 期。

張長彬《S.6537、P.3271 歌辭集闡幽》,《寫本學研究》(第 2 輯),北京:商務印
　書館,2022 年 7 月。

趙鑫曄《S.2607+S.9931 書手爲張球考》,《寫本學研究》(第 2 輯),北京:商務
　印書館,2022 年 7 月。

彭慧《敦煌寫本〈醜婦賦〉校注補遺》,《河西學院學報》2022 年第 4 期。

孫麗萍《韓朋故事演進與〈韓朋賦〉寫本的時代》,《形象史學》2022 年第 3 期。

彭慧《敦煌本〈搜神記〉校注拾零》,《古籍整理研究學刊》2022 年第 5 期。

（七）藝術

張彩霞、夏艷萍《敦煌石窟色彩文化探析》,《蘭州交通大學學報》2022 年第 6 期。

葛夢嘉《莫高窟第 465 窟壁畫中的紡織圖像考析》,《形象史學》2022 年第 3 期。

房子超、沙武田《敦煌莫高窟第 465 窟大成就者黑行師考——兼論藏傳佛教藝術中的黑行師圖像》,《敦煌研究》2022 年第 4 期。

沙武田《長安的影響與地方保護神的借用——敦煌石窟于闐瑞像史蹟畫選擇的動機與思想再解讀》,《西域研究》2022 年第 1 期。

檜山智美著,藺君如譯《敦煌莫高窟第 285 窟西壁壁畫中的星宿圖像與石窟整體的構想》,《敦煌研究》2022 年第 4 期。

張元林《"太陽崇拜"圖像傳統的延續——莫高窟第 249 窟、第 285 窟"天人守護蓮華摩尼寶珠"圖像及其源流》,《敦煌研究》2022 年第 5 期。

康馬泰、李思飛《從漢畫像石到敦煌壁畫——一種頌揚圖像在中國與中亞的流傳》,《敦煌研究》2022 年第 5 期。

張凱、于向東《莫高窟 97 窟搔背羅漢圖考釋》,《敦煌學輯刊》2022 年第 2 期。

楊艷麗《由二佛對坐圖像看莫高窟第 431 窟禮懺道場營建》,《絲綢之路研究集刊》(第 8 輯),北京:社會科學文獻出版社,2022 年 9 月。

李志軍《末法背景下遼代佛塔對敦煌西夏石窟營建的影響——莫高窟第 327 窟西夏重修思想造像探析》,《中國美術研究》2022 年第 2 期。

董海鵬《敦煌莫高窟第 321 號窟南壁"長城"形象考》,《中國美術研究》2022 年第 3 期。

景利軍《敦煌莫高窟第 3 窟壁畫"新特徵"》,《西夏研究》2022 年第 1 期。

沙武田《絲路傳法旅行圖——莫高窟第 217、103 窟尊勝經變序文畫面解讀》,《敦煌研究》2022 年第 5 期。

陳振旺、朱銳、吳雨涵《盛唐後期莫高窟藻井圖案探析》,《敦煌研究》2022 年第 5 期。

祁曉慶《莫高窟北朝石窟中的疊澀藻井》,《美術大觀》2022 年第 8 期。

趙燕林《莫高窟第 194 窟維摩詰經變中的帝王圖像及其服制》,《敦煌研究》2022 年第 6 期。

魏健鵬《敦煌石窟晚期簡化净土圖像淵源試析》,《絲綢之路研究集刊》(第 8 輯),北京:社會科學文獻出版社,2022 年 9 月。

齊小艷、祁曉慶《佛經文獻與敦煌石窟净土變相中的"迦陵頻伽"形象》,《佛學研究》2022 年第 2 期。

祁峰《榆林第 32 窟四隅圖像研究》,《敦煌學輯刊》2022 年第 1 期。

魏迎春、李小玲《敦煌莫高窟第 72 窟勞度叉鬥聖變解説》,《敦煌學輯刊》2022
年第 3 期。

龍忠、陳麗娟《"兜率内院"範式演變——以敦煌石窟中的彌勒經變圖像爲
例》,《中國美術研究》2022 年第 3 期。

李翎《"老人入墓"圖的文化語境——以榆林 25 號窟〈彌勒經變〉爲例》,《宗
教學研究》2022 年第 3 期。

傅修延《從"聽感視覺"角度認識敦煌壁畫——以榆林窟第 25 窟觀無量壽經
變爲例》,《天津社會科學》2022 年第 2 期。

史忠平《"示病之容"與"忘言之狀"——敦煌石窟維摩詰畫像的"神情"探
微》,《絲綢之路研究集刊》(第 8 輯),北京:社會科學文獻出版社,2022 年
9 月。

史忠平《敦煌壁畫中的"探身維摩"像》,《南京藝術學院學報》2022 年第 4 期。

李方芳、李康敏《從"説法圖"到"經變畫"——敦煌早期壁畫中一個關於圖式
轉變的案例》,《南京藝術學院學報》2022 年第 2 期。

焦樹峰《敦煌與長安的群體影像——從莫高窟第 390 窟供養人看隋仁壽年間
頒送舍利活動》,《吐魯番學研究》2022 年第 1 期。

陳培麗《莫高窟第 428 窟供養人畫像及其相關問題研究》,《敦煌學輯刊》2022
年第 1 期。

陳菊霞、劉宏梅《于闐皇后供養人服飾與妝飾研究》,《東華大學學報》2022 年
第 2 期。

馬莉《圖像的隱喻——以華蓋爲切入點的莫高窟第 98 窟于闐國王供養像解
讀》,《中國美術研究》2022 年第 1 期。

郭阿梅《榆林窟第 3 窟文殊、普賢變繪製年代與甬道供養人身份辨析》,《中國
美術研究》2022 年第 1 期。

林佩瑩《日本聖德太子繪像與唐代壁畫關係考察》,《絲綢之路人文與藝術》
(第 1 輯),蘭州:蘭州大學出版社,2022 年 5 月。

趙聲良《敦煌壁畫與中國傳統藝術精神》,《敦煌研究》2022 年第 5 期。

劉屹《坐立之間:優填王像的寫真性與瑞像化》,《敦煌吐魯番研究》(第 21
卷),上海:上海古籍出版社,2022 年 9 月。

趙聲良、張春佳《莫高窟早期忍冬紋樣的源流》,《敦煌研究》2022 年第 1 期。

張兆莉《敦煌莫高窟北朝獸面圖像淺議》,《敦煌研究》2022 年第 3 期。

李静傑《金翅鳥圖像分析》,《敦煌研究》2022 年第 4 期。

陳粟裕《再論于闐八大守護神圖像源流——以摩訶迦羅神、莎耶摩利神的樣

式爲中心》，《敦煌研究》2022 年第 4 期。

盧素文《〈惡趣經〉相關圖像在吐蕃的發現和傳播》，《敦煌研究》2022 年第 4 期。

葛承雍《從牽獅人、騎獅人到馭獅人——敦煌文殊菩薩"新樣"溯源新探》，《敦煌研究》2022 年第 5 期。

魏健鵬《從印度到敦煌：祇園佈施與舍衛城鬥法故事的圖文轉變試析》，《敦煌研究》2022 年第 5 期。

王玲秀《炳靈寺上寺第 4 窟十一面千臂千鉢文殊圖像辨析及粉本探源》，《敦煌研究》2022 年第 5 期。

王煜、陳姝伊《敦煌佛爺廟灣魏晉壁畫墓鸚鵡圖像初探》，《敦煌學輯刊》2022 年第 2 期。

溫馨、李迎軍《應時而變——莫高窟隋代菩薩像通身式瓔珞造型研究》，《敦煌學輯刊》2022 年第 3 期。

張惠明《印度新德里國家博物館收藏的斯坦因敦煌所獲〈護諸童子曼荼羅〉紙本殘畫及其佛教護法獸首鬼神圖像》，《敦煌學輯刊》2022 年第 4 期。

劉益民《往生净土的象徵——試論晚唐五代宋初敦煌引路菩薩像的起源》，《宗教學研究》2022 年第 2 期。

陳慶俊《敦煌引路菩薩圖像研究》，《法音》2022 年第 1 期。

王静嫻、常青《敦煌藏經洞〈引路菩薩圖〉及手持長柄香爐的宗教意義》，《石窟寺研究》2022 年第 1 期。

常青、劉元風《多元融匯與共生——敦煌盛唐菩薩像服飾造型特徵研究》，《藝術設計研究》2022 年第 6 期。

鄺墩煌《敦煌莫高窟唐前期壁畫中的"幢"》，《法音》2022 年第 5 期。

劉璟《"飛天羽人"圖像禮儀功能探蠡》，《美術》2022 年第 5 期。

李曉鳳《文殊山萬佛洞佛教故事畫的藝術風格與宗教意涵》，《西夏學》2022 年第 1 期。

封小瑜、甄巍《敦煌藝術的現代性表徵——1931—1945 年敦煌壁畫的攝影傳播、臨摹展覽和資源轉化》，《美術觀察》2022 年第 8 期。

段媛媛《試論敦煌莫高窟十六國至北朝時期覆斗形頂（下）——覆斗頂窟與崖墓》，《敦煌研究》2022 年第 3 期。

馬若瓊《莫高窟第 196 窟中心佛壇空間設計藝術研究》，《敦煌學輯刊》2022 年第 3 期。

裴强强、王廣正、冉萬里《石窟佛龕建築形制演化與裝飾藝術嬗變初探》，《敦煌學輯刊》2022 年第 4 期。

晉宏逵《敦煌壁畫中的宮廷建築元素舉例》,《故宮博物院院刊》2022 年第
　11 期。

李江、楊菁、劉源、李寧《重簷歇山頂疊加暗廊轉經道形制的河湟地區藏傳佛
　教殿堂研究》,《敦煌研究》2022 年第 6 期。

林素坊《敦煌古樂譜 P.3808V 辭、樂關係考索》,《敦煌吐魯番研究》(第 21
　卷),上海:上海古籍出版社,2022 年 9 月。

温和《從敦煌壁畫的彎琴形象看鳳首箜篌的文化内涵》,《音樂文化研究》2022
　年第 3 期。

楊瑾《絲路題材舞劇音樂創作的流變與反思》,《北京舞蹈學院學報》2022 年
　第 2 期。

趙楠、邢若男《由物性至符號:敦煌壁畫飛天樂舞歷史嬗變中的文化交流與認
　同》,《現代傳播》2022 年第 8 期。

狄其安《莫高窟 220 窟藥師經變樂舞圖的内涵》,《黄河之聲》2022 年第 11 期。

汪雪《敦煌壁畫中的吐蕃樂舞元素考論——以翻領袍服的長袖舞爲中心》,
　《青海民族大學學報》2022 年第 1 期。

史敏、孫香怡、秦堃洲《敦煌舞身體重心的訓練性與風格性探究》,《北京舞蹈
　學院學報》2022 年第 3 期。

鄧小娟《"敦煌舞派"構建的理論依據與實現路徑》,《西北師大學報》2022 年
　第 6 期。

黄衛《法藏敦煌 P.2273 西魏大統十四年釋法鸞隸書寫本文字與書法問題研
　究》,《敦煌學輯刊》2022 年第 4 期。

米文佐、周晶晶《西北古代書法傳承管窺——以北朝敦煌經生書法爲例》,《中
　國書法》2022 年第 6 期。

(八) 考古與文物保護

邢耀龍《榆林窟第 43 窟:敦煌石窟唯一的儒家窟》,《石窟寺研究》2022 年第
　1 期。

韓冰、汪正一、宋利良《淺析敦煌無明代開鑿石窟及繪塑遺存的原因》,《敦煌
　研究》2022 年第 2 期。

高啟安、馮培紅《莫高窟五烽墩岩畫及題刻文字初識》,《敦煌研究》2022 年第
　2 期。

張元林《從"法華觀音"到"華嚴觀音"——莫高窟第 464 窟後室壁畫定名及其
　與前室壁畫之關係考論》,《敦煌研究》2022 年第 1 期。

陳菊霞、王平先《莫高窟第 454 窟營建年代與窟主申論》,《敦煌研究》2022 年
　第 1 期。

張小剛《莫高窟第 491 窟塑像尊格考辨》,《敦煌研究》2022 年第 2 期。

李志軍《莫高窟第 3 窟系列研究之一——〈大乘莊嚴寶王經〉與西壁主尊身份考釋》,《形象史學》2022 年第 3 期。

趙媛《炳靈寺第 70 窟南壁所見番僧身份考》,《中國藏學》2022 年第 6 期。

韋正、馬銘悦《河西早期石窟年代的甄别——河西早期石窟研究之上》,《敦煌研究》2022 年第 1 期。

韋正、馬銘悦《北中國視野下的河西早期石窟——河西早期石窟研究之下》,《敦煌研究》2022 年第 5 期。

趙蓉《敦煌莫高窟北涼三窟開鑿次第述論》,《敦煌研究》2022 年第 2 期。

梁紅、沙武田《張議潮的政治聯盟窟——由洞窟組合崖面空間再談莫高窟第 156 窟的營建》,《敦煌研究》2022 年第 6 期。

張麗卉《莫高窟第 464 窟首次重修年代再探》,《西夏研究》2022 年第 1 期。

魏平、楊富學《瓜州東千佛洞第 2 窟元代風格覓蹟》,《西夏研究》2022 年第 4 期。

閆珠君、楊富學《敦煌回鶻石窟分期斷代問題芻議——兼論"六字真言"的概念與使用》,《石河子大學學報》2022 年第 1 期。

楊富學、楊琛《榆林窟第二、三、四窟爲五臺山組窟説》,《五臺山研究》2022 年第 3 期。

楊富學、劉璟《再論榆林窟第 3 窟爲元代皇家窟而非西夏窟》,《形象史學》2022 年第 2 期。

楊富學、劉璟《榆林窟第 3 窟爲元代西夏遺民窟新證》,《敦煌研究》2022 年第 6 期。

楊豔麗、沙武田《瓜州榆林窟第 4 窟爲西夏洞窟考》,《美術大觀》2022 年第 8 期。

陳悦新《須彌山石窟北朝洞窟的營建與供養人》,《北方民族考古》(第 13 輯),北京：科學出版社,2022 年 6 月。

趙豐、王樂《藏經洞所出千佛刺繡研究》,《敦煌研究》2022 年第 2 期。

孫滿利、陳彦榕、沈雲霞《土遺址病害研究新進展與展望》,《敦煌研究》2022 年第 2 期。

李國、柴勃隆《榆林窟"阿育王寺釋門賜紫僧惠聰住持窟記"重録新識——基於光譜成像技術下的調查研究》,《敦煌研究》2022 年第 3 期。

鄧虎斌、王建軍《瓜州鎖陽城外城東牆保護修繕工程(一期)考古試掘簡報》,《敦煌研究》2022 年第 5 期。

張亞旭、于宗仁、王麗琴、崔强、水碧紋、樊再軒《敦煌莫高窟第 196 窟唐代壁畫材質及製作工藝分析》,《考古與文物》2022 年第 4 期。

（九）少數民族歷史語言

傅及斯《"羅悉鷄"及相關詞語考辨》,《唐研究》（第 27 卷）,北京：北京大學出版社,2022 年 3 月。

郭珈寧《〈吐蕃大事紀年〉所見之"園"（tshal）》,《敦煌學輯刊》2022 年第 3 期。

阿貴、格桑多傑《敦煌本吐蕃歷史文書 P.T.1288"裕"（g.yug）地名考》,《四川民族學院學報》2022 年第 6 期。

邵明園《敦煌古藏文數詞"一"的句法語義功能》,《南開語言學刊》2022 年第 2 期。

落桑東知《〈金剛三昧經〉藏譯之敦煌本與傳世本對勘研究》,《中國藏學》2022 年第 4 期。

張福慧、陳于柱《敦煌藏文寫本 P.3288V（1）〈沐浴洗頭擇吉日法〉的歷史學研究》,《中國藏學》2022 年第 4 期。

張福慧、陳于柱《敦煌藏文本 P.3288V〈宿曜占法抄〉題解與釋録》,《敦煌學輯刊》2022 年第 2 期。

王梓璇《敦煌漢藏文〈白傘蓋經〉寫本考察與關係探究》,《敦煌學輯刊》2022 年第 3 期。

張延清、楊本加《藏經洞出土敦煌古藏文〈金光明最勝王經〉綴合研究》,《西藏大學學報》2022 年第 4 期。

任小波《吐蕃時期"法王"觀念與〈十善經〉的敍事傳統——〈大乘經纂要義〉以及相關文本研究》,《魏晉南北朝隋唐史資料》2022 年第 1 期。

夏伙根、萬瑪項傑《重慶中國三峽博物館藏心道法師舊藏敦煌藏文本〈大乘無量壽宗要經〉及相關問題研究》,《絲綢之路研究集刊》（第 8 輯）,北京：社會科學文獻出版社,2022 年 9 月。

沙木·馮·謝克、路易士·多尼著,李夢妍譯《祈願文、上師和贊普：敦煌文書中的一則早期佛教故事（上）》,《國學學刊》2022 年第 3 期。

沙木·馮·謝克、路易士·多尼著,李夢妍譯《祈願文、上師和贊普：敦煌文書中的一則早期佛教故事（下）》,《國學學刊》2022 年第 4 期。

李連榮《試論敦煌藏文文獻中駿馬名號及其分類特點》,《西藏研究》2022 年第 4 期。

索南才旦《Balïq 與 Hor-yul——論 816 年吐蕃進兵東回鶻的若干問題》,《敦煌學輯刊》2022 年第 3 期。

陸離《吐蕃統治河隴時期司法制度再探討》,《西藏研究》2022 年第 4 期。

陸離《從兩件敦煌藏文文書看吐蕃統治時期敦煌地區的貢物》,《西藏研究》2022 年第 4 期。

陸離《英藏敦煌藏文書寫阿彌陀經跋文年代考辨——兼論張氏歸義軍政權與點戛斯的關係》,《石河子大學學報》2022 年第 2 期。

沈琛《敦煌吐蕃兵律文書補考》,《文史》2022 年第 3 期。

羅將《敦煌出土吐蕃時期契約文書中的擔保探析》,《河西學院學報》2022 年第 3 期。

周倩倩《吐蕃統治時期的新舊吐谷渾人》,《敦煌研究》2022 年第 3 期。

陳瑞青《日本天理圖書館藏〈西夏回鶻文書斷簡〉初探》,《敦煌研究》2022 年第 3 期。

史金波《新見莫高窟北區石窟出土西夏契約釋考》,《敦煌研究》2022 年第 4 期。

孫伯君《天理圖書館藏八思巴"讚歎"〈大乘無量壽總要經〉：至元三十年（1293）的西夏文譯本考釋》,《敦煌研究》2022 年第 4 期。

馬萬梅、田曉霈《利率、花押與富戶——新譯釋西夏文契約文書研究三題》,《敦煌研究》2022 年第 4 期。

孫伯君、夏立棟《張掖金塔寺石窟新見的西夏文榜題》,《敦煌學輯刊》2022 年第 2 期。

杜立暉《日本天理圖書館藏西夏契約文書的内容、性質與運作》,《西夏研究》2022 年第 4 期。

公維章《西夏地藏十王信仰考察》,《西夏學》2022 年第 2 期。

張鐵山《敦煌研究院舊藏三件回鶻文"阿毗達磨論藏"殘片研究》,《敦煌學輯刊》2022 年第 2 期。

阿依達爾·米爾卡馬力《國家圖書館藏一葉回鶻文〈佛説天地八陽神咒經〉研究》,《敦煌學輯刊》2022 年第 2 期。

阿依達爾·米爾卡馬力、張戈《中國國家圖書館藏兩件回鶻文〈圓覺經〉注疏殘葉研究》,《宗教學研究》2022 年第 1 期。

阿依達爾·米爾卡馬力《國家圖書館藏回鶻文〈妙法蓮華經玄贊〉研究》,《西域研究》2022 年第 1 期。

吐送江·依明、阿不都日衣木·肉斯台木江《敦煌研究院舊藏回鶻文〈十業道譬喻故事花環〉殘卷研究》,《敦煌學輯刊》2022 年第 2 期。

崔焱《回鶻文契約文書中的"sïčï（四至）"研究——兼與敦煌、吐魯番出土的漢文文書比較》,《敦煌學輯刊》2022 年第 2 期。

孫炳晗《中國文化遺産研究院藏一葉回鶻文〈阿毗達磨俱捨論實義疏〉寫本研

究》,《西域文史》(第 16 輯),北京:科學出版社,2022 年 11 月。

余柯君《"北伍二件"敦煌漢文寫經夾註字母初探》,《敦煌研究》2022 年第
2 期。

(十)古籍

陳飛《敦煌唐寫本明〈詩〉習業策殘卷讀釋》,《河南師範大學學報》2022 年第
1 期。

陳亮亮《日藏内野本〈古文尚書〉附〈釋文〉考論》,《古漢語研究》2022 年第
4 期。

陳永寶《從〈敦煌論語寫本〉談朱注〈論語〉的合法性危機》,《吉林師範大學學
報》2022 年第 5 期。

連劭名《敦煌寫本〈六韜·文韜〉校釋》,《中國典籍與文化論叢》2022 年第
1 期。

鄭炳林、劉全波《敦煌類書研究的知識史方法與博物學進路》,《西北大學學
報》2022 年第 6 期。

任占鵬《日本天理圖書館藏敦煌〈石室遺珠〉新釋》,《敦煌研究》2022 年第
3 期。

劉全波、何强林《敦煌寫本 P.3622V+P.4034V 佚名類書考釋》,《敦煌學輯刊》
2022 年第 1 期。

宋雪春《敦煌本 S.3227+S.6208V 文獻考辨》,《中國典籍與文化》2022 年第
2 期。

牆斯《敦煌寫卷 P.2047〈輔篇義記〉所引佚書〈物始〉小考》,《出土文獻》2022
年第 4 期。

寇志强《敦煌類書所引〈莊子〉佚文考》,《諸子學刊》2022 年第 2 期。

高天霞、馬婕茹《論敦煌類書〈籯金〉寫本〈儲君篇〉與〈諸王篇〉的分野》,《河
西學院學報》2022 年第 1 期。

劉冉、李鐵華《敦煌脈書〈玄感脈經〉"精識之主"考辨》,《中國中醫基礎醫學
雜誌》2022 年第 7 期。

張詩敏、李玉清《敦煌卷子〈療服石醫方〉文獻研究》,《南京中醫藥大學學報》
2022 年第 5 期。

沈澍農、陳陷《敦煌文獻 P.2661V 佚方考》,《中醫藥文化》2022 年第 2 期。

于業禮《俄藏敦煌一組婦人醫方殘片綴合及相關研究》,《中醫藥文化》2022
年第 2 期。

丁媛、于業禮《敦煌醫經類文獻對傳世相關文本的校勘價值》,《敦煌研究》
2022 年第 5 期。

劉冉、李鐵華《敦煌脈書〈玄感脈經〉研究》,《中國中醫基礎醫學雜誌》2022 年第 3 期。

魏玉婷、馬重兵、朱田田、嚴興科《敦煌針灸醫學文獻的分類整理與評析》,《中華中醫藥雜誌》2022 年第 11 期。

葛政、萬芳《敦煌佛道醫方芻考》,《中國中醫基礎醫學雜誌》2022 年第 3 期。

劉褘《唐代敦煌造紙技術再論:以文獻分析、寫本研究和實地考察爲中心》,《敦煌吐魯番研究》(第 21 卷),上海:上海古籍出版社,2022 年 9 月。

武紹衛《頁碼的誕生:中國古籍上的頁碼及其使用》,《圖書館雜誌》2022 年第 6 期。

竇懷永《寫本視角的唐代避諱觀察——以敦煌寫本爲例》,《文津學志》2022 年第 1 期。

冷江山《敦煌文學寫本的裝幀形態》,《寫本學研究》(第 2 輯),北京:商務印書館,2022 年 7 月。

朱麗華《試論吐蕃統治對敦煌地區書寫工具、紙張及書籍形式的影響》,《寫本學研究》(第 2 輯),北京:商務印書館,2022 年 7 月。

羅娛婷《敦煌寫本製作的流動性考察——以 P.2972 爲中心》,《寫本學研究》(第 2 輯),北京:商務印書館,2022 年 7 月。

(十一) 科技

鄭炳林、張静怡《西漢敦煌郡醫事研究——兼論西漢敦煌市場藥材來源與銷售》,《敦煌學輯刊》2022 年第 3 期。

王進玉《密陀僧域外輸入質疑》,《中醫藥文化》2022 年第 3 期。

馬托弟《晚唐五代宋初敦煌疾疫醫療史研究》,蘭州大學 2022 年博士學位論文。

何偉鳳《〈授時曆〉晝夜時刻制度考——以出土元刻本漢文〈授時曆〉殘頁爲中心》,《西夏學》2022 年第 2 期。

(十二) 書評與學術動態

武紹衛《敦煌寫本學研究的新進展——鄭阿財〈敦煌寫本高僧因緣記及相關文獻校註與研究〉述評》,《敦煌吐魯番研究》(第 21 卷),上海:上海古籍出版社,2022 年 9 月。

何劍平《神異感通 化利有情——敦煌高僧傳讚文獻研究》,《敦煌吐魯番研究》(第 21 卷),上海:上海古籍出版社,2022 年 9 月。

殷小平《外物不移方爲學——評林悟殊〈唐代景教再研究(增訂本)〉》,《西域研究》2022 年第 4 期。

張重洲《事死如生——讀〈唐五代宋初冥界觀念及其信仰研究〉》,《佛學研究》2022 年第 1 期。

瞿朝楨《歷史精神的教育意義及培育——評〈敦煌學通論〉》,《教育發展研究》2022 年第 10 期。

沙武田《〈絲綢之路石窟藝術叢書・炳靈寺石窟〉讀後》,《敦煌學輯刊》2022 年第 1 期。

王琪斐《〈隴東北朝佛教造像研究〉介評》,《敦煌學輯刊》2022 年第 2 期。

鄭怡楠《〈唐代莫高窟壁畫音樂圖像研究〉評介》,《敦煌學輯刊》2022 年第 2 期。

楊祖榮、陳佩雯《熠熠經卷畫琳琅:讀〈佛教影響下的敦煌文學〉》,《敦煌學輯刊》2022 年第 3 期。

鄭怡楠《〈隋及唐前期莫高窟藻井圖案研究〉評介》,《敦煌學輯刊》2022 年第 4 期。

趙勇《〈法國國家圖書館藏敦煌藏文文獻目録解題全編〉介評》,《敦煌學輯刊》2022 年第 4 期。

劉進寶《敦煌學的珍貴歷史記録——讀〈敦煌人生:我的父親段文傑〉》,《敦煌學輯刊》2022 年第 4 期。

何江濤《道教文獻學研究新成果——〈中國道教寫本經藏〉述評》,《世界宗教研究》2022 年第 7 期。

仵婷《評楊富學著〈北國石刻與華夷史蹟〉》,《寶雞文理學院學報》2022 年第 6 期。

趙大旺《敦煌社邑文書與中古基層社會:郝春文〈中古時期社邑研究〉讀後》,《絲路文明》(第 7 輯),上海:上海古籍出版社,2022 年 11 月。

沙武田《會説話的文物有温度的照片——孫志軍編著〈世紀敦煌:跨越百年的莫高窟影像〉讀後》,《絲綢之路研究集刊》(第 8 輯),北京:社會科學文獻出版社,2022 年 9 月。

韓樹偉《馮培紅〈敦煌學與五涼史論稿〉評介》,《絲綢之路研究集刊》(第 8 輯),北京:社會科學文獻出版社,2022 年 9 月。

劉進寶《敦煌大衆思想:"大衆思想史"的一個個案》,《中華讀書報》2022 年 10 月 19 日。

負國傑、曾月秋《2021 年敦煌學研究綜述》,《2022 敦煌學國際聯絡委員會通訊》,上海:上海古籍出版社,2022 年 8 月。

馬德、馬高强《進一步開創敦煌研究的新局面》,《敦煌研究》2022 年第 1 期。

胡瀟《構建中國氣派敦煌學芻議》,《敦煌學輯刊》2022 年第 4 期。

王晶波、馬托弟《學科交叉視野下的敦煌社會史研究及其展望》,《西北大學學報》2022 年第 6 期。

李琴《國家社科基金敦煌學研究立項現狀分析（2000—2019）》，《燕山大學學
　報》2022 年第 1 期。

陳金華、紀贇《佛教寫本學的文獻與研究總論》，《中外論壇》2022 年第 3 期。

伏俊璉《敦煌文學對中國文學史的重大貢獻》，《學術研究》2022 年第 3 期。

常燕娜《敦煌漢簡與簡牘學的産生及新發展》，《絲綢之路》2022 年第 2 期。

楊鳳芹《敦煌文獻〈絶觀論〉出土以來中日兩國牛頭宗研究綜述》，《佛學研
　究》2022 年第 1 期。

薛欣、楊鵬斐、李廷保、藺興遥《近二十年敦煌古醫方研究概況》，《中醫藥臨床
　雜誌》2022 年第 11 期。

艾麗華、楊仕章《敦煌遺書在俄羅斯的翻譯與接受研究》，《外語研究》2022 年
　第 5 期。

柴劍虹《尊師重道續文脉——悼念白化文先生》，《敦煌吐魯番研究》（第 21
　卷），上海：上海古籍出版社，2022 年 9 月。

楊寶玉《白化文先生的敦煌學研究（附白化文先生敦煌學論著目録）》，《敦煌
　吐魯番研究》（第 21 卷），上海：上海古籍出版社，2022 年 9 月。

劉進寶《朱雷先生與敦煌吐魯番文書研究（附朱雷教授論著目録）》，《敦煌吐
　魯番研究》（第 21 卷），上海：上海古籍出版社，2022 年 9 月。

劉進寶《認識的局限：編輯〈朱雷學記〉的感想》，《絲路文明》（第 7 輯），上
　海：上海古籍出版社，2022 年 11 月。

2022 年吐魯番學研究論著目録

季煜航　　王明鑫　　田麗妍(上海師範大學)

　　本年度中國大陸地區共出版吐魯番學專著及相關圖文集(含再版與譯著)近 50 部,公開發表的相關研究論文達 350 餘篇。現將研究論著目録編製如下,編排次序爲:一、專著;二、論文。論文又細分爲概説、歷史、社會文化、宗教、語言文字、文學、藝術、考古與文物保護、少數民族歷史語言、古籍、科技、書評與學術動態十二類專題。

一、專　　著

陳曉露《羅布泊考古研究》,上海:上海古籍出版社,2022 年 1 月。

侯燦《樓蘭考古調查與發掘報告》,南京:鳳凰出版社,2022 年 3 月。

劉學堂《絲路彩陶·天山卷》(上、下),西安:三秦出版社,2022 年 3 月。

蔣洪恩《新疆吐魯番洋海先民的農業活動與植物利用》,北京:科學出版社,2022 年 3 月。

[英]奧里爾·斯坦因著,巫新華譯《西域之路》,北京:商務印書館,2022 年 3 月。

榮新江編《絲綢之路上的中華文明》,北京:商務印書館,2022 年 3 月。

萬明《絲綢之路上的明代中國與世界》,北京:中國社會科學出版社,2022 年 3 月。

向壽生《絲綢之路經濟研究》,西安:西北大學出版社,2022 年 3 月。

趙叢蒼著《絲綢之路學》,北京:科學出版社,2022 年 3 月。

朱玉麟、李肖主編《堅固萬歲人民喜:劉平國刻石與西域文明學術研討會論文集》,南京:鳳凰出版社,2022 年 4 月。

王啓濤主編,王興伊著《吐魯番文獻合集·醫藥卷》,成都:巴蜀書社,2022 年 4 月。

朱雷《吐魯番出土文書補編》,成都:巴蜀書社,2022 年 4 月。

郭雲豔《羅馬——拜占庭帝國的嬗變與絲綢之路:以考古發現的錢幣爲中心》,北京:中央編譯出版社,2022 年 4 月。

齊小豔《從馬其頓到馬拉坎達:粟特地區的希臘化研究》,北京:中國社會科學出版社,2022 年 4 月。

[英]喬迪·托爾著,王静譯《絲綢之路——東西方貿易的千古之路》,青島:

青島出版社,2022 年 4 月。

劉進寶編《朱雷學記》,杭州:浙江古籍出版社,2022 年 5 月。

張德芳《簡牘樓札記》,南京:鳳凰出版社,2022 年 5 月。

〔美〕丹尼斯·塞諾,北京大學歷史學系民族史教研室譯《丹尼斯·塞諾內亞研究文選》,北京:社會科學文獻出版社,2022 年 5 月。

陳躍著《清代戰爭全史——保衛新疆之戰》,廣州:中山大學出版社,2022 年 6 月。

趙豐《衆望同歸:絲綢之路的前世今生》,北京:商務印書館,2022 年 6 月。

余太山、李錦繡編《歐亞學刊》(新十一輯),北京:商務印書館,2022 年 6 月。

顧穎《西域古代繪畫研究》,上海:上海人民出版社,2022 年 6 月。

陳玉福、程琦、任玲《張掖傳:千年絲路八聲甘州》,北京:新星出版社,2022 年 6 月。

張銘心《出土文獻與中國中古史研究》,桂林:廣西師範大學出版社,2022 年 7 月。

王啟濤《朱雷新刊佈吐魯番文獻研究》,成都:巴蜀書社,2022 年 7 月。

柴劍虹《劍虹序跋與書評》,北京:中國書籍出版社,2022 年 7 月。

郝春文主編《2022 敦煌學國際聯絡委員會通訊》,上海:上海古籍出版社,2022 年 8 月。

韓香《波斯錦與鎖子甲:中古中國與薩珊文明》,北京:社會科學文獻出版社,2022 年 8 月。

烏雲畢力格、張閌著《同文之盛:〈西域同文志〉整理與研究》,上海:上海古籍出版社,2022 年 8 月。

左丘萌《善善摩尼——唐朝西域文書故事集》,北京:人民文學出版社,2022 年 8 月。

吳強華、趙超《翟門生的世界:絲綢之路上的使者》,北京:文物出版社,2022 年 8 月。

周偉洲《敕勒與柔然》(增訂本),北京:商務印書館,2022 年 9 月。

段晴《神話與儀式:破解古代于闐氍毹上的文明密碼》,北京:生活·讀書·新知三聯書店,2022 年 9 月。

榮新江編《和田出土唐代于闐漢語文書》,北京:中華書局,2022 年 9 月。

張爽、薛海波《絲路視域下拜占庭、中介民族與中國關係研究》,北京:中國社會科學出版社,2022 年 9 月。

陝西師範大學歷史文化學院、陝西博物館編《絲綢之路研究集刊》(第八輯),北京:社會科學文獻出版社,2022 年 9 月。

巫新華《重走天山路——東天山吐魯番古道考察與研究》,桂林:廣西師範大學出版社,2022 年 9 月。

郝春文主編《敦煌吐魯番研究》(第 21 卷),上海:上海古籍出版社,2022 年 9 月。

張弛《疾病醫療考古初探:新疆青銅時代至早期鐵器時代》,北京:商務印書館,2022 年 10 月。

楊巨平《互動與交流:希臘化世界與絲綢之路關係研究》,北京:中華書局,2022 年 10 月。

張澤珣、黃君榑《絲綢之路藝術:龜茲造像》,杭州:浙江大學出版社,2022 年 10 月。

石澍生《3—8 世紀吐魯番出土文獻書法研究》,蘭州:甘肅文化出版社,2022 年 10 月。

楊富學《唐宋回鶻史研究》,北京:科學出版社,2022 年 11 月。

張小貴《中古祆教東傳及其華化研究》,上海:上海古籍出版社,2022 年 11 月。

陳愛峰《吐魯番中小型石窟内容總録》,上海:上海古籍出版社,2022 年 11 月。

黃達遠《歐亞時空中的中國與世界》,北京:社會科學文獻出版社,2022 年 11 月。

榮新江《從張騫到馬可·波羅——絲綢之路十八講》,南昌:江西人民出版社,2022 年 11 月。

劉進寶《絲路文明》(第七輯),上海:上海古籍出版社,2022 年 11 月。

朱玉麟《西域文史》(第十六輯),北京:科學出版社,2022 年 11 月。

[意]亞歷山德羅·柯德羅著,袁茵、文錚譯《一個人的絲綢之路》,北京:北京聯合出版公司,2022 年 11 月。

張成渝、張乃翥《絲從東方來:隋唐洛陽城東運河兩岸的胡人部落與絲綢之路的東方起點》,北京:文物出版社,2022 年 12 月。

吳華鋒《清代西域竹枝詞輯注》,上海:上海古籍出版社,2022 年 12 月。

王潔《唐代黠戛斯歷史研究》,北京:商務印書館,2022 年 12 月。

白玉冬主編《關山明月:古突厥回鶻碑誌寫本的歷史語言研究》,上海:上海古籍出版社,2022 年 12 月。

白玉冬、王丁主編《牢山劍水:魯尼文葉尼塞碑銘譯注》,上海:上海古籍出版社,2022 年 12 月。

白玉冬、王丁主編《古代突厥語語法綱要》,上海:上海古籍出版社,2022 年

12 月。

吴潔《漢唐時期胡、俗樂的融合：絲綢之路上的樂器、樂舞的圖像學研究》，北京：中央音樂學院出版社，2022 年 12 月。

葉曉鋒《絲綢之路沿綫語言比較視野中的上古漢語詞匯研究》，杭州：浙江大學出版社，2022 年 12 月。

朱國祥《回鶻文文獻漢語借詞研究》，北京：社會科學文獻出版社，2022 年 12 月。

米熱古麗·黑力力《鄂爾渾文回鶻碑銘研究》，北京：中國社會科學出版社，2022 年 12 月。

喬睿、張鐵山《回鶻文〈慈悲道場懺法〉詞法研究》，蘭州：甘肅文化出版社，2022 年 12 月。

二、論　　文

（一）概説

王湛《中國國家博物館藏"唐人真蹟"文書題跋與遞藏考》，《中國國家博物館館刊》2022 年第 4 期。

丁淑琴、王萍《克烈門茨 1898 年的吐魯番考察及其影響》，《敦煌學輯刊》2022 年第 3 期。

居政驥、許建英《關於 20 世紀初德國到中國新疆考察旅行的若干問題——以德國檔案文獻爲中心》，《中國地方志》2022 年第 1 期。

榮新江《和田出土唐代于闐漢語文書概説》，《絲路文明》（第七輯），上海：上海古籍出版社，2022 年。

王素《南北朝絲綢之路上的銘石書——"絲綢之路也是書法之路"叢談之二》，《絲路文明》（第七輯），上海：上海古籍出版社，2022 年。

（二）歷史

孟憲實《唐代于闐的四個歷史時期》，《西域研究》2022 年第 3 期。

雒曉輝《都護在燕然：唐永徽元年北疆治邊機構的調整》，《歷史地理研究》2022 年第 4 期。

孫寧《户貫與唐代國家治理》，《魏晉南北朝隋唐史資料》2022 年第 1 期。

張重洲《論唐西州初期的社會改革與佛教整頓》，《宏德學刊》2022 年第 2 期。

侯曉晨《唐初（618—639）統治者的西域認知及其經略觀》，《新疆大學學報》2022 年第 5 期。

張安福《天山廊道與唐朝治理西域研究》，《社會科學戰綫》2022 年第 6 期。

徐承炎《試論唐代安西的屯田》，《農業考古》2022 年第 1 期。

任世芳、任伯平《西漢至唐代新疆管理機構設置與人口變遷研究》,《西部學刊》2022 年第 6 期。

劉子凡《旅順博物館藏四神文書研究——兼釋〈唐開元二十三年西州都督府案卷〉》,《敦煌吐魯番研究》(第 21 卷),上海:上海古籍出版社,2022 年。

張向耀《北宋西北地區蕃官名號述略》,《西藏大學學報》2022 年第 2 期。

田澍、楊濤維《通貢和好:明朝重建西域秩序的路徑選擇》,《中國邊疆史地研究》2022 年第 4 期。

許建英、劉志佳《清朝新疆治理述論》,《中國邊疆史地研究》2022 年第 3 期。

張伯國《德化推行與認同塑造:乾隆帝嚴禁"苦累回人"思想及其實踐》,《清史研究》2022 年第 2 期。

英卡爾・巴合朱力《頂翎與治邊:清朝對哈薩克的頂翎政策(1765—1849)》,《清史研究》2022 年第 3 期。

惠男《關於歸服清朝以來的額貝都拉與哈密扎薩克旗的活動(1697—1701)》,《新疆大學學報》2022 年第 3 期。

范傳南、姜彬《哈密得失與明代西北邊疆經略》,《理論觀察》2022 年第 11 期。

毛雨辰《洪武時期經略甘州研究》,《河西學院學報》2022 年第 6 期。

張斌、白俊鳳《嘉峪關明代長城防禦系統的建立與形成》,《河西學院學報》2022 年第 6 期。

武沐、陳曉曉《明清時期河湟民族走廊文化治理的路徑及影響》,《北方民族大學學報》2022 年第 2 期。

張莉、薛子怡《晚清吐魯番〈葡萄溝水善後分水章程〉與鄉村水利秩序的變動》,《中國歷史地理論叢》2022 年第 4 期。

吳爽、和談《論先秦時期西域漢人先民的活動及其語言使用》,《新疆大學學報》2022 年第 3 期。

張巨武《兩漢時期中原與西域文化交流略論》,《唐都學刊》2022 年第 5 期。

丁友芳《〈西域圖記〉:隋朝的西域情報、知識與戰略總綱》,《唐史論叢》2022 年第 2 期。

梁克敏《隋唐易代過程中的邊疆民族》,《地域文化研究》2022 年第 5 期。

楊瑾《胡漢交融視角下唐代胡人"胡性"的建構與認同》,《唐史論叢》2022 年第 2 期。

樊文禮《沙陀與回鶻關係研究》,《絲綢之路研究集刊》(第八輯),北京:社會科學文獻出版社,2022 年。

楊富學、葛啟航《喀喇汗王朝對天山北麓高昌回鶻疆域的攻取》,《中國邊疆史地研究》2022 年第 4 期。

陳柱《清朝與布魯特額德格訥部的最初關係》,《中國邊疆史地研究》2022 年第 3 期。

包曉悦《唐代牒式再研究》,《唐研究》(第 27 卷),北京:北京大學出版社,2022 年。

顧成瑞《唐前期嶺南政區統隸關係新證——以吐魯番文書〈唐儀鳳四年(679)金部旨符〉爲綫索》,《敦煌吐魯番研究》(第 21 卷),上海:上海古籍出版社,2022 年。

顧成瑞《唐前期驛丁應役方式的轉變——兼論力役征派的色役化》,《史學月刊》2022 年第 10 期。

趙洋《中國國家博物館藏"唐人真蹟"中三件轉運坊文書考釋》,《中國國家博物館館刊》2022 年第 4 期。

白京蘭、趙寧《清末吐魯番地區的"管業執照"——以〈清代新疆檔案選輯〉户科爲中心》,《西域研究》2022 年第 2 期。

王耀《伯克職掌與 18 世紀中期回疆城市管理》,《地域文化研究》2022 年第 2 期。

黄峰《嘉慶時期新疆區域志史料價值淺析》,《新疆地方志》2022 年第 2 期。

魏曉金《清末吐魯番訴狀製作者官代書初探》,《新疆大學學報》2022 年第 4 期。

郭文忠、祖浩展《乾隆朝發往新疆遣犯人數估算與研究》,《清史研究》2022 年第 3 期。

王東平《清代天山南路地區刑事重案的審理——基於道光朝阿克蘇吴廩年案的考察》,《清史研究》2022 年第 3 期。

伏陽、徐湘楚《清代新疆建省後魯克沁郡王司法職能探析》,《喀什大學學報》2022 年第 2 期。

伏陽《鄉約司法職能探析——以清末吐魯番廳爲中心》,《新疆地方志》2022 年第 1 期。

孫炳晗《安史之亂後于闐地區征税體系研究》,《西域研究》2022 年第 3 期。

王早娟、李佳《絲綢之路上香料藥物流通的歷史意義》,《石河子大學學報》2022 年第 4 期。

巨虹《敦煌吐魯番文書中民間契約保障制度探究》,《寧夏師範學院學報》2022 年第 6 期。

屈蓉《吐魯番出土唐西州時期租賃契約文書契式研究》,《地域文化研究》2022 年第 6 期。

朱麗雙、榮新江《出土文書所見唐代于闐的農業與種植》,《中國經濟史研究》

2022 年第 3 期。

蔣洪恩、武海龍、王廣超、王博《晉唐時期吐魯番盆地的穀物種植與收穫時間考證——基於吐魯番出土文獻》,《中國農史》2022 年第 1 期。

王欣、衡宗亮《乾隆年間新疆墾區油料作物種植研究》,《中國邊疆史地研究》2022 年第 2 期。

王啟明《清前期回疆的水稻種植》,《中國歷史地理論叢》2022 年第 2 期。

朱順順《史料所載明代河西農作物種類及種植特性》,《河西學院學報》2022 年第 2 期。

蔣洪恩《各歷史時期大麥、穬麥與青稞的名實探討》,《中國科技史雜誌》2022 年第 3 期。

李睿哲《中古時期粟特人對絲路貿易的掌控》,《絲綢之路研究集刊》(第八輯),北京:社會科學文獻出版社,2022 年。

馬秀英、曹樹基《等額還本付息:清代吐魯番的葡萄園租賣》,《中國農史》2022 年第 3 期。

黃柏權、鞏家楠《清末新疆私茶案件與地方政府應對》,《江漢論壇》2022 年第 9 期。

劉凡、郝新鴻《清末新疆商業發展鈎沉——以日野强〈伊犁紀行〉爲視角》,《邊疆經濟與文化》2022 年第 12 期。

張旭《吐蕃按戶征兵制度研究》,《中國邊疆史地研究》2022 年第 3 期。

丁俊《唐開元時期軍政體制下的西州財務收支蠡測》,《敦煌研究》2022 年第 2 期。

齊會君《會昌年間唐朝征討南遷回鶻諸問題考論》,《中國邊疆史地研究》2022 年第 3 期。

徐承炎《唐後期安西陷落考論——兼論吐蕃進攻安西的路綫》,《中國邊疆史地研究》2022 年第 4 期。

王玉平《貞觀二十二年昆丘道行軍路綫新考——兼論天山腹地的戰略意義》,《新疆大學學報》2022 年第 1 期。

沈琛《8 世紀末吐蕃佔領于闐史事鈎沉》,《西域研究》2022 年第 3 期。

苑恩達《〈范詞墓誌〉與咸亨四年的唐蕃西域之爭》,《敦煌學輯刊》2022 年第 3 期。

董永强《唐代突厥蕃將執失家族研究——以〈執失奉節墓誌〉〈執失善光墓誌〉爲中心》,《唐史論叢》2022 年第 1 期。

崔永强《北涼高昌地區行水問題研究——兼論其時督郵分部情況》,《西域研究》2022 年第 2 期。

劉子凡《安史之亂前夕的安西與北庭——〈唐天寶十三、十四載交河郡長行坊支貯馬料文卷〉考釋》,《中國國家博物館館刊》2022 年第 6 期。

李樹輝《絲綢之路西域段"北道"考論》,《敦煌學輯刊》2022 年第 3 期。

杜文玉《五代時期山東半島至于闐之間的交通綫路考》,《絲綢之路研究集刊》(第八輯),北京:社會科學文獻出版社,2022 年。

張坤《試論隋唐之際伊吾粟特人的來源——兼論絲綢之路新北道的使用》,《絲綢之路研究集刊》(第八輯),北京:社會科學文獻出版社,2022 年。

〔日〕管澤愛語著,朱振宏譯《唐玄宗"御製御書"闕特勤碑文考:圍繞唐、突厥、吐蕃外交關係的演變》,《絲路文明》(第七輯),上海:上海古籍出版社,2022 年。

〔法〕童丕、〔法〕魏義天著,陳燁軒譯《唐天寶二年(743)交河郡市場的物價》,《絲路文明》(第七輯),上海:上海古籍出版社,2022 年。

〔日〕森安孝夫著,白玉冬、何春蘭譯《唐代的胡與佛教世界地理》,《絲路文明》(第七輯),上海:上海古籍出版社,2022 年。

朱力《敦煌吐魯番文書中的唐五代經濟史料價值探析》,《文物鑒定與鑒賞》2022 年第 2 期。

郭勤華《范仲淹的御邊思想》,《西夏研究》2022 年第 2 期。

張揚《乾隆時期新疆邊境地區台塘研究》,《西部蒙古論壇》2022 年第 1 期。

鋒暉、陳彦文《清朝新疆八旗十營對比研究》,《西部蒙古論壇》2022 年第 3 期。

孫文傑《清代對東歸土爾扈特的管理與認識新探——以滿文寄信文件中伊勒圖任職新疆時期爲中心》,《西部蒙古論壇》2022 年第 3 期。

翟文豪《清代伊犁將軍的法律地位》,中國政法大學 2022 年碩士學位論文。

李芳《清軍在新疆軍事勝利與〈伊犁條約〉的簽訂》,《新疆地方志》2022 年第 1 期。

劉炳濤《清末新疆電報綫路的建設與管理——以清代吐魯番廳檔案爲中心》,《蘭台世界》2022 年第 8 期。

陳躍《雍乾年間清准議和與劃定遊牧邊界談判》,《西部蒙古論壇》2022 年第 3 期。

石家豪《阿爾泰烏梁海左翼歷史新考》,《西部蒙古論壇》2022 年第 4 期。

吳元丰《清代伊犁索倫營述要》,《清史研究》2022 年第 2 期。

馮吉祥、王建偉、李靜《絲綢之路的歷史文化影響與當代價值探析》,《文化產業》2022 年第 21 期。

王冀青《斯坦因等人在中國幹了些什麽?》,《歷史評論》2022 年第 5 期。

謝振華《隱没的龜兹王：北魏慕容歸事蹟考》，《西域研究》2022 年第 1 期。

邢雲《再論沙陀李氏的崛起》，《史林》2022 年第 5 期。

潘麗婷《敦煌吐魯番所出唐代制誥文書研究》，東華大學 2022 年碩士學位論文。

王志濤《敦煌吐魯番文書所見唐人法律觀念研究》，蘭州大學 2022 年碩士學位論文。

凌福星《武則天時期宰相群體對北疆戰事影響研究》，西南民族大學 2022 年碩士學位論文。

倪建華《唐與薛延陀關係研究》，内蒙古師範大學 2022 年碩士學位論文。

徐漢傑《佛教疑僞經與中古民間社會》，蘭州大學 2022 年博士學位論文。

許凌馨《明代彭澤研究》，蘭州大學 2022 年碩士學位論文。

馬悦《唐代西天山交通與軍防》，上海師範大學 2022 年碩士學位論文。

張慧潔《唐代西州官吏流動研究——以長官、上佐爲例》，上海師範大學 2022 年碩士學位論文。

王卓《唐代伊州屯田與交通研究》，上海師範大學 2022 年碩士學位論文。

王友兵《唐前期宰相出使研究》，四川師範大學 2022 年碩士學位論文。

張俊輝《唐前中期西州主流貨幣的變遷與國家控制》，河北師範大學 2022 年碩士學位論文。

（三）社會文化

李并成《河西青海新疆一帶西王母文化遺存的實地調查與考證》，《石河子大學學報》2022 年第 5 期。

巴哈提·依加漢《乾嘉時期寫往清廷的三封察哈台文求藥信及其反映的文化會通現象》，《清史研究》2022 年第 2 期。

宗世昊、叢振《唐代絲綢之路上的飲宴遊藝與娛樂》，《雲岡研究》2022 年第 1 期。

王子今《"酒"與漢代絲綢之路民族交往》，《西域研究》2022 年第 4 期。

李藝宏、王興伊《吐魯番涉醫文書所見晉唐時期儒家思想及其文化認同研究》，《貴州民族研究》2022 年第 5 期。

郭青《漢、唐、清時期新疆地區與中原地區文化交流研究》，《新疆地方志》2022 年第 1 期。

孫維國《淺析新疆發現的雞形紋樣文物及其文化溯源》，《新疆藝術（漢文）》2022 年第 2 期。

李偉良《西域"孔雀"考論》，《新疆大學學報》2022 年第 4 期。

尚玉平《新疆巴里坤縣清代墓葬出土帉帨的考釋》，《吐魯番學研究》2022 年第 2 期。

楊文博《克孜爾石窟第 224 窟説法圖研究》,《絲綢之路研究集刊》(第八輯),北京:社會科學文獻出版社,2022 年。

劉維玉《新疆地區史前喪葬禮俗中的植物文化初探》,《農業考古》2022 年第 1 期。

張世奇《魏晉十六國時期高昌弓箭文化探析——以阿斯塔那及哈拉和卓墓群出土墓主生活圖爲中心》,《民族文化》2022 年第 3 期。

陸錫興《吐魯番文書中的"尖"》,《中國典籍與文化》2022 年第 3 期。

劉妍、武海龍、蔣洪恩《新疆"胡麻"名實問題研究——兼談"胡麻索"》,《中國科技史雜志》2022 年第 1 期。

白偉《唐代吐魯番居民的麴餅》,《大衆考古》2022 年第 2 期。

孫維國《漫談阿斯塔那墓地出土的月餅及相關問題》,《文物天地》2022 年第 10 期。

余欣《占燈術源流考:德藏吐魯番出土文獻 Ch 1634 發微》,《浙江大學學報》2022 年第 7 期。

余欣《知識、信仰與政治文化:中古時代東西方關於極光的書寫》,《學術月刊》2022 年第 12 期。

石澍生《吐魯番出土蒙學習字文書中的書法教育》,《書法研究》2022 年第 1 期。

劉睿佳、邵新豔《唐代半臂中的肩部拼接與歷史淵源探析》,《絲綢》2022 年第 11 期。

阿迪力·阿布力孜《從出土文物看新疆古代婦女的帔巾》,《文物天地》2022 年第 9 期。

阿迪力·阿布力孜《從出土文物看新疆古代婦女的簪與釵》,《新疆藝術(漢文)》2022 年第 2 期。

石雲濤《域外香料的輸入與中古社會》,《絲路文明》(第七輯),上海:上海古籍出版社,2022 年。

張東民《龜兹壁畫上的甲胄造型分析》,《西部皮革》2022 年第 7 期。

李岱鏈《從肩水金關漢簡看漢代河西地區的飲食習慣》,《河西學院學報》2022 年第 4 期。

楊瀏依《漢晉蜀錦研究——以西域爲中心》,西北大學 2022 年碩士學位論文。

蘇燕《簡析清代新疆民俗文獻中的文化融合現象》,《邊疆經濟與文化》2022 年第 8 期。

佟穎《清代伊犁駐防族群關羽崇拜與戍邊精神的凝結》,《邊疆經濟與文化》

2022 年第 8 期。

肉克亞古麗·馬合木提《中華文化視域下新疆民族文化的研究——以吐魯番出土鳥龍卷草紋刺繡爲例》,《新絲路：中旬》2022 年第 8 期。

郭文芳《吐峪溝石窟壁畫中的坐具研究》,《家俱與室内裝修》2022 年第 4 期。

陳瑞芳《唐代兒童健康問題研究》,西北大學 2022 年碩士學位論文。

劉雅馨《新疆吐魯番——哈密盆地青銅至早期鐵器時代服裝妝飾研究》,西北大學 2022 年碩士學位論文。

余曰檢《草原絲綢之路馬上體育運動岩畫研究》,新疆師範大學 2022 年碩士論文。

（四）宗教

李智君《三至九世紀于闐佛教信仰空間的生産》,《民族研究》2022 年第 5 期。

德吉卓瑪《從龜兹石窟藏文壁文管窺吐蕃佛教的傳入》,《西藏研究》2022 年第 2 期。

武海龍、張海龍《唐代中原與西州佛教之交流——以吐峪溝新出〈唐護法沙門法琳别傳〉殘片爲中心》,《西域研究》2022 年第 1 期。

張放放、杜成輝《唐代北庭地區的佛教寺院和石窟》,《雲岡研究》2022 年第 2 期。

吳正浩《于闐毗沙門天王信仰在内地的傳播——以〈李鍔墓誌〉爲中心的考察》,《石河子大學學報》2022 年第 1 期。

孫伯君《吐峪溝出土西夏文"大手印"法修持儀軌考釋》,《西夏學》2022 年第 2 期。

孫伯君、鄭昊《李惠月及元代河西僧人寫刊佛經史實再考》,《北方民族大學學報》2022 年第 4 期。

孟彦弘《中國國家博物館藏經録考釋》,《中國國家博物館館刊》2022 年第 4 期。

吐送江·依明、阿不杜都日衣木·肉斯台木江《敦煌研究院舊藏〈十業道譬喻故事花環〉殘卷》,《敦煌學輯刊》2022 年第 2 期。

阿依達爾·米爾卡馬力《國家圖書館藏回鶻文〈妙法蓮華經玄讚〉研究》,《西域研究》2022 年第 1 期。

馬小鶴《新見屏南抄本夷偈〈四寂讚〉校釋》,《文史》2022 年第 1 期。

王静《絲綢之路上景教的本土化傳播及其衰落》,《西域研究》2022 年第 3 期。

郜同麟《龍谷大學藏吐魯番道教文獻拾補》,《西域研究》2022 年第 1 期。

劉志《唐代老子經像西傳考——敦煌文化與絲綢之路典範探析》,《世界宗教文化》2022 年第 1 期。

郭益海《從滿文寄信文件看乾隆朝對新疆藏傳佛教的管理》,《西部蒙古論壇》2022 年第 2 期。

閆静遠《敦煌吐魯番出土〈贊僧功德經〉研究》,天水師範學院 2022 年碩士學位論文。

黄婷婷《高昌漢傳佛教净土信仰研究》,新疆師範大學 2022 年碩士學位論文。

郭敬《隋唐佛教監寺制度研究》,《佛學研究》2022 年第 2 期。

龔衍玲《中古時期吐魯番敦煌的祆、佛教信仰——基於粟特人名的探究》,廣州大學 2022 年碩士學位論文。

馬小鶴、汪娟《絲路印度教諸神圖説》,《歐亞學刊》(新十一輯),北京:商務印書館,2022 年。

(五) 語言文字

趙毅、楊維《唐代"西番"詞義考辨》,《唐史論叢》2022 年第 2 期。

黄樓《吐魯番軍事文書所見"陪番人""陪人""隊陪"試釋》,《絲綢之路研究集刊》第八輯,2022 年。

丁愛玲《吐魯番出土契約中"名$_{指人}$+邊"的來源與形成》,《現代語文》2022 年第 2 期。

張世奇《絲綢之路語言文字二題》,《新疆藝術(漢文)》2022 年第 2 期。

賈南南《〈吐魯番出土文書〉介詞研究》,新疆師範大學 2022 年碩士學位論文。

劉莉莎《〈鄭玄辭典〉所收〈論語〉鄭注語詞訓釋校補》,天津師範大學 2022 年碩士學位論文。

陳雨《認知視角下吐魯番出土文獻量詞研究》,新疆師範大學 2022 年碩士學位論文。

(六) 文學

陳宛伶、屈玉麗《古代西域詩歌的文學特徵和文化價值》,《地域文化研究》2022 年第 6 期。

田峰《吐蕃佔領河隴地區與中晚唐時期邊塞詩創作的轉變》,《西藏研究》2022 年第 6 期。

李娜、田峰《唐蕃河隴之爭與高適的邊塞詩》,《邊疆經濟與文化》2022 年第 12 期。

史國强《新見清代流寓烏魯木齊文人西域詩作略述》,《新疆地方志》2022 年第 4 期。

李彩雲、任剛《伊犁流人祁韻士西域風景詩探微——以"天山"和"沙漠"爲例》,《南昌航空大學學報》2022 年第 2 期。

王淑雲、郝青雲《乾嘉時期新疆竹枝詞的詩注研究》,《陰山學刊》2022 年第

1 期。

王天琴《魏晉南北朝涉西域詩研究》,雲南師範大學 2022 年碩士學位論文。

盧貴靈《高適邊塞詩中的軍事智慧》,《文學教育》2022 年第 8 期。

楊樂、郝青雲《清代新疆行旅日記中的自然景觀書寫》,《呼倫貝爾學院學報》
　2022 年第 5 期。

鄒鈺瑩《奇法繪奇景,奇景寓奇情——論岑參邊塞詩之"三奇"及獨特價值》,
　《名作欣賞》2022 年第 18 期。

胡文俊《"文章四友"邊塞詩淺析》,《名作欣賞》2022 年第 21 期。

儲東葉、朱倩《漂泊與還鄉——唐代邊塞詩中游俠、戰士形象之異同》,《名作
　欣賞》2022 年第 27 期。

牛江濤《中西飲酒詩的女性形象比較》,《名作欣賞》2022 年第 2 期。

劉華蘭《鄧纘先西域詩研究》,《文學教育(下)》2022 年第 3 期。

任剛、李彩雲《伊犂流人祁韻士鳥類動物詠物詩初探》,《伊犂師範大學學報》,
　2022 年第 1 期。

(七) 藝術

安康《從文物遺存看古代薩珊佛教藝術的影響》,《文物天地》2022 年第 6 期。

劉韜、夏立棟《吐峪溝西區第 18 窟新見"千手眼大悲像"壁畫考釋》,《文物》
　2022 年第 12 期。

高海燕《龜兹石窟"因緣故事畫"題材及相關問題研究》,《敦煌學輯刊》2022
　年第 1 期。

何芳《試析新疆吐魯番阿斯塔那墓地發現的莊園生活圖及相關問題》,《吐魯
　番學研究》2022 年第 1 期。

何芳《談談新疆吐魯番高昌古城周圍發現的晉唐墓葬壁畫》,《文物鑒定與鑒
　賞》2022 年第 16 期。

任平山《吐峪溝、克孜爾壁畫"毗舍離喪子緣"——兼議龜兹壁畫研究的局限
　與可能》,《藝術探索》2022 年第 5 期。

史忠平《花屏——莫高窟宋、回鶻、西夏蜀葵圖像探究》,《藝術探索》2022 年
　第 6 期。

高秀軍、查娜《關於行道天王圖的幾個問題芻議》,《美術學報》2022 年第
　1 期。

任皎《克孜爾石窟第 38 窟叠澀壁畫研究》,《新疆藝術(漢文)》2022 年第
　5 期。

侯恩霞《克孜爾石窟 163 窟壁畫藝術研究》,《美與時代(上)》2022 年第 7 期。

周菁葆《絲綢之路上的印度琵琶研究》,《音樂文化研究》2022 年第 3 期。

解婷《河西走廊與唐代音樂文化的繁榮》,《新疆藝術(漢文)》2022 年第 5 期。

石澍生《吐魯番出土文獻的書法史價值及其意義》,《國畫家》2022 年第 4 期。

石澍生、楊立凡《"寫經体"考辨》,《中國美術研究》2022 年第 1 期。

魯世傑《從〈審訊王奉仙文書〉看顏真卿行書風格形成的時代背景》,《國畫家》2022 年第 6 期。

武展旭《樓蘭殘紙的發現及其書法價值》,《造紙信息》2022 年第 11 期。

董華鋒《再論吐魯番出土景雲元年聯珠團窠對龍紋綾的淵源》,《吐魯番學研究》2022 年第 1 期。

王樂《唐代緯錦上的立鳥圖案及其源流》,《裝飾》2022 年第 9 期。

呂釗、張越一《高昌回鶻供養人手持花卉圖像研究》,《藝術設計研究》2022 年第 5 期。

肖蓉成、劉韜《德藏吐魯番出土"魔鬼"水墨紙畫研究》,《美成在久》2022 年第 6 期。

穆海麥提艾力·艾尼外爾、朱賀琴《喀什民間鐵器紋飾中的中華文化基因》,《新疆藝術(漢文)》2022 年第 5 期。

胡少東《河西走廊高臺墓室壁畫磚塢堡射鳥圖綫條特點分析》,《河西學院學報》2022 年第 4 期。

許詩堯、王樂《吐魯番出土聯珠大鹿紋錦研究》,《東華大學學報》2022 年第 2 期。

王曉玲《絲綢之路金屬造型藝術考析——以新疆近年出土的金銀器爲中心》,《新疆藝術學院學報》2022 年第 4 期。

魏久志《淺談新疆彩陶文化》,《新疆藝術(漢文)》2022 年第 2 期。

王樂、趙豐《絲綢之路漢唐織物上的獅子紋樣及其源流》,《藝術設計研究》2022 年第 5 期。

李曉《吐魯番墓葬出土織錦聯珠紋對稱圖案中人、物組合研究》,《上海視覺》2022 年第 1 期。

孫志琴、李細珍《絲綢之路視角下新疆出土龜甲紋織物及其工藝研究》,《絲綢》2022 年第 6 期。

黃婷婷《和田地區出土漢唐時期馬圖像研究》,蘭州大學 2022 年碩士學位論文。

王曉雅《絲路新疆段唐西州時期樂舞服飾研究》,四川師範大學 2022 年碩士學位論文。

傅紹磊、鄭興華《烏孫公主與漢唐王昭君形象的嬗變》,《新疆地方志》2022 年第 3 期。

程金城《絲綢之路藝術史綱（上）》，《東方論壇》2022 年第 1 期。

程金城《絲綢之路藝術史綱（下）》，《東方論壇》2022 年第 5 期。

嵇徐《新疆吐魯番地區阿斯塔那 13 號墓〈墓主人生活圖〉源流考》，《美術大觀》2022 年第 8 期。

（八）考古與文物保護

肖小勇、史浩成、曾旭《2019—2021 新疆喀什莫爾寺遺址發掘收穫》，《西域研究》2022 年第 1 期。

劉文鎖、王澤祥、王龍《2021 年新疆吐魯番西旁景教寺院遺址考古發掘的主要收穫與初步認識》，《西域研究》2022 年第 1 期。

任冠、魏堅《2021 年新疆奇台唐朝墩景教寺院遺址考古發掘主要收穫》，《西域研究》2022 年第 3 期。

夏立棟《高昌石窟分期與譜系研究》，《考古學報》2022 年第 2 期。

高春蓮《柏孜克里克石窟價值考》，《炎黃地理》2022 年第 5 期。

田小紅、吳勇、王馨華、段朝瑋《新疆庫車友誼路墓群 2021 年發掘收穫與初步認識》，《西域研究》2022 年第 4 期。

阿里甫江・尼亞孜《新疆塔城托里縣那仁蘇墓地考古發掘與初步認識》，《西域研究》2022 年第 4 期。

田小紅、吳勇，馮志東《新疆奇台石城子遺址 2019 年的發掘》，《考古》2022 年第 8 期。

田小紅、吳勇、馮志東、陳新儒、楊亞寧、徐豐《新疆奇台縣石城子遺址城門區考古發掘報告》，《西部考古》2022 年第 1 期。

任萌、馬健、習通源、王建新《岩畫的考古年代學研究——以新疆巴里坤八墻子岩畫為例》，《文物》2022 年第 10 期。

阿里甫江・尼亞孜、阿力木・阿卜杜、李雙勇《2021 年托里縣引水管綫涉及墓葬考古發掘簡報》，《吐魯番學研究》2022 年第 2 期。

馮玥、李文成、艾濤、夏正楷、張家富、王幼平《新疆塔什庫爾幹縣庫孜滾遺址發掘簡報》，《考古》2022 年第 9 期。

韋正、辛龍、寧琰《民族交融視野下的十六國墓葬》，《中原文物》2022 年第 4 期。

張相鵬等《2018 年尼勒克縣玉什闊滅依村 M1 發掘報告》，《吐魯番學研究》2022 年第 2 期。

郭瑤麗、王新平《2021 年尼勒克縣烏吐蘭墓地考古發掘報告》，《吐魯番學研究》2022 年第 2 期。

田小紅、吳勇、徐佑成、馮京《2021 年度新疆古樓蘭交通與古代人類村落遺蹟補充調查簡報》,《吐魯番學研究》2022 年第 2 期。

仵婷《新疆吐魯番鄯善縣蘇貝希石窟 2021 年調查簡報》,《絲綢之路研究集刊》(第八輯),北京:社會科學文獻出版社,2022 年。

王永強、艾合買提·牙合甫、郝園林、張奮强、王藝霖、張傑、陳新儒、劉玉生《新疆哈密市烏蘭布魯克遺址考古發掘簡報》,《吐魯番學研究》2022 年第 2 期。

陳意《新疆拉甫卻克古城調查略述》,《吐魯番學研究》2022 年第 2 期。

阮秋榮《新疆伊犁河谷發現的豎穴石室墓試析》,《吐魯番學研究》2022 年第 2 期。

党志豪《塔里木盆地北緣漢唐時期城址的發現與研究評述》,《吐魯番學研究》2022 年第 2 期。

張傑、黃奮《新疆十户窯墓群的發掘與認識》,《吐魯番學研究》2022 年第 2 期。

米熱吉古麗·瓦哈甫《古墓守護者:以新疆吐魯番阿斯塔那墓葬出土的鎮墓獸爲例》,《新疆人文地理》2022 年第 3 期。

韓建業《關於中國的銅石並用時代和青銅時代——從新疆的考古新發現論起》,《西域研究》2022 年第 3 期。

蘆永秀、董廣輝《西北不同降水區域新石器至青銅時代人類活動與環境變化的關係》,《人類學學報》2022 年第 4 期。

董惟妙、安成邦、于建軍、陳曉露《新疆阿勒泰地區青銅——早期鐵器時代居民生業模式研究——以骨骼同位素爲依據》,《西域研究》2022 年第 1 期。

孫暢、文少卿、張夢翰、李肖、任曉瑩、管海娟,韓康信、熊建雪、萬雪嬌、譚婧澤《新疆察吾呼墓地出土人骨的顱骨測量學研究》,《西域研究》2022 年第 2 期。

賀樂天、王永強、魏文斌《新疆哈密拉甫卻克墓地人的顱面部測量學特徵》,《人類學學報》2022 年第 6 期。

王安琦、張全超、朱永明《新疆和静縣巴音布魯克機場墓葬群出土人骨研究》,《邊疆考古研究》2022 年第 1 期。

阿里甫江·尼亞孜、哈力買買提、朱永明、白雪懷、阿力木·阿卜杜《沙灣縣加爾肯加尕墓群考古發掘報告》,《吐魯番學研究》2022 年第 2 期。

田多、馬健、王建新、趙志軍《新疆巴里坤石人子溝遺址 III F1 出土植物遺存分析》,《考古與文物》2022 年第 5 期。

李敬朴、胡興軍、王博、蔣洪恩、石丹姝、楊益民、韓賓《新疆出土唐代葫蘆的有機殘留物分析》,《中國科技史雜誌》2022 年第 4 期。

楊詩雨、張群、王龍、張全超《新疆吐魯番勝金店墓地人骨的牙齒微磨耗》,《人類學學報》2022 年第 2 期。

王棟、温睿、朱瑛培、胡興軍、李文瑛《新疆尉犁縣營盤墓地出土夾金屬鋁箔玻璃珠研究》,《考古與文物》2022 年第 4 期。

王安琦、張雯欣、鄒梓寧、王龍、張全超《新疆吐魯番加依墓地的母嬰合葬現象》,《人類學學報》2022 年第 1 期。

劉豔、于建軍、楊軍昌、李文瑛《與地中海世界的遠距離聯繫——新疆阿勒泰地區東塔勒德墓地出土山毛櫸果造型的黄金垂飾研究》,《絲綢之路研究集刊》(第八輯),北京:社會科學文獻出版社,2022 年。

生膨菲、田小紅、吴勇《新疆奇台石城子遺址出土炭化植物遺存研究》,《西域研究》2022 年第 2 期。

董寧寧、孫晨、田小紅、吴勇、袁婧《新疆奇台石城子遺址的動物資源利用》,《西域研究》2022 年第 2 期。

馬田、田小紅、吴勇、生膨菲《新疆奇台石城子遺址發現漢代絲綢研究》,《西域研究》2022 年第 4 期。

田小紅、吴勇《石城子遺址出土瓦當初步研究》,《西部考古》2022 年第 1 期。

焦陽《新疆地區出土覆面研究》,《考古與文物》2022 年第 5 期。

鄭華寧《龜兹"龍馬文化"淺析》,《東方收藏》2022 年第 10 期。

楊殿剛《河西走廊魏晉十六國墓葬壁畫中虎圖像考釋》,《文物鑒定與鑒賞》2022 年第 17 期。

楊瑾《胡漢交融視角下唐代披袍女俑形象新探》,《中原文物》2022 年第 1 期。

阿不來提·賽買提《葡萄·美酒 新疆地區發現的葡萄類文物》,《大衆考古》2022 年第 3 期。

牛耕《新疆巴音郭楞考古發現的帶扣研究》,《美術大觀》2022 年第 7 期。

朱之勇、王赫、陳鵬、明德·吉達西、艾合買提·牙合甫、馬健《新疆哈密七角井細石器遺址石製品研究》,《西域研究》2022 年第 3 期。

阿不來提·賽買提《器蘊才華——記幾件新疆出土的"文房四寶"》,《文物鑒定與鑒賞》2022 年第 12 期。

王樾《新疆吐魯番盆地所見的薩珊王朝銀幣及其使用問題》,《上海博物館集刊》,上海:上海書畫出版社,2022 年。

郭豔榮《從考古發現看早期吐魯番盆地居民飲食》,《吐魯番學研究》2022 年第 2 期。

麗娜《淺談新疆地區出土導尿器》,《吐魯番學研究》2022 年第 2 期。

于子軒《"回紇可汗銘石立國門"——塞夫列碑的年代》,《唐研究》(第 27

卷），北京：北京大學出版社，2022 年。

段朝瑋《阿勒泰地區哈巴縣喀拉蘇墓地出土金箔飾品實驗室提取與修復保護》，《文物鑒定與鑒賞》2022 年第 18 期。

楊傑《龜兹石窟壁畫保護修補材料脱鹽研究》，《文物鑒定與鑒賞》2022 年第 10 期。

楊文宗、顧文婷、李倩、王佳《吐谷渾慕容智墓〈門樓圖〉壁畫的科學保護與修復》，《文物保護與考古科學》2022 年第 3 期。

孟楷《吐魯番石窟保護現狀與數字化對策分析》，《2022 社會發展論壇（貴陽論壇）論文集（一）》，2022 年。

馬葉楨《新疆喀什地區博物館藏紡織品保護修復》，《文物天地》2022 年第 6 期。

楊傑《科技考古學在龜兹石窟研究中的應用》，《東方收藏》2022 年第 8 期。

劉韜《庫木土喇石窟千手眼大悲像再探——以伯希和探險隊拍攝編號 AP7086 歷史照片爲中心》，《藝術設計研究》2022 年第 3 期。

米熱吉古麗·瓦哈甫《淺談幾件新疆出土的"葡萄"元素文物》，《文物鑒定與鑒賞》2022 年第 7 期。

謝筱溦《淺談新疆克孜爾石窟第 114 窟菱形本生畫局部現狀臨摹》，《東方收藏》2022 年第 6 期。

劉韜、夏立棟《吐峪溝西區第 18 窟新見"千手眼大悲像"壁畫考釋》，《文物》2022 年第 12 期。

陳玉珍《吐魯番博物館藏狩獵紋印金緙絲的研究與修復》，《吐魯番學研究》2022 年第 1 期。

陳佳慧《中國新疆地區出土箜篌的仿製實驗》，《當代音樂》2022 年第 1 期。

宋會宇、康曉静《新疆尼雅遺址一號墓地 M3 出土紅色毛褐刺繡幾何紋短勒氈靴實體復原研究》，《吐魯番學研究》2022 年第 2 期。

牛功青《新疆塔城地區博物館藏清頂戴花翎的科技分析與保護修復》，《吐魯番學研究》2022 年第 2 期。

王烈成《早期鐵器時代吐魯番地區的生産作業發展狀況分析》，《西部學刊》2022 年第 5 期。

熱娜古麗·玉素甫《東天山地區史前墓葬研究》，西北大學 2022 年博士學位論文。

張麗卉《莫高窟第 464 窟營建年代新論》，蘭州大學 2022 年碩士學位論文。

由森《吐魯番加依墓地古代人群牙齒殘留物的澱粉粒分析》，吉林大學 2022 年碩士學位論文。

王安琦《新疆吐魯番加依墓地青銅早期至鐵器時代人骨研究》,吉林大學 2022 年博士學位論文。

許婧《晉唐時期東天山地區彩繪陶器研究》,蘭州大學 2022 年碩士學位論文。

（九）少數民族歷史語言

范晶晶《對一件于闐語税收文書的考釋》,《西域研究》2022 年第 3 期。

張湛《一件 8 世紀後半于闐語房産抵押契約釋讀》,《西域研究》2022 年第 3 期。

王丁《粟特語高昌延相買婢契補考》,《國學學刊》2022 年第 3 期。

羅丰、謝泳琳《三方粟特人墓誌考釋——兼論唐代洛陽粟特人的婚姻與居地》,《唐史論叢》2022 年第 2 期。

李剛《吐魯番新獲回鶻文書探究》,《敦煌學輯刊》2022 年第 2 期。

阿布力克木·阿布都熱西提《地名所反映的多民族交往交融史——新疆多種語地名義考》,《西部蒙古論壇》2022 年第 4 期。

姚三鋼、高健《清代回疆地區方志研究》,《新疆地方志》2022 年第 3 期。

馬建春、李蒙蒙《元代高麗回回人史事補闕》,《西域研究》2022 年第 4 期。

王啟明《清前期回疆的水稻種植》,《中國歷史地理論叢》2022 年第 2 期。

萬瑪項傑《吐魯番出土藏譯本〈摩利支天經〉謄寫年代及其版本研究》,《吐魯番學研究》2022 年第 1 期。

德吉卓瑪《吐蕃佛教與吐火羅——對龜兹石窟藏文壁文的譯解》,《吐魯番學研究》2022 年第 1 期。

陳古目草《吐魯番出土粟特史料文獻研究——以"曹""何"二姓爲中心》,西南民族大學 2022 年碩士學位論文。

武紫璇《吐魯番出土粟特史料文獻研究——以"安""史"二姓爲中心》,西南民族大學 2022 年碩士學位論文。

白田麗《吐魯番出土回鶻式蒙古文木刻文獻的語言研究》,内蒙古師範大學 2022 年碩士學位論文。

（十）古籍

任占鵬《〈九九乘法歌〉的傳播與演變——以出土文獻爲中心》,《閩南師範大學學報》2022 年第 3 期。

杜澤遜《跋吐魯番出土六朝寫本〈毛詩·隰桑〉殘片》,《文史》2022 年第 3 期。

尤澳《旅順博物館藏吐魯番蒙書敍録與綴合》,《尋根》2022 年第 2 期。

閆静遠《敦煌吐魯番出土〈讚僧功德經〉研究》,天水師範學院 2022 年碩士學位論文。

（十一）科技

王興伊《日本出土的"西州續命湯方"木簡醫方傳承考辨》,《中醫藥文化》2022 年第 3 期。

趙雅琛、王興伊《〈佛説痔病經〉文獻考述兼中印醫學文化交流》,《圖書館雜誌》2022 年第 7 期。

劉妍、顧漫、陳濤、王炳華、蔣洪恩《從植物遺存看古代新疆大麻的認識和利用》,《中國科學院大學學報》2022 年第 4 期。

劉揚、後亞梅、包蕾《鄂爾多斯烏蘭木倫遺址石器工業及其文化意義》,《考古學報》2022 年第 4 期。

牛功青《新疆維吾爾自治區博物館藏土爾扈特銀印金屬成分及鑄造工藝研究》,《文物天地》2022 年第 5 期。

劉錦增《清代新疆銅礦開採研究》,《中國邊疆史地研究》2022 年第 4 期。

董永強、辛佳岱《論中國古代的第三種日界——以陝西出土的西魏北周造像碑爲例》,《自然辯證法研究》2022 年第 2 期。

（十二）書評與學術動態

榮新江《段晴等著〈中國國家圖書館藏西域文書·梵文、佉盧文卷〉》,《敦煌吐魯番研究》(第 21 卷),上海:上海古籍出版社,2022 年。

榮新江《段晴、才洛太〈青海藏醫藥文化博物館藏佉盧文尺牘〉》,《敦煌吐魯番研究》(第 21 卷),上海:上海古籍出版社,2022 年。

榮新江《段晴〈中國國家圖書館藏西域文書——于闐語卷〉(一)》,《敦煌吐魯番研究》(第 21 卷),上海:上海古籍出版社,2022 年。

榮新江《羅帥〈絲綢之路南道的歷史變遷〉序》,《絲路文明》(第七輯),上海:上海古籍出版社,2022 年。

曾潤《〈唐尚書省右司郎官考〉補訂》,《國學學刊》2022 年第 4 期。

劉屹《〈アジア仏教美術論集·東アジアⅡ·隋·唐〉》,《敦煌吐魯番研究》(第 21 卷),上海:上海古籍出版社,2022 年。

易丹韻《〈アジア仏教美術論集·中央アジアⅠ·ガンダーラ～東西トルキスタン〉》,《敦煌吐魯番研究》(第 21 卷),上海:上海古籍出版社,2022 年。

孟彦弘《散藏吐魯番文書的蒐集、釋録與研究——讀〈吐魯番出土文獻散録〉》,《西域研究》2022 年第 4 期。

劉拉毛卓瑪《由活化石到活歷史——讀楊富學著〈霞浦摩尼教研究〉》,《蘭州文理學院學報》2022 年第 5 期。

張曉燕《新疆方志整理的開拓與貢獻——評郭院林主編〈清代新疆政務叢

書〉》,《新疆地方志》2022 年第 2 期。

王川《馬政演變史凸顯的歷史唯物主義——〈明清西北馬政研究〉論衡》,《青海民族大學學報》2022 年第 2 期。

韓樹偉、梁鷹《中古契約史研究的重要成果——讀〈中國古代契約發展簡史〉》,《檔案》2022 年第 5 期。

呂恩國《一部值得珍藏的學術著作：劉學堂著〈絲路彩陶天山卷〉評介》,《吐魯番學研究》2022 年第 1 期。

牟學林《唐代西域戰略的展開邏輯——張安福〈天山廊道軍鎮遺存與唐代西域邊防〉評述》,《吐魯番學研究》2022 年第 1 期。

王朝陽、楊富學《新世紀初歐洲學術界對回鶻文佛教文獻的研究》,《吐魯番學研究》2022 年第 1 期。

許建英、劉敏《清代統一新疆後及民國時期新疆蒙古族歷史研究述論》,《西部蒙古論壇》2022 年第 4 期。

張向先、李世鈺、沈旺、張承坤、王宇《數字人文視角下敦煌吐魯番醫藥文獻知識組織研究》,《圖書情報工作》2022 年第 22 期。

［日］齊藤茂雄著、朱振宏譯《突厥〈阿史那感德墓誌〉譯註考——唐朝羈縻統治下突厥集團的特徵》,《唐史論叢》2022 年第 2 期。

張焱、李楓《敦煌吐魯番醫藥文獻海外傳播與譯介研究》,《中醫藥文化》2022 年第 3 期。

郝春文《朱雷先生二三事》,《敦煌吐魯番研究》（第 21 卷）,上海：上海古籍出版社,2022 年。

王素《風獨溫如玉　文章穩若山——緬懷朱雷先生》,《敦煌吐魯番研究》（第 21 卷）,上海：上海古籍出版社,2022 年。

魏斌《絳帳秋濃人已遠——回憶從學朱雷先生的經歷》,《敦煌吐魯番研究》（第 21 卷）,上海：上海古籍出版社,2022 年。

周昊宇《數字人文視閾下的敦煌吐魯番文獻數字化傳播研究》,四川省社會科學院 2022 年碩士學位論文。

2022 年日本敦煌學研究論著目録

林生海（安徽師範大學）

一、著　　書

草野友子,中国新出土文獻の思想史的研究: 故事・教訓書を中心として,汲古書院,2022 – 01

荒川正晴（編）,中華世界の再編とユーラシア東部: 四~八世紀,岩波書店,2022 – 01

夏鼐,夏正楷（編）,李宇玲（訳）,シルクロード考古学研究,グローバル科学文化出版,2022 – 01

帝京大学文化財研究所（編）,シルクロード学研究會: 資料集,帝京大学文化財研究所,2022 – 01

伊藤美重子,敦煌文書にみる民間文藝,汲古書院,2022 – 01

田中公明,仏菩薩の名前からわかる大乗仏典の成立,春秋社,2022 – 01

関尾史郎（編）,2015 年度敦煌仏爺廟湾: 新店台墓群出土鎮墓瓶銘（鎮墓文）集成: 附 2015 年度敦煌仏爺廟湾一新店台墓群/2019 年度張掖甘州黒水国墓群出土鎮墓瓶一覧,NakazatoLabo,2022 – 02

田林啓,敦煌美術東西交界史論,中央公論美術出版,2022 – 02

荒井経、藤森聡子,東京藝術大学と敦煌研究院: 交流の37 年とこれから,東京藝術大学美術学部,2022 – 03

荒見泰史,敦煌と東アジアの信仰: 第 1 册埋蔵資料研究編,敦煌學プロジェクト研究センター出版,2022 – 03

高井龍,敦煌講唱體文獻研究: 寫本時代の文學と佛教,朋友書店,2022 – 03

荒見泰史、松尾恒一、桂弘、梁晨静,敦煌と東アジアの信仰: 第 2 册民俗資料調査研究編,敦煌學プロジェクト研究センター出版,2022 – 03

佐藤有希子,毘沙門天像の成立と展開,中央公論美術出版,2022 – 03

熊坂聡美,雲岡石窟中小窟龕の展開装飾・空間・工人,法藏館,2022 – 03

辻正博（編）,中国前近代の関津と交通路,京都大学学術出版會,2022 – 03

木俣元一、近本謙介（編）,宗教遺産テクスト学の創成,勉誠出版,2022 – 03

Macdonald Ariane,今枝由郎（要訳）、西田愛（協力）,古代チベットの王権論とソンツェン・ガンポの宗教,京都大学人文科学研究所,2022 – 03

稲葉穣,イスラームの東・中華の西:七~八世紀の中央アジアを巡って,臨川書店,2022－04

亀山忠夫,シルクロード:悠久の歴史を貫くユーラシア、遥かなるその世界をめぐる,22 世紀アート,2022－05

椎名誠,シルクロード・楼蘭探検隊,産業編集センター,2022－05

吉田豊,ソグド語文法講義,臨川書店,2022－08

武田科学振興財団杏雨書屋(編),杏雨書屋の宗教文獻:『敦煌秘笈』『磧砂版大蔵経目録』とその周辺,武田科学振興財団,2022－10

譚蝉雪,麻麗娟(訳),中国中世の服飾,中国書店,2022－10

新見まどか,唐帝国の滅亡と東部ユーラシア:藩鎮体制の通史的研究,思文閣出版,2022－12

二、論　　文

1. 政治・地理

松浦典弘,唐宋時代における僧侶の旅と交通:過所・公験・公憑,辻正博(編)『中国前近代の関津と交通路』,京都大学学術出版會,2022－03

中田裕子,回鶻路と安史の乱,世界仏教文化研究論叢 60,1－18,2022－03

菅沼愛語,降嫁が成立しなかった和蕃公主の事例に見る唐代の外交関係,古代文化 74(1),53－65,2022－06

佐川英治,嘎仙洞石刻祝文にみる北魏王権の多元性:天子・皇帝・可汗・太平真君の称號をめぐって,東洋史苑(96),1－14,2022－09

高村武幸,地域・官署による簡牘形状の違い:敦煌漢簡「両行」簡を中心に,東洋学報 104(3),1－35,2022－12

森安孝夫,西ウイグル王国とシルクロードの繁栄,Eunarasia Q 23,2－17,2022－12

2. 社會・經濟

影山悦子,中華におけるソグド人の生活・文化:墓葬資料から探る,荒川正晴(編)『中華世界の再編とユーラシア東部 4—8 世紀』,岩波書店,239－240,2022－01

下倉渉,敦煌書儀はかく語る:婚礼史上の"唐宋変革",小浜正子、板橋暁子(編)『東アジアの家族とセクシュアリティ:規範と逸脱』,京都大学学術出版會,2022－02

吉田豊,イラン語文獻に見えるシルクロードの女性の生活:シルクロード交易と関連して,Eunarasia Q 21,16－29,2022－03

森部豊,シルクロードの要、ソグドの人びと,K(3),10－15,2022－03

森安孝夫,胡姫はペルシア人ではなくソグド人の女性,Eunarasia Q 21,4－15,2022－03

荒見泰史,唐五代敦煌における正月の燃燈儀禮,敦煌寫本研究年報 16,61－82,2022－03

荒見泰史,通渭社火：中国農村の正月儀礼と燃灯儀礼についての一考察,アジア社會文化研究 23,21－41,2022－03

福島恵,賜姓ソグド人李準の生涯：「李準墓誌」(貞元十年(七九四))考察,学習院史学(60),59－79,2022－03

3. 法律・制度

竇懷永,幸存者偏差與唐代避諱觀察：唐代避諱複雜性表現之一種,敦煌寫本研究年報 16,1－25,2022－03

張栄強、張慧芬,石野智大(翻訳),新疆吐魯番新出の唐代貌閲文書について,明大アジア史論集(26),31－48,2022－03

岡野誠,唐代における王命と常典(上)：唐断獄律第十八條の検討を中心として,法律論叢 94(6),1－45,2022－03

岡野誠,唐代における王命と常典(下)：唐断獄律第十八條の検討を中心として,法律論叢 95(1),1－56,2022－07

4. 語言・文學

海野洋平,敦煌写本 P.2178vの「然灯文」(燃灯文)史料：誦記の実況を歷々と伝える好事例,集刊東洋学(126),83－102,2022－01

西一夫,萬葉集と敦煌関連資料：書儀と類書,第 17 回若手研究者支持プログラム「萬葉集巻十六を読む」報告集,20－33,2022－02

大西磨希子,五月一日經『寶雨經』補正：書寫次第の再檢討,敦煌寫本研究年報 16,45－60,2022－03

富嘉吟,重論《古逸叢書》本《玉燭寶典》之底本,敦煌寫本研究年報 16,113－126,2022－03

山本孝子,P.3864「(擬)刺史書儀」「吊儀」小考：書儀の成書過程の解明を目指して,敦煌寫本研究年報 16,97－112,2022－03

山本孝子,『五杉練若新学備用』巻中に見る応之の書儀編纂態度,アジア社會文化研究 23,43－59,2022－03

高田時雄,日本における切韻の消滅,中国典籍日本古写本の研究 7,京都大學人文科學研究所,6－8,2022－03

高井龍,「頻婆娑羅王后宮綵女功德意供養塔生天因緣變」初探,敦煌寫本研

究年報 16,83－96,2022－03

荒見泰史,霓裳羽衣雑感,木俣元一、近本謙介(編)『宗教遺産テクスト学の
　創成』,勉誠出版,167－193,2022－03

孙士超,敦煌文獻在日本漢诗文整理研究中的价值:以《经国集》對策文的整
　理研究爲例,中国古典文学研究:広島大学中国古典文学プロジェクト研
　究センター年報(18),44－55,2022－03

海野洋平,敦煌写本 P.3541の「斎文」(齋文)史料:P.2547『斎琬文』との相異
　の検証を中心に,歴史 139,23－50,2022－10

5. 宗教・思想

三谷真澄,仏典における「鬼」,世界鬼学會會報 26,25(2),2022－03

劉丹,敦煌出土未修本《十誦律》再探,敦煌寫本研究年報 16,27－43,
　2022－03

荒見泰史,敦煌の西王母信仰と唱導,古代学研究所紀要 31,45－55,2022－03

王若賓,円暉『楞伽経疏』の教学的特徴について,印度學佛教學研究 70(2),
　870－867,2022－03

牧野淳司,延慶本『平家物語』にある道宣律師の物語について(続論):敦煌
　の「隋淨影寺沙門惠遠和尚因縁記」を視野に入れた考察,古代学研究所紀
　要 31,23－31,2022－03

清水真澄,水月観音再考:敦煌から鎌倉禅林への道,三井美術文化史論集
　(15),3－9、11－50,2022－03

荒川正晴,人物から見た世界歴史(4)玄奘:大唐帝国の創成期を彩る求法
　僧,図書(880),14－17,2022－04

本井牧子,『日本霊異記』と仏教類書:『金蔵論』を中心として,佛教文学
　(47),17－28,2022－04

イサンミン,佐藤厚(訳),地論学派の法界縁起:敦煌出土地論文獻 S.4303を
　中心に,東アジア仏教研究(20),227－247,2022－12

荒見泰史,風神雷神さまへの8つの質問,2021 実施状況報告書,平山郁夫美
　術館,2022－12

清水真澄,松ヶ岡文庫観音菩薩坐像と水月観音:敦煌から鎌倉禅林への道,
　公益財団法人松ヶ岡文庫研究年報(36),67－82,2022

6. 考古・美術

趙燕林,敦煌石窟「三兎共耳」図像の比較研究,比較民俗研究(36),111－
　122,2022－03

濱田瑞美,唐五代敦煌莫高窟の窟本尊と龕内壁画について,木俣元一、近本

謙介(編)『宗教遺産テクスト学の創成』,勉誠出版,2022 - 03

影山悦子,ウズベキスタン南部ファヤズテパ遺蹟出土初期仏教壁画について,木俣元一、近本謙介(編)『宗教遺産テクスト学の創成』,勉誠出版,2022 - 03

檜山智美,西魏時代の敦煌莫高窟に見られる習合的図像表現について：第二四九・二八五窟の壁画に見られる「ハイブリッド・イメージ」を中心に,木俣元一、近本謙介(編)『宗教遺産テクスト学の創成』,勉誠出版,2022 - 03

平法子,先導する「崑崙奴」の図像的役割について：敦煌維摩経変相図の世俗人物群像を中心に,仏教芸術(8),53 - 74,2022 - 08

閻志翔,敦煌莫高窟第323窟と大乗菩薩戒の実践：東壁誓願画と南北壁菩薩列像を手がかりとして,仏教芸術8,33 - 52,2022 - 08

小谷仲男,スマーガダー女の請仏説話図：ガンダーラ彫刻とキジル千仏洞壁画,東洋学術研究61(2),300 - 344,2022 - 11

7. 文書・譯註

小助川貞次,唐鈔本古文尚書の本文と訓点の問題,富山大学人文学部紀要76,55 - 67,2022 - 02

玄幸子,敦煌文書の世界に『冥報記』は存在したか,敦煌寫本研究年報16,127 - 136,2022 - 03

王若賓,唐中大雲寺円暉撰『楞伽経疏』の研究：フランス国立図書館所蔵敦煌写本P.2198の翻刻,龍谷大学佛教学研究室年報26,55 - 76,2022 - 03

佐藤智水、北村一仁,北斉天保三年「魏蛮等造菩薩立像記」：録文および校注,Museum(697),27 - 39,2022 - 04

門田明,敦煌一棵樹烽隧出土漢代簡牘(08dh - 3簡)釈文補考,書法漢學研究(31),1 - 6,2022 - 07

森部豊(翻訳),陳寅恪『唐代政治史述論稿』：「上篇　統治階級之氏族及其升降」訳注稿(2),関西大学東西学術研究所紀要55,245 - 265,2022 - 07

丸山裕美子,シンポジウムⅢ東アジア比較古文書学の可能性,東方学會報(122),16 - 18,2022 - 07

小松謙、井口千雪、大賀晶子、川上萌実、孫琳淨、田村彩子、永井もゆ、藤田優子、宮本陽佳,「漢將王陵變」訳注(1),京都府立大学学術報告(74),1 - 55,2022 - 12

井口千雪、大賀晶子、川上萌美、小松謙、孫琳淨、田村彩子、永井もゆ、藤田優子、宮本陽佳,「漢將王陵變」訳注(2),和漢語文研究(20),164 - 188,

2022－12

東野治之,加点のある敦煌本『大乗起信論』残巻：恭仁山荘善本箚記(2),杏
　雨(25)120－131,2022

梶山智史,稀見北朝墓誌輯録(五),東アジア石刻研究9,102－139,2022

　　8. 動向・調査

程正,敦煌禪宗文獻研究の現在,国際禅研究8,33－50,2022－01

三谷真澄,旅順博物館所蔵の写本資料と大谷探検隊,佛教學研究77・78,
　63－85,2022－03

片山章雄,西域を読み解く(第4回)大谷探検隊における出発の力学,K
　(3),58－63,2022－03

片山章雄,第三次大谷探検隊員橘瑞超の助手ホッブズの報道数点,東海史学
　(56),81－86,2022－03

片山章雄,西域を読み解く(第5回)第一回探検隊の新疆調査とその前後,K
　(4),54－59,2022－09

白須净真,清国外務部の第二次大谷隊(1908—1910)への護照発給とその関
　係檔案の紹介：1908(光緒34)年時の護照発給事例から垣間見る外務部
　官制と外務部の意思決定,東洋史苑(96),1－37,2022－09

白須净真,清国の檔案資料が語る第二次大谷隊(1908—1910)の当初の計画
　(上)在清国公使・林権助の公信,清国・外務部発給の護照,清国・新疆
　省の檔案との相関,竜谷史壇(155),1－24,2022－09

程正,旅順博物館藏吐魯番漢文文獻から發見された禪籍について(1),駒澤
　大學禪研究所年報34,254－236,2022－12

　　9. 書評・介紹

石野智大,山根清志著『唐王朝の身分制支配と「百姓」』,史学雑誌131(2),
　217－225,2022－02

西村陽子,中国史に関連する古気候研究の現状と課題：葛全勝等『中国歴朝
　気候変化』,史苑82(2),170－176,2022－03

岩本篤志,小野響著『後趙史の研究』,古代文化73(4),603－605,2022－03

塩沢裕仁,氣賀澤保規編著『隋唐洛陽と東アジア：洛陽学の新地平』,史学雑
　誌131(4),492－499,2022－04

大清水裕,井上文則著『シルクロードとローマ帝国の興亡』,史林105(4),
　613－614,2022－07

堀井裕之,林美希著『唐代前期北衙禁軍研究』,唐代史研究(25)231－241,
　2022－08

河野保博,辻正博編『中国前近代の関津と交通路』,唐代史研究(25),297－307,2022－08

坂尻彰宏,土肥義和著『燉煌文書の研究』後篇(帰義軍期),唐代史研究(25)191－199,2022－08

三谷芳幸,土肥義和著『燉煌文書の研究』前篇(第一部均田制),唐代史研究(25),181－189,2022－08

菅沼愛語,平田陽一郎著『隋唐帝国形成期における軍事と外交』,唐代史研究(25),243－250,2022－08

角山典幸,氣賀澤保規編著『隋唐洛陽と東アジア：洛陽学の新地平』,唐代史研究(25),269－278,2022－08

北村一仁,辻正博編『中国前近代の関津と交通路』,史学雑誌131(11),1786－1794,2022－11

10. 學者・其他

周霞,井上靖『敦煌』と関連文献との比較：李元昊の西夏王国をめぐって,岡大国文論稿(50),159－174,2022－03

長谷部剛,林謙三：東アジア音楽資料アーカイブスの構築,KU-ORCAS が開くデジタル化時代の東アジア文化研究：オープン・プラットフォームで浮かび上がる、新たな東アジアの姿,関西大学アジア・オープン・リサーチセンター,131－139,2022－03

高田時雄,藤田豊八と草創期敦煌學,敦煌寫本研究年報16,137－154,2022－03

『石見清裕教授略歴・業績』,学術研究：人文科学・社會科学編70,379－382,2022－03

淺見洋二,追悼村上哲見先生,東方學144,131－133,2022－07

山田哲久,井上靖『敦煌』論：避難説と廃棄説の共存,文学・語学(235),24－36,2022－08

祝田秀全,「シルクロード」の意外な歴史,歴史街道(413),103－107,2022－09

松岡久美子,大英図書館と私：29年間を振り返って,レコード・マネジメント,83,64－73,2022－11

《2021 年日本敦煌學研究論著目録》增補

赤木崇敏,カラホト文書,アジア遊学(256),68－73,2021－05

高井龍,「佛圖澄和尚因緣記」小考,學林(72),50－66,2021－06

荒見泰史,敦煌文獻より見た唐五代の女性を取り巻く社會環境：戦乱時代における文学の変化を中心として,野世英水、加藤斗規(編)『近代東アジアと日本文化』,銀河書籍,505－548,2021－07

広井忠男,シルクロードの微笑仏,円空研究(35),27－29,2021－07

池平紀子,遊佐昇著『唐代社會と道教』,東方宗教(135),90－95,2021－07

関尾史郎,河西魏晋・〈五胡〉墓出土図像資料(磚画・壁画)目録補遺/河西魏晋・〈五胡〉墓出土鎮墓瓶銘(鎮墓文)集成補遺,NakazatoLabo,2021－09

荒見泰史,敦煌文獻から見た玄奘三蔵,佐久間秀範、近本謙介、本井牧子(編)『玄奘三蔵：新たなる玄奘像をもとめて』,勉誠出版,352－386,2021－12

史睿,波多野由美子、矢越葉子(訳),敦煌写経の年代判定と書法史,古代学研究所紀要(31),1－21,2021

小松謙,「金剛醜女因縁」訳注(三),和漢語文研究 19,196－222,2021

東野治之,富岡謙蔵自筆『敦煌莫高窟秘本一神論残巻』(新杏二三四〇),杏雨(25),169－175,2021

1931—2022 年粟特學研究論著目録

韓樹偉（敦煌研究院）

近九十年來,粟特學研究成果顯著。據不完全統計,發表論文 342 篇、出版著作 57 部。因筆者研究旨趣所在,故對其作一歸納與梳理,亦便於學界同仁查閱。論文根據研究内容分爲六個部分：研究概述、歷史文化、語言文字、宗教藝術、粟特錢幣、學術動態。下面分著作、論文兩部分,按照論著發表的時間排序,同一作者的論著集中排序,學位論文置於文末。因筆者學識有限,不免挂一漏萬,祈請方家批評指正。

一、著　作

萬斯年輯譯《唐代文獻叢考》,北京：商務印書館,1957 年。

馮承鈞譯《西域南海史地考證譯叢八編》,北京：中華書局,1958 年。

中國民族古文字研究會編《中國民族古文字》,天津：天津古籍出版社,1982 年。

新疆人民出版社編《新疆歷史論文續集》,烏魯木齊：新疆人民出版社,1982 年。

中國錢幣學會編《中國錢幣論文集》第六輯,北京：中國金融出版社,1985 年。

敦煌文物研究所編《1983 年全國敦煌學術討論會文集：文史·遺書編》上册,蘭州：甘肅人民出版社,1987 年。

中國民族古文字研究會編《中國民族古文字圖録》,北京：中國社會科學出版社,1990 年。

［日］藤枝晃著,翟德芳、孫曉琳譯《漢字的文化史》,北京：知識出版社,1991 年。

劉俊文主編《日本學者研究中國史論著選譯》第九卷《民族交通卷》,北京：中華書局,1993 年。

馬大正、王嶸、楊鐮主編《西域考察與研究》,烏魯木齊：新疆人民出版社,1994 年。

姜伯勤《敦煌吐魯番文書與絲綢之路》,北京：文物出版社,1994 年。

姜伯勤《姜伯勤自選集》,廣州：中山大學出版社,2015 年。

孟凡人《樓蘭鄯善簡牘年代學研究》,烏魯木齊：新疆人民出版社,1995 年。

林梅村《西域文明：考古、民族、語言和宗教新論》,北京：東方出版社,

1995 年。

林梅村《漢唐西域與中國文明》,北京: 文物出版社,1998 年。

羅豐《固原南郊隋唐墓地》,北京: 文物出版社,1996 年。

[日] 池田温《唐研究論文選集》,北京: 中國社會科學出版社,1999 年。

楊富學、楊銘主編《中國敦煌學百年文庫·民族卷》,蘭州: 甘肅文化出版社,
　　1999 年。

劉戈《回鶻文契約文書初探》,臺北: 五南圖書出版有限公司,2000 年。

柳洪亮主編《吐魯番新出摩尼教文獻研究》,北京: 文物出版社,2000 年。

[英] 斯坦因著,趙燕、謝仲禮、秦立彦譯《從羅布沙漠到敦煌》,桂林: 廣西師
　　範大學出版社,2000 年。

榮新江《中古中國與外來文明》,北京: 生活·讀書·新知三聯書店,2001 年。

榮新江《從撒馬爾干到長安: 粟特人在中國的文化遺蹟》,北京: 北京圖書館
　　出版社,2004 年。

榮新江、華瀾、張志清主編《粟特人在中國——歷史、考古、語言的新探索》,
　　《法國漢學》第十輯,北京: 中華書局,2005 年。

榮新江《中古中國與粟特文明》,北京: 生活·讀書·新知三聯書店,2014 年。

榮新江、羅豐主編《粟特人在中國: 考古發現與出土文獻的新印證》(全二
　　册),北京: 科學出版社,2016 年。

陳國燦《敦煌學史事新證》,蘭州: 甘肅教育出版社,2002 年。

陝西省考古研究所編《西安北周安伽墓》,北京: 文物出版社,2003 年。

國家圖書館善本特藏部敦煌吐魯番學資料研究中心編《敦煌與絲綢之路學術
　　講座》第二輯,北京: 北京圖書館出版社,2005 年。

陳海濤、劉惠琴《來自文明十字路口的民族: 唐代入華粟特人研究》,北京: 商
　　務印書館,2006 年。

馬小鶴《摩尼教與古代西域史研究》,北京: 中國人民大學出版社,2008 年。

薛愛華《撒馬爾罕的金桃: 唐代舶來研究》,北京: 社會科學文獻出版社,
　　2010 年。

畢波《中古中國的粟特胡人——以長安爲中心》,北京: 中國人民大學出版社,
　　2011 年。

姚崇新《中古藝術宗教與西域歷史論稿》,北京: 商務印書館,2011 年。

[法] 魏義天著,王睿譯《粟特商人史》,桂林: 廣西師範大學出版社,2012 年。

孫武軍《入華粟特人墓葬圖像的喪葬與宗教文化》,北京: 中國社會科學出版
　　社,2014 年。

張小元《牧歌流韻——中國古代遊牧民族文化遺珍(粟特卷)》,蘭州: 甘肅人

民出版社,2015 年。

［日］白鳥庫吉著,王古魯譯《塞外史地論文譯叢》,太原:山西人民出版社,
　2015 年。

［日］白鳥庫吉著,傅勤家譯《康居粟特考》,太原:山西人民出版社,2015 年。

單海瀾《長安粟特藝術史》,西安:三秦出版社,2015 年。

［俄］普·巴·科諾瓦洛夫著,陳弘法譯《蒙古高原考古研究》,呼和浩特:内
　蒙古人民出版社,2016 年。

［俄］馬爾夏克著,毛銘譯《突厥人、粟特人與娜娜女神》,桂林:灕江出版社,
　2016 年。

［法］葛樂耐著,毛銘譯《駛向撒馬爾罕的金色旅程》,桂林:灕江出版社,
　2016 年。

［意］康馬泰著,毛銘譯《唐風吹拂撒馬爾罕——粟特藝術與中國、波斯、印
　度、拜占庭》,桂林:灕江出版社,2016 年。

［美］樂仲迪著,毛銘譯《從波斯波利斯到長安西市》,桂林:灕江出版社,
　2017 年。

［烏茲別克］瑞德維拉扎著,毛銘譯《張騫探險之地》,桂林:灕江出版社,
　2017 年。

馮培紅《敦煌學與五涼史論稿》,杭州:浙江大學出版社,2017 年。

孟憲實、朱玉麒主編《探索西域文明——王炳華先生八十華誕祝壽論文集》,
　上海:中西書局,2017 年。

向群、萬毅主編《姜伯勤教授八十華誕慶壽論文集》,廣州:廣東人民出版社,
　2018 年。

畢波、［英］辛威廉《中國人民大學博物館藏和田出土粟特語文書》,北京:中
　國社會科學出版社,2018 年。

［俄］鮑裏斯·艾裏克·馬爾沙克著,李梅田、付承章、吳憂譯《粟特銀器》,上
　海:上海古籍出版社,2019 年。

沈睿文《中古中國祆教信仰與喪葬》,上海:上海古籍出版社,2019 年。

［日］吉田豊《ベゼクリク千仏洞出土のマニ教ソグド語手紙文研究》,京都:
　臨川書店,2019 年。

木再帕爾《回鶻語與粟特語、吐火羅語之間的接觸》,北京:中國社會科學出版
　社,2020 年。

張慶捷《解讀虞弘墓:北朝定居中國的粟特人》,太原:三晉出版社,2020 年。

楊富學、張海娟、胡蓉、王東《敦煌民族史》,北京:社會科學文獻出版社,
　2021 年。

齊小豔《從馬其頓到馬拉坎達：粟特地區的希臘化研究》，北京：中國社會科學出版社，2022 年。

二、論　文

（一）研究概述

［英］W. B. Henning. *The Sogdian Texts of Paris*. Source：Bulletin of the School of Oriental and African Studies，Cambridge University of London，Vol. 11，No. 4，1946，pp. 713－740.

［英］W. B. Henning. *The date of the Sogdian Ancient Letters*. Source：Bulletin of the school of Oriental and African Studies，Cambridge University of London，Vol. 12，No. 3/4，Oriental and African Studies Presented to Lionel David Barnett by His Colleagues，Past and Present，1948，pp. 601－615.

［匈］J. Harmatta《斯坦因爵士與粟特語古信的年代》，收入 Apor 主編《東方收集品研究紀念文集（1951—1976）》，布達佩斯，1978 年，第 73—88 頁。

［匈］János Harmatta. *Sogdian sources for the history of Pre-Islamic Central Asia*. Prolegomena to the Sources on the History of Pre-Islamic Central Asia. Budapest：Akadémiai Kiadó，1979，pp. 153－165.漢譯文見朱新譯《粟特文古信劄年代的考古學證明》，《新疆文物》譯文專刊，1992 年，第 67—76 頁。

［日］森安孝夫著，陳俊謀摘譯《關於伊斯蘭時期以前的中亞史研究之現狀》，《中國史研究動態》1981 年第 4 期，第 1—10 頁。

［日］森安孝夫著，徐婉玲譯《日本研究絲綢之路的粟特人的成就之回顧和近況》，朱玉麒主編《西域文史》第三輯，北京：科學出版社，2008 年，第 325—354 頁。

［英］西蒙斯·威廉斯著，田衛疆譯《粟特文書收藏情況簡介》，《民族譯叢》1984 年第 4 期，第 52—53 頁。

［英］尼古拉斯·辛姆斯·威廉姆斯著，畢波譯《粟特語基督教文獻研究近況》，《新疆師範大學學報》2014 年第 4 期，第 77—83 頁。

程越《國内粟特研究綜述》，《中國史研究動態》1995 年第 9 期，第 13—19 頁。

伊斯拉菲爾·玉蘇甫《新疆新發現的古文獻及其研究》，《新疆文物》1999 年第 3、4 期，第 128—135 頁。

陳海濤《敦煌粟特研究歷史回顧》，《敦煌研究》2000 年第 2 期，第 160—167 頁。

［日］関尾史郎《トゥルアン將來"五胡"時代契約文書簡介》，日本《西北出土文獻研究》創刊號，2004 年。

鄭炳林、屈直敏《"粟特人在中國——歷史、考古、語言的新探索"國際研討會綜述》,《敦煌學輯刊》2004 年第 1 期,第 158—163 頁。

林世田、全桂花《"粟特人在中國——歷史、考古、語言的新探索"國際研討會綜述》,《法國漢學》第九輯,北京:中華書局,2004 年,第 433—439 頁。

張小貴《"粟特人在中國——歷史、考古、語言的新探索"國際研討會綜述》,郝春文主編《敦煌學國際聯絡委員會通訊》,上海:上海古籍出版社,2004 年。

楊富學《國内敦煌民族史研究述要·粟特》,揣振宇、華祖根主編《中國民族研究年鑒》,蘭州:民族出版社,2004 年。

李德範《中文粟特民族史研究論著目錄》,《文津學志》第二輯,北京:北京圖書館出版社,2007 年,第 198—249 頁。

車娟娟《2000 年以來國内粟特研究綜述》,《中國史研究動態》2012 年第 1 期,第 24—31 頁。

甘大明《粟特文古籍的整理研究》,《四川圖書館學報》2014 年第 2 期,第 89—91 頁。

齊小豔《絲路古國粟特的文獻研究及其利用》,《山西檔案》2017 年第 2 期,第 148—151 頁。

劉文鎖《新疆古代語言文字資料的發現與整理》,《西部蒙古論壇》2018 年第 1 期,第 3—13 頁。

李大龍《中國"粟特"研究現狀評析》,《青海民族研究》2019 年第 1 期,第 134—140 頁。

韓樹偉《絲路沿綫出土粟特文文書研究述要》,《中國農史》2019 年第 6 期,第 62—71 頁。

馮培紅《廿年虞弘夫婦合葬墓研究回顧與展望——以虞弘族屬與魚國地望爲中心》,《西域研究》2020 年第 2 期,第 153—165 頁。

祁曉慶、楊富學《西北地區絲綢之路與中外關係研究四十年》,《石河子大學學報》2020 年第 6 期,第 78—87 頁。

杜海、郭楊《吐魯番地區粟特人研究綜述》,《吐魯番學研究》2021 年第 1 期,第 55—64 頁。

賈永强《天水石棺床研究現狀及其相關問題》,《文物鑒定與鑒賞》2021 年第 14 期,第 70—73 頁。

(二) 歷史文化

[法] 路易·巴贊著,耿昇譯《蒙古布古特碑中的突厥和粟特人》,《世界民族》1987 年第 5 期,第 48—52 頁。

馬小鶴《七一二年的粟特》,《新疆大學學報》1986 年第 1 期,第 72—81 頁。

馬小鶴《米國鉢息德城考》,《中亞學刊》第二輯,北京:中華書局,1987 年,第 65—75 頁。

張廣達《唐代六胡州等地的昭武九姓》,《北京大學學報》1986 年第 2 期,第 71—82 頁。

榮新江《古代塔里木盆地周邊的粟特移民》,《西域研究》1993 年第 2 期,第 8—15 頁。

榮新江《敦煌歸義軍曹氏統治者爲粟特後裔説》,《歷史研究》2001 年第 1 期,第 65—72 頁。

榮新江《隋及唐初并州的薩保府與粟特聚落》,《文物》2001 年第 4 期,第 84—89 頁。

榮新江《安史之亂後粟特胡人的動向》,紀宗安、湯開建主編《暨南史學》第二輯,廣州:暨南大學出版社,2003 年,第 102—123 頁。

榮新江《四海爲家——粟特首領墓葬所見粟特人的多元文化》,《上海文博論叢》2004 年第 4 期,第 85—91 頁。

榮新江《西域粟特移民聚落補考》,《西域研究》2005 年第 2 期,第 1—11 頁。

榮新江《北周史君墓石槨所見之粟特商隊》,《文物》2005 年第 3 期,第 47—56 頁。

榮新江《北朝隋唐粟特人之遷徙及其聚落補考》,余太山、李錦繡主編《歐亞學刊》第六輯,北京:中華書局,2007 年,第 165—178 頁。

榮新江《中古入華胡人墓誌的書寫》,《文獻》2020 年第 3 期,第 121—137 頁。

劉波《敦煌所出粟特語古信劄與兩晉之際敦煌姑臧的粟特人》,《敦煌研究》1995 年第 3 期,第 147—154 頁。

陸慶夫《唐宋間敦煌粟特人之漢化》,《歷史研究》1996 年第 6 期,第 25—34 頁。

馮培紅《敦煌曹氏族屬與曹氏歸義軍政權》,《歷史研究》2001 年第 1 期,第 73—86 頁。

馮培紅《五涼後期粟特人蹤蹟考索》,《石河子大學學報》2016 年第 1 期,第 22—28 頁。

馮培紅《絲綢之路隴右段粟特人蹤蹟鈎沉》,《浙江大學學報》2016 年第 5 期,第 54—70 頁。

馮培紅《中古史上的四位魚弘——兼説流寓中國的西域魚國人》,《檔案》2018 年第 11 期,第 32—42 頁。

馮培紅《〈隋曹慶珍墓誌銘〉與武威粟特曹氏》,《社會科學戰綫》2019 年第 1 期,第 118—129 頁。

馮培紅、殷盼盼《唐代"安門物事變"史實考辨》,《敦煌研究》2020 年第 6 期,第 104—114 頁。

馮培紅、馮曉鵬《唐代粟特軍將康太和考論——對敦煌文獻、墓誌、史籍的綜合考察》,《敦煌研究》2021 年第 3 期,第 40—56 頁。

霍巍《粟特人與青海道》,《四川大學學報》2005 年第 2 期,第 94—98 頁。

姚崇新《中古時期巴蜀地區的粟特人蹤蹟》,朱玉麒主編《西域文史》第二輯,北京:科學出版社,2007 年,第 169—182 頁。

范景鵬、米月《米姓回族粟特人遷居中國的考察》,《煙臺大學學報》2009 年第 2 期,第 104—108 頁。

毛陽光《洛陽新出土唐代粟特人墓誌考釋》,《考古與文物》2009 年第 5 期,第 75—80 頁。

毛陽光《洛陽新出土唐代景教徒花獻及其妻安氏墓誌初探》,《西域研究》2014 年第 2 期,第 85—91 頁。

毛陽光《唐代洛陽粟特人研究——以出土墓誌等石刻史料爲中心》,《鄭州大學學報》2015 年第 4 期,第 124—131 頁。

毛陽光《河南安陽新出〈安師墓誌〉所見北朝末至隋唐之際鄴城的粟特人》,《考古學研究》第十一輯,北京:科學出版社,2019 年,第 239—251 頁。

趙振華《唐代粟特人史多墓誌初探》,《湖南科技學院學報》2009 年第 11 期,第 79—82 頁。

邵明傑《論入華粟特人流向的完整綫索及最終歸宿——基於粟特人"回鶻化"所作的考察》,《青海民族研究》2010 年第 1 期,第 116—124 頁。

侯世新《西域粟特胡人的社會生活與文化風尚》,《西域研究》2010 年第 2 期,第 8—12 頁。

彭建英《東突厥汗國屬部的突厥化——以粟特人爲中心的考察》,《歷史研究》2011 年第 2 期,第 4—15 頁。

彭建英《漠北回鶻汗國境内的粟特人——以粟特人與回鶻互動關係爲中心》,《中國邊疆史地研究》2016 年第 4 期,第 9—24 頁。

王睿《再論中國的粟特柘羯軍》,《西域研究》2011 年第 3 期,第 14—25 頁。

劉再聰《從"慕道"到歸"化":唐正州内遷歸化部衆居住區的"村"制度——以粟特人"村"和新羅人"村"爲中心》,《學術月刊》2011 年第 9 期,第 135—144 頁。

[日] 荒川正晴《唐代天山東部州府的典和粟特人》,《國學學刊》2011 年第 2 期,第 49—58 頁。

[日] 荒川正晴著,殷盼盼譯《粟特人與高昌國麴氏王室》,劉進寶主編《絲路

文明》第三輯,上海:上海古籍出版社,2018 年,第 27—42 頁。

鄭燕燕《論高昌地區粟特商業的運營》,《西域研究》2012 年第 2 期,第 14—
　　22 頁。

胡耀飛《五代蜀地粟特系沙陀人考》,劉亞娟主編《燕園史學》第二十一期,北
　　京:北京大學歷史系,2012 年 5 月,第 39—55 頁。

鄒淑琴《胡姬之"胡"——唐代胡姬的種屬問題溯源》,《西北民族研究》2012
　　年第 4 期,第 180—185 頁。

趙振華《唐代少府監鄭岩及其粟特人祖先》,《中國國家博物館館刊》2012 年
　　第 5 期,第 69—76 頁。

王維坤《關於西安發現的北周粟特人墓和罽賓人墓之我見》,趙力光主編《碑
　　林論叢》第十九輯,西安:三秦出版社,2013 年,第 161—176 頁。

王維坤《西安發現的三座北周粟特人墓葬再研究》,《黑河學院學報》2022 年
　　第 2 期,第 4—9 頁。

張爽《5—6 世紀歐亞大陸的政治聯繫與絲綢貿易——以嚈噠帝國爲中心》,
　　《社會科學戰綫》2013 年第 4 期,第 130—134 頁。

馮敏《中古時期入華粟特人與祆教的在華傳播——以固原史姓人墓地爲中
　　心》,《西北民族大學學報》2013 年第 6 期,第 91—96 頁。

馮敏《中古時期入華粟特人對儒家思想的接受與認同》,《中華文化論壇》2018
　　年第 7 期,第 38—46 頁。

馮敏《隋唐時期西北地區入華粟特人的"中華"文化認同》,《青海民族大學學
　　報》2019 年第 2 期,第 75—82 頁。

馮敏《北朝隋唐時期入華粟特人的葬俗變化與中華文化認同》,《渤海大學學
　　報》2020 年第 1 期,第 63—67 頁。

馮敏《以絲綢爲中心的中古時期中西文化交流考察》,《地域文化研究》2021
　　年第 5 期,第 1—10 頁。

馮敏《唐代粟特人絲綢紋樣的藝術交流與華化認同》,《寧夏師範學院學報》
　　2021 年第 9 期,第 73—77 頁。

孫煒冉、苗威《粟特人在渤海國的政治影響力探析》,《中國邊疆史地研究》
　　2014 年第 3 期,第 99—106 頁。

楊發鵬、李偉静《交河溝西康氏塋院 20 號墓主人爲康姓粟特人辨析》,《敦煌
　　學輯刊》2014 年第 3 期,第 169—180 頁。

鄭友甫《洛陽新出土唐代粟特人康昭墓誌考釋》,《河南科技大學學報》2014
　　年第 3 期,第 10—12 頁。

尹勇《唐魏博節度使史憲誠族屬再研究——兼論"泛粟特"問題》,《首都師範

大學學報》2014 年第 4 期,第 17—22 頁。

馬晴《從文獻考據"回回"一詞與唐代粟特人之關係》,《貴州民族研究》2014
年第 7 期,第 191—194 頁。

[英] 尼古拉斯·辛姆斯·威廉姆斯(Nicholas Sims-Williams)著,畢波譯《中
國和印度的粟特商人》,周偉洲主編《西北民族論叢》第十輯,北京:中國社
會科學出版社,2014 年,第 32—50 頁。

李鴻賓《墓誌銘映印下的唐朝河北粟特人地著化問題——以米文辯墓誌爲核
心》,馬明達、紀宗安主編《暨南史學》第九輯,桂林:廣西師範大學出版,
2014 年,第 83—94 頁。

李鴻賓《墓誌銘映印下的唐朝河北粟特人"地著化"問題——以米文辯墓誌爲
核心》,紀宗安、馬建春主編《暨南史學》第十輯,桂林:廣西師範大學出版
社,2015 年,第 23—42 頁。

楊寶玉《晚唐敦煌名僧恒安事蹟稽考與相關歸義軍史探析》,《隋唐遼宋金元
史論叢》第五輯,上海:上海古籍出版社,2015 年,第 38—51 頁。

賈發義《中古時期粟特人移入河東的原因及分佈初探》,《中華文史論叢》2015
年第 1 期,第 301—318 頁。

謝思煒《"雜種"與"雜種胡人"——兼論安禄山的出身問題》,《歷史研究》
2015 年第 1 期,第 169—178 頁。

楊富學《大唐西市博物館藏〈回鶻米副侯墓誌〉考釋》,《民族研究》2015 年第
2 期,第 78—86 頁。

李建華《唐少府監鄭岩乃粟特後裔考——以鄭岩家族墓誌爲中心》,《敦煌學
輯刊》2015 年第 3 期,第 163—169 頁。

陳瑋《中古時期党項與粟特關係論考》,《中國史研究》2015 年第 4 期,第 67—
92 頁。

陳瑋《唐五代成都外來文明研究》,杜文玉主編《唐史論叢》第二十八輯,西安:
三秦出版社,2019 年,第 183—201 頁。

薛正昌《隋唐寧夏粟特人與絲綢之路》,《石河子大學學報》2015 年第 5 期,第
18—23 頁。

[日] 石見清裕《淺談粟特人的東方遷徙》,杜文玉主編《唐史論叢》第二十三
輯,西安:三秦出版社,2016 年,第 70—78 頁。

林梅村《漢代絲綢之路上的粟特人》,《北方民族考古》第三輯,北京:科學出
版社,2016 年,第 201—214 頁。

姚瀟鶇《東晉時期流寓南方的粟特人補説》,《上海師範大學學報》2016 年第 3
期,第 146—152 頁。

李曉明《唐史孝章家族族屬再考》,《西北民族大學學報》2016 年第 6 期,第 96—101 頁。

尹波濤《粟特康氏會稽郡望考論》,《敦煌學輯刊》2017 年第 1 期,第 156—164 頁。

王啟濤《"目"、"翟"二姓與粟特關係新證——以吐魯番出土文獻爲中心》,《民族研究》2017 年第 1 期,第 88—99 頁。

龍成松《唐代粟特族裔會稽康氏家族考論》,《新疆大學學報》2017 年第 3 期,第 78—86 頁。

王正儒《唐代寧夏地區的粟特胡人與絲綢之路——考古石刻材料與文獻的互證》,《中國邊疆史地研究》2017 年第 4 期,第 69—77 頁。

張重洲《唐代西州粟特人貿易活動考索》,《敦煌學輯刊》2017 年第 4 期,第 33—42 頁。

［俄］Э・B・沙弗庫諾夫著,郝麗娜、營思婷譯《東北亞民族歷史上的粟特人與黑貂之路》,《廣西民族大學學報》2017 年第 5 期,第 20—24 頁。

［日］吉田豐《粟特語摩尼教文獻中所見 10 至 11 世紀的粟特與高昌關係》,《中山大學學報》2017 年第 5 期,第 104—115 頁。

［日］吉田豐著,楊天麗譯《尋找粟特人的蹤蹟——"絲綢之路的腓尼基人"》,《廣州文博》第十三輯,北京:文物出版社,2020 年,第 162—178 頁。

［日］吉田豐著,山本孝子譯《中原、吐魯番以及索格底亞那的粟特人景教徒——大谷探險隊所獲西域文化資料 2497 所提出的問題》,劉進寶主編《絲路文明》第六輯,上海:上海古籍出版社,2021 年,第 135—166 頁。

［日］吉田豐著,歐陽暉譯《粟特"昭武"姓氏的起源及相關問題研究》,《吐魯番學研究》2021 年第 2 期,第 150—153 頁。

王慶昱《新見唐粟特人後裔〈米氏墓誌〉考釋》,周偉洲主編《西北民族論叢》第十八輯,北京:社會科學文獻出版社,2018 年,第 116—128 頁。

司曉潔《北朝至隋入華粟特人墓誌研究》,《中原文物》2018 年第 1 期,第 113—118 頁。

程偉强《粟特、康居、康國考辯》,《甘肅廣播電視大學學報》2018 年第 2 期,第 14—19 頁。

鄭炳林、馬振穎《新見〈唐米欽道墓誌〉考釋——敦煌相關金石整理研究之一》,《敦煌學輯刊》2018 年第 2 期,第 103—117 頁。

鄭炳林《晚唐五代敦煌康氏家族與歸義軍瓜州刺史康秀華考》,《敦煌研究》2018 年第 3 期,第 9—18 頁。

鄭炳林、黃瑞娜《敦煌寫本〈都僧統康賢照和尚邈真贊並序〉與石城鎮粟特部落徙居敦煌考論》,《敦煌學輯刊》2020 年第 3 期,第 1—17 頁。

李喬《唐代洛陽粟特人與中西方文化交流》,《地域文化研究》2018 年第 2 期,第 12—19 頁。

李喬《粟特人的祖先認同變遷——以洛陽出土墓誌爲中心的考察》,趙令志主編《民族史研究》第十五輯,北京:中央民族大學出版社,2019 年,第 1—18 頁。

李喬《重構與攀附:粟特移民祖先認同變遷研究》,《中州學刊》2019 年第 7 期,第 134—138 頁。

劉勇《唐〈安玄朗墓誌〉述考》,《考古與文物》2018 年第 4 期,第 118—124 頁。

張豔玉《唐五代時期内徙吐谷渾人與粟特人關係考述》,《天水師範學院學報》2018 年第 5 期,第 79—83 頁。

張豔玉《唐代靈州康氏家族考論》,《河西學院學報》2018 年第 6 期,第 70—75 頁。

孟憲實《唐朝的民族政策——以粟特人爲例》,《文史知識》2018 年第 6 期,第 103—108 頁。

張國剛《胡天漢月:中古絲路上的粟特人》,《文史知識》2018 年第 6 期,第 103—108 頁。

李瑞哲《粟特人在突厥汗國的活動及其影響》,周偉洲主編《西北民族論叢》第十八輯,北京:社會科學文獻出版社,2018 年,第 138—151 頁。

李瑞哲《粟特人在西南地區的活動追蹤》,《西部考古》第十七輯,北京:科學出版社,2019 年,第 295—308 頁。

李瑞哲《中古時期絲綢之路沿綫緑洲城鎮在胡商貿易中的地位》,《陝西歷史博物館論叢》第二十七輯,西安:三秦出版社,2020 年,第 108—121 頁。

李瑞哲《中古時期粟特人對絲路貿易的掌控》,沙武田主編《絲綢之路研究集刊》第八輯,北京:社會科學文獻出版社,2022 年,第 189—210 頁。

魏迎春、鄭炳林《敦煌歸義軍節度副使安景旻考》,《敦煌學輯刊》2019 年第 1 期,第 124—130 頁。

劉勇、陳曦《唐、五代嶺南西部粟特人蹤蹟考》,《中國邊疆史地研究》2019 年第 4 期,第 67—76 頁。

王永平《粟特後裔與太原元從——山西汾陽出土唐〈曹怡墓誌〉研究》,《山西大學學報》2019 年第 4 期,第 27—36 頁。

霍巍、趙其旺《遼寧朝陽黄河路唐墓石俑族屬考》,《社會科學戰綫》2019 年第 6 期,第 147—155 頁。

羅帥《玄奘之納縛波與馬可波羅之羅卜再研究——兼論西晉十六國時期樓蘭

粟特人之動向》,《敦煌研究》2019 年第 6 期,第 101—108 頁。

劉森垚《中古墓誌所見入華粟特安氏源流考述》,紀宗安、馬建春主編《暨南史學》第十八輯,廣州:暨南大學出版社,2019 年,第 40—62 頁。

畢波《粟特人在焉耆》,《西域研究》2020 年第 1 期,第 23—30 頁。

畢波《粟特人在于闐——以中國人民大學藏粟特語文書爲中心》,《中國人民大學學報》2022 年第 1 期,第 28—36 頁。

沈琛《麝香之路:7—10 世紀吐蕃與中亞的商貿往來》,《中國藏學》2020 年第 1 期,第 49—59 頁。

徐津《鑴石爲金——安伽石棺床與一位入華粟特移民的文化認同》,沙武田主編《絲綢之路研究集刊》第六輯,北京:商務印書館,2021 年,第 121—133 頁。

尹波濤《唐代粟特康氏的祖先記憶與族群認同——以出土墓誌爲中心》,杜文玉主編《唐史論叢》第三十三輯,西安:三秦出版社,2021 年,第 219—236 頁。

岳東《唐、五代粟特裔兩蕃人》,丁偉主編《乾陵文化研究》第十四輯,西安:三秦出版社,2021 年,第 179—191 頁。

岳東《〈水滸傳〉中的丁零和粟特後裔》,《菏澤學院學報》2022 年第 6 期,第 128—132 頁。

劉軍麗《絲綢之路上的粟特、回鶻民族與茶葉在亞洲腹地的傳播》,《農業考古》2021 年第 2 期,第 56—61 頁。

王義康《唐王朝在粟特、吐火羅地區所置羈縻府州的性質以及監製措施》,《青海民族研究》2021 年第 3 期,第 201—208 頁。

張俊明《互動與交融:論粟特人融入中華的歷史軌蹟》,《敦煌學輯刊》2021 年第 4 期,第 188—196 頁。

張長海《隋唐時期山西境内内遷粟特人的民族融合——以出土墓誌爲基礎》,《史志學刊》2021 年第 5 期,第 15—19 頁。

吕千雲、趙其旺《北齊、唐代女性盤辮發式源流研究》,《中國國家博物館館刊》2022 年第 1 期,第 80—89 頁。

苗軼飛《統萬城發現的域外文化因素遺物》,《洛陽考古》2022 年第 2 期,第 47—52 頁。

曹旭《論天梯山石窟的粟特文化因子》,《甘肅開放大學學報》2022 年第 3 期,第 79—83 頁。

張同勝《孟姜女滴血認取夫骨的倫理問題》,《遼東學院學報》2022 年第 4 期,第 83—89 頁。

［俄］馬爾沙克著,石尚譯《中國發現的中亞金屬器》,《藝術工作》2022 年第 5 期,第 69—82 頁。

杜海《粟特人如何融入中華民族?》,《歷史評論》2022 年第 6 期,第 32—37 頁。

邱忠鳴《多極政權時代的個體生命史與社會流動——〈曹仲達與"曹家樣"研究〉續篇》,《故宮博物院院刊》2022 年第 6 期,第 102—113 頁。

朱琳《唐律令中的"化外人"與粟特人法律地位研究》,《法制博覽》2022 年第 24 期,第 82—85 頁。

張坤《試論隋唐之際伊吾粟特人的來源——兼論絲綢之路新北道的使用》,沙武田主編《絲綢之路研究集刊》第八輯,北京:社會科學文獻出版社,2022 年,第 211—222 頁。

羅豐、謝泳琳《三方粟特人墓誌考釋——兼論唐代洛陽粟特人的婚姻與居地》,杜文玉主編《唐史論叢》第三十五輯,西安:三秦出版社,2022 年,第 145—168 頁。

（三）語言文字

［德］Hans Reichelt. *Die Soghdischen Handschriftenreste des Britischen Museums.* Ⅱ. Teil: Die nicht buddhistischen Texte und Nachtrag zu den buddhistischen Texten. Heidelberg: Carl Winters University tsbuchhandlung. 1931.

［蘇］S. G. Kljaštornyi and V. A. Livišc. *The Sogdian Inscription of Bugut Revised.* Acta Orientala Academie Scientiarum Hungaricae. 26/1, 1972. pp. 69‒102. 漢譯文見龔方震譯《布古特粟特文碑銘補證》,《中外關係史譯叢》第三輯,上海:上海譯文出版社,1986 年,第 35—53 頁。

黃振華《粟特文及其文獻》,《中國史研究動態》1981 年第 9 期,第 28—33 頁。

［日］吉田豐《粟特語研究文獻目録(1979—1984)》,《西南亞研究》No. 23, 1984 年。

［日］吉田豐《粟特語雜録(Ⅱ)》,《内陸亞細亞語言研究》V,1989 年。

［日］吉田豐、森安孝夫《麴氏高昌時代ソゲド夕女奴隸売買文書》,載日本神户市外國語大學外國學研究所編《内陸アゾア言語の研究》Ⅳ,1989 年,第 1—50 頁。漢譯文見柳洪亮譯《麴氏高昌國時代粟特文買賣女奴隸文書》,《新疆文物》1993 年第 4 期,第 108—115 頁。

［日］吉田豐著,山本孝子譯《佛教與摩尼教的接觸——一件新刊粟特文本的再研究》,南華大學敦煌學研究中心編《敦煌學》第 36 期,臺北樂學書局,2020 年,第 105—118 頁。

［日］吉田豐著,王丁譯《布古特碑粟特語部分再考》,《中山大學學報》2020 年第 2 期,第 105—115 頁。

陳國燦《敦煌所出粟特文信劄的書寫地點和時間問題》,《魏晉南北朝隋唐史資料》第 7 期,1985 年,第 10—18 頁。

王冀青《斯坦因所獲粟特文〈二號信劄〉譯注》,《西北史地》1986 年第 1 期,第 66—72 頁。

林梅村《敦煌出土粟特文古書信的斷代問題》,《中國史研究》1986 年第 1 期,第 87—99 頁。

林梅村《粟特文買婢契與絲綢之路上的女奴貿易》,《文物》1992 年第 9 期,第 49—54 頁。

吳其昱《論伯希和粟特文寫本二號之年月》,南華大學敦煌學研究中心編《敦煌學》第 12 期,臺北:樂學書局,1987 年,第 1—4 頁。

[法] Grenet and Sims-Williams, *The historical context of the Sogdian Ancient Letters*. 1987, p.109.漢譯文見《粟特語古信的歷史背景》,《敦煌研究》1999 年第 1 期,第 110—119 頁。

[法] Frantz Grenet、[英] Nicholas Sims-Williams、[法] Étienne de la Vaissière, *The Sogdian Ancient Letter V*. Source:Bulletin of the Asia Institute, New Series, Vol, 12, Alexander's Legacy in the East Studies in Honor of Paul Bernard, 1998, pp. 91‑104.

馬小鶴《公元八世紀初年的粟特——若干穆格山文書的研究》,《中亞學刊》第三輯,北京:中華書局,1990 年,第 109—138 頁。

馬小鶴《摩尼教宗教符號"珍寶"研究——梵文 ratna、帕提亞文 rdn、粟特文 rtn、回紇文 ertini 考》,《西域研究》2000 年第 2 期,第 53—60 頁。

李志敏《有關地名研究與斯坦因所獲粟特信劄斷代問題》,《中國歷史地理論叢》1992 年第 4 期,第 137—152 頁。

伊斯拉菲爾·穆提依《新疆新發現的文字及其研究》,《新疆文物》1999 年第 3 期,第 128—135 頁。

[英] Nicholas Sims-Williams. *The Sogdian Ancient II*. Schmidt, M. G. and Bisang, W.(ed.), *Philologica et Linguistica. Historia, Pluralitas, Universitas. Festschrift für Helmut Humbach zum 80. Geburtstag am 4. Dezember 2001*. Trier:Wissenschaftlicher Verlag, 2001, pp. 269‑273.

[英] Nicholas Sims-Williams. *Towards a new edition of the Sogdian Ancient Letters: Ancient Letter I*. De La Vaissière, étienne et Trombert, éric.(ed.), Les Sogdian en Chine. Paris:école fran aise d'Extréme-Orient, 2005.漢譯文見榮新江、華瀾、張志清主編《粟特人在中國——歷史、考古、語言的新探索》,《法國漢學》第十輯,北京:中華書局,2005 年,第 72—87 頁。

［英］Nicholas Sims-Williams、畢波《尼雅新出粟特文殘片研究》,《新疆文物》2009 年第 3—4 期,第 53—58 頁。

［英］Nicholas Sims-Williams《樓蘭所出未釋早期粟特文古信劄(斯坦因收集品 L.M.II.ii.09)》(英文),余欣主編《中古中國研究》第三卷,上海: 中西書局,2020 年,第 21—35 頁。

［美］安妮特・L・朱麗安娜、朱迪思・A・萊莉著,蘇銀梅譯《古粟特文信劄(II 號)》,《考古與文物》2003 年第 5 期,第 76—77 頁。

阿力肯・阿吾哈裏《古代突厥如尼文字源自舊粟特文説質疑》,《中央民族大學學報》2003 年第 2 期,第 137—144 頁。

柳方《吐魯番新出的一件奴隸買賣文書》,《吐魯番學研究》2005 年第 1 期,第 122—126 頁。

徐文堪《粟特文明與華夏文化》,《上海文博論叢》2005 年第 1 期,第 62—67 頁。

徐文堪《略談伊朗語文及波斯語在中國的傳播》,《文匯學人》2016 年 1 月 29 日。

［俄］Vladimir Livshits. *The Sogdian Ancient Letters* (I , III). Iran and the Caucasus, Vol. 12, No. 2, 2008, pp. 289–293.

［俄］V. A. Livshits. *Sogdian epigraphy of Central Asia and Semirech'e*, translated from the Russian by Tom Stableford, ed. By Nicholas Sims-Williams, School of Oriental and African Studies, London, 2015, pp. 17–37.

麥超美《粟特文古信劄的斷代》,《魏晉南北朝隋唐史資料》第二十四輯,上海: 上海古籍出版社,2008 年,第 219—238 頁。

張湛、時光《一件新發現猶太波斯語信劄的斷代與釋讀》,《敦煌吐魯番研究》第十一卷,上海: 上海古籍出版社,2009 年,第 71—100 頁。

張湛《一件 8 世紀後半于闐語房産抵押契約釋讀》,《西域研究》2022 年第 3 期,第 37—52 頁。

乜小紅《從粟特文券契看高昌王國奴婢買賣之官文券》,《西域研究》2009 年第 4 期,第 37—42 頁。

乜小紅《中古西域民漢文買賣契約比較研究》,《西域研究》2011 年第 2 期,第 55—62 頁。

Bibo and Nicholas Sims-Williams, *Sogdian Documents from Khotan, I: Four Economic Documents*. Journal of the America Oriental Society, Vol. 130, No. 4 (Octorber-December 2010), pp. 497–508.漢譯文見朱玉麒主編《西域文史》第十輯,北京: 科學出版社,2016 年,第 187—200 頁。

畢波《尼雅粟特語文書所見龜兹及塔里木盆地早期南北交通》,《龜兹學研究》第五輯,烏魯木齊: 新疆人民出版社,2012 年,第 246—253 頁。

Bibo and Nicholas Sims-Williams, *Sogdian Documents from Khotan*, *II: Letters and Miscellaneous Fragments*. Journal of the America Oriental Society, Vol. 135, No. 2(April-June 2015), pp. 261–282.漢譯文見孟憲實、朱玉麒主編《探索西域文明——王炳華先生八十華誕祝壽論文集》,上海: 中西書局,2017 年,第 306—325 頁。

畢波、[英]辛維廉《新發現安優婆姨雙語塔銘之粟特文銘文初釋》,《文獻》2020 年第 3 期,第 167—179 頁。

楊軍凱《北周史君墓雙語銘文及相關問題》,《文物》2013 年第 8 期,第 49—58 頁。

牛汝極《從借詞看粟特語對回鶻語的影響》,《新疆師範大學學報》2015 年第 1 期,第 101—112 頁。

楊富學、趙天英《粟特文在絲綢之路沿綫的傳播與影響》,《河西學院學報》2017 年第 1 期,第 6—12 頁。

張小貴、龐曉林《穆格山粟特文婚約譯注》,包偉民、劉後濱主編《唐宋歷史評論》第三輯,北京: 社會科學文獻出版社,2017 年,第 107—125 頁。

劉文鎖《新疆發現契約文書與中古西域的契約實踐》,《西部蒙古論壇》2018 年第 3 期,第 11—21 頁。

[烏兹別克]格爾魯克·拉克馬托娃《粟特語書寫的絲路歷史》,《光明日報》2019 年 5 月 10 日。

侯文昌《中古西域民族文契約之立契時間程式研究》,《隴東學院學報》2019 年第 1 期,第 71—79 頁。

朱國祥《回鶻文〈金光明經〉中的粟特語借詞對音研究》,《民族語文》2019 年第 5 期,第 33—38 頁。

木再帕爾《回鶻佛教文獻中的粟特語梵源詞》,《南開語言學刊》2020 年第 1 期,北京: 商務印書館,第 114—121 頁。

木再帕爾《粟特語對回鶻語語法的影響》,《民族語文》2020 年第 2 期,第 53—64 頁。

李浩《新見唐代安優婆姨塔銘漢文部分釋讀》,《文獻》2020 年第 3 期,第 151—166 頁。

曹利華《絲路背景下漢語的粟特語借詞與民族交往——以"薩寶"爲例》,《語文學刊》2021 年第 3 期,第 64—68 頁。

龍成松《庾信〈哀江南賦〉"胡書之碣"新探——兼論中古民族語碑刻文學》,

《民族文學研究》2021 年第 6 期,第 5—15 頁。

王丁《粟特語高昌延相買婢契補考》,《國學學刊》2022 年第 3 期,第 109—114 頁。

王永平《從拜占庭到薄骨律:一份粟特語地名錄所反映的絲綢之路走向》,《山西大學學報》2022 年第 3 期,第 88—95 頁。

（四）宗教藝術

陳國燦《魏晉至隋唐河西人的聚居與火祆教》,《西北民族研究》1988 年第 1 期,第 198—209 頁。

姜伯勤《敦煌壁畫與粟特壁畫的比較研究》,《敦煌研究》1988 年第 2 期,第 82—84 頁。

張卉英《天水市發現隋唐屏風石棺床墓》,《考古》1992 年第 1 期,第 46—54 頁。

［法］Frantz Grenet and Étienne de la Vaissière, *The last days of Panjikent*. Silk Road Art and Archaeology, 8, Journal of the Institute of Silk Road Studies, Kamakura, 2002, pp. 155–196.

榮新江《略談徐顯秀墓壁畫的菩薩聯珠紋》,《文物》2003 年第 10 期,第 66—68 頁。

榮新江《薩保與薩薄:佛教石窟壁畫中的粟特商隊首領》,《龜兹學研究》第一輯,烏魯木齊:新疆大學出版社,2006 年,第 19—41 頁。

邢福來《北朝至隋初入華粟特貴族墓隨葬用圍屏石榻研究》,《考古與文物》2006 年增刊《漢唐考古》,第 227—239 頁。

崔峰《粟特文化對北齊佛教藝術的影響》,《甘肅高師學報》2008 年第 6 期,第 124—128 頁。

沙武田《敦煌莫高窟第 158 窟與粟特人關係試考》,《藝術設計研究》2010 年第 1、2 期,第 16—22、29—36 頁。

沙武田《唐粟特後裔鄭延昌墓誌綫刻胡人樂舞圖像研究》,沙武田主編《絲綢之路研究集刊》第四輯,北京:商務印書館,2019 年,第 33—66 頁。

沙武田《隱諱的絲路圖像——胡旋女在胡旋舞考古遺存中缺失現象探微》,余欣主編《中古中國研究》第三卷,上海:中西書局,2020 年,第 109—156 頁。

郭萍《粟特民族對魏晉至唐初敦煌美術的影響》,《貴州民族研究》2010 年第 6 期,第 132—136 頁。

慶昭蓉《庫車出土文書所見粟特佛教徒》,《西域研究》2012 年第 2 期,第 54—75 頁。

孫武軍《北朝隋唐入華粟特人死亡觀研究——以葬具圖像的解讀爲主》,《考古與文物》2012 年第 2 期,第 89—97 頁。

孫武軍《入華粟特文化的審美特徵及接受——以入華粟特人墓葬圖像爲中心的考察》,《考古與文物》2013 年第 5 期,第 116—123 頁。

孫武軍《入華粟特人墓葬所見人首鳥身形象述論》,沙武田主編《絲綢之路研究集刊》第二輯,北京:商務印書館,2018 年,第 63—71 頁。

諶璐琳《從人到鳥神——北朝粟特人祆教祭司形象試析》,《西域研究》2013 年第 4 期,第 90—95 頁。

李瑞哲《入華粟特人石質葬具反映的深刻意義——祆教藝術和中原禮制藝術之間的互動與交融》,《敦煌學輯刊》2014 年第 1 期,第 135—144 頁。

李瑞哲《對"圖像程式"的重新認識——入華粟特人石質葬具圖像所表現的共同主題》,《敦煌學輯刊》2015 年第 1 期,第 126—134 頁。

任平山《"身若出壁"的吐火羅粟特壁畫——以尉遲乙僧爲綫索》,《敦煌研究》2015 年第 1 期,第 46—58 頁。

葛承雍《北朝粟特人大會中祆教色彩的新圖像——中國國家博物館藏北朝石堂解析》,《文物》2016 年第 1 期,第 71—84 頁。

李國、沙武田《敦煌石窟粟特美術研究學術史》,《敦煌學輯刊》2016 年第 4 期,第 139—157 頁。

［俄］鮑裏斯·馬爾夏克著,毛銘譯《唐代片治肯特壁畫上的戰神和農神（700—725 年）》,《內蒙古大學藝術學院學報》2016 年第 4 期,第 113—120 頁。

温玉成《論粟特人的"得悉神"信仰》,《石河子大學學報》2016 年第 5 期,第 9—11 頁。

陳文革《粟特人與唐樂署供奉曲般涉調部分曲目傳播考——兼及中古樂伎中的粟特人成分》,《音樂研究》2016 年第 6 期,第 39—51 頁。

曾麗榮《唐代三彩粟特胡俑服飾探析——以陝西唐三彩藝術博物館館藏爲例》,《文博》2016 年第 6 期,第 67—74 頁。

曾麗榮《隋唐時期入華粟特男子世俗服飾與中華文化認同——以隋唐時期入華粟特人墓葬資料爲中心》,《西域研究》2021 年第 2 期,第 155—165 頁。

宋永忠《中亞美術的奇葩——粟特壁畫藝術》,《美術》2016 年第 11 期,第 129—133 頁。

林梅村《慶山寺地宮出土高浮雕人頭胡瓶考——兼論印度教神像對粟特火祆教藝術的影響》,《文博》2017 年第 5 期,第 29—37 頁。

齊小豔《絲綢之路上粟特的多元宗教文化及其東傳》,《温州大學學報》2018 年第 2 期,第 98—104 頁。

楊富學、張田芳《從粟特僧侶到中土至尊——僧伽大師信仰形成內在原因探析》,《世界宗教研究》2018 年第 3 期,第 65—76 頁。

張田芳《粟特僧伽大師醫術及其靈異》,《中醫藥文化》2018 年第 3 期,第 22—28 頁。

趙洪娟《冀魯豫火神節之淵源考》,《民俗研究》2018 年第 6 期,第 92—101 頁。

趙洪娟《中古人日節與波斯諾魯孜節淵源考——基於比魯尼〈古代民族編年史〉的探討》,《民族文學研究》2019 年第 2 期,第 106—118 頁。

趙洪娟《中古敦煌祈賽習俗觀見敦煌與西域之文化關係》,《敦煌研究》2021 年第 5 期,第 18—25 頁。

宋亞《論祆神與火神的融合——以山東曹縣花供會爲例》,《寧夏社會科學》2019 年第 3 期,第 151—160 頁。

程雅娟《從赫梯血祭器至粟特貴族酒具——跨越歐亞文明的獸飾"來通杯"東傳演變考》,《民族藝術》2019 年第 3 期,第 65—78 頁。

程雅娟《入華粟特葬具上"人鳥祭司"的四種身份與多元起源論——結合 Akchakhan-kala 遺址考古新證》,《南京藝術學院學報》2020 年第 1 期,第 29—37 頁。

[日] 鳥丸知子《基於粟特地區田野調查的甘肅慶城縣穆泰墓出土胡人俑服飾邊緣研究》,《藝術設計研究》2020 年第 3 期,第 30—36 頁。

陳粟裕《〈安重榮出行圖〉研究——一位五代粟特將領的"神化"》,《敦煌研究》2020 年第 4 期,第 44—52 頁。

楊静《從粟特撒達剌欺上的裝飾圖案看藝術的承與變》,《科學經濟社會》2020 年第 4 期,第 42—49 頁。

周鳴勇、張利亞《粟特賽祆儀式在關中地區民間社火中的遺存——以陝西寶雞赤沙鎮"血社火"爲例》,《敦煌學輯刊》2020 年第 4 期,第 105—111 頁。

賀西林《胡風與漢尚——北周入華中亞人畫像石葬具的視覺傳統與文化記憶》,《美術大觀》2020 年第 11 期,第 34—41 頁。

高世華《天水棺床墓、墓主人及石棺床屏風畫相關問題新論》,《敦煌研究》2021 年第 1 期,第 47—56 頁。

王啟濤《吐魯番文獻所見粟特人的宗教信仰》,《宗教學研究》2021 年第 1 期,第 136—145 頁。

王静、沈睿文《坐冬議事:大使廳西壁壁畫研究》,《美術研究》2021 年第 1 期,第 18—29 頁。

張小貴《從伐由到烏悉帕卡:中古祆教風神的印度風》,《敦煌研究》2021 年第 3 期,第 32—39 頁。

吳潔《粟特納骨甕上的音樂圖像釋讀》,《黃鐘》2021 年第 4 期,第 147—153 頁。

繆泌芸、夏灩洲《從舞筵圖樣看唐代流行粟特樂舞的基本形象》,《人民音樂》2021 年第 7 期,第 73—79 頁。

李榮輝《從敦煌文書 P.t.1283 看摩尼教傳入回鶻時間》,《暨南史學》2022 年第 1 期,第 42—52 頁。

[意]康馬泰著,祁曉慶譯《粟特佛教藝術尋蹤》,《内蒙古藝術學院學報》2022 年第 1 期,第 32—45 頁。

呂千雲、趙其旺《北齊、唐代女性盤辮髮式源流研究》,《中國國家博物館館刊》2022 年第 1 期,第 80—89 頁。

濮仲遠《唐代河西玉女信仰再探》,《陰山學刊》2022 年第 3 期,第 76—81 頁。

達吾力江·葉爾哈力克《中古入華胡人雙語墓誌書寫與祆教喪葬文化》,《歷史研究》2022 年第 6 期,第 95—116 頁。

(五)粟特錢幣

[日]岡本孝著,馮繼欽譯《粟特錢幣考》,《中國錢幣》1987 年第 1 期,第 43—48 頁。

林梅村《北魏太和五年舍利石函所藏嚈噠錢幣考》,《中國錢幣》1993 年第 4 期,第 3—8 頁。

周延齡、任拴英《對突騎施粟特文錢的探討》,《中國錢幣》1995 年第 1 期,第 8—12 頁。

康柳碩《從中國境内出土發現的古代外國錢幣看絲綢之路上東西方綫幣文化的交流與融合》,《甘肅金融》2002 年第 S2 期,第 9—18 頁。

林英《九姓胡與中原地區出土的仿製拜占庭金幣》,余太山主編《歐亞學刊》第四輯,北京:中華書局,2004 年,第 119—129 頁。

楊潔《從粟特文文書看入華粟特人的貨幣問題》,《史林》2012 年第 2 期,第 152—158 頁。

張鐵山《新疆歷史錢幣上語言文字的交融與合璧》,《吐魯番學研究》2015 年第 1 期,第 65—75 頁。

吳樹實《淺析絲綢之路上粟特人與粟特文錢幣》,《長春金融高等專科學校學報》2016 年第 1 期,第 32—44 頁。

姚朔民《突騎施錢幣和突騎施》,《中國錢幣》2016 年第 6 期,第 3—21 頁。

袁煒《兩晉南北朝正史所見西域錢幣考》,《中國錢幣》2017 年第 3 期,第 45—49 頁。

齊小豔《古代撒馬爾罕錢幣的演變與多元文化的融合》,《中國錢幣》2017 年第 2 期,第 68—72 頁。

齊小豔《絲綢之路上粟特商業的發展及其原因探析》,《内蒙古大學學報》2017
　　年第 5 期,第 76—81 頁。

齊小豔《撒馬爾罕仿造中國幣與伊赫希德王朝世系研究》,《新疆大學學報》
　　2018 年第 2 期,第 71—79 頁。

萬翔、林英《公元 1—4 世紀絲綢之路的貿易模式——以貴霜史料與錢幣爲中
　　心》,《海洋史研究》2018 年第 2 期,第 30—61 頁。

張立民、李文娟、曹源《絲綢之路錢幣與中外文化交流研究》,《甘肅金融》2018
　　年第 6 期,第 45—48 頁。

馬偉《固原考古所見北魏至隋唐墓葬中的薩珊錢幣葬俗——兼論薩珊錢幣的
　　分佈變化及動因》,劉中玉主編《形象史學》夏之卷,北京：中國社會科學出
　　版社,2021 年,第 36—53 頁。

趙學東、李文平《絲路貨幣與漢唐之際絲路經濟、文化往來關係研究——以西
　　北民族大學博物館藏粟特文貨幣爲例》,《蘭州職業技術學院學報》2022 年
　　第 1 期,第 36—38 頁。

喬梓桐、黃桂芳、吳璠《新疆出土隋唐之際絲綢之路錢幣與文化交流》,《文化
　　學刊》2022 年第 2 期,第 248—251 頁。

朱安祥、胡琦《粟特鑄造的方孔銅錢》,《甘肅金融》2022 年第 3 期,第 75—
　　78 頁。

（六）學術動態

羅豐、鄭克祥、耿志强《寧夏固原隋史射勿墓發掘簡報》,《文物》1992 年第 10
　　期,第 15—22 頁。

林梅村《布古特所出粟特文突厥可汗紀功碑考》,《民族研究》1994 年第 2 期,
　　第 64—71 頁。

林梅村《固原粟特墓所出中古波斯文印章及其相關問題》,《考古與文物》1997
　　年第 1 期,第 50—54 頁。

張慶捷、暢紅霞、張興民、李愛國《太原隋代虞弘墓清理簡報》,《文物》2001 年
　　第 1 期,第 27—52 頁。

尹申平、邢福來、李明《西安發現的北周安伽墓》,《文物》2001 年第 1 期,第
　　4—26 頁。

楊軍凱、孫武、劉天運等《西安北周涼州薩保史君墓發掘簡報》,《文物》2005
　　年第 3 期,第 4—33 頁。

［日］石見清裕《ソグド人漢文墓誌訳注（2）固原出土「史訶耽夫妻墓誌」
　　（唐·咸亨元年）》,《史滴》2005 年第 27 卷,第 153—183 頁。

李并成、解梅《敦煌歸義軍曹氏統治者果爲粟特後裔嗎——與榮新江、馮培紅先生商榷》,《敦煌研究》2006 年第 6 期,第 109—115 頁。

徐文堪《粟特研究的最新創獲——讀〈粟特人在中國——歷史、考古、語言的新探索〉》,《社會科學》2006 年第 8 期,第 192 頁。

徐文堪《悼念當代最傑出的粟特語專家》,《澎湃新聞·上海書評》2017 年 6 月 30 日。

寇小石、胡安林、王保平等《西安北周康業墓發掘簡報》,《文物》2008 年第 6 期,第 14—35 頁。

〔日〕吉田豊撰,榮新江、廣中智之譯《有關和田出土 8—9 世紀于闐語世俗文書的劄記(二)》,《西域文史》第三輯,北京:科學出版社,2008 年,第 79—108 頁。

〔日〕吉田豊著,廣中智之譯,榮新江校《有關和田出土 8—9 世紀于闐語世俗文書的劄記(一)》,《敦煌吐魯番研究》第十一卷,上海:上海古籍出版社,2009 年,第 147—182 頁。

〔日〕吉田豊著,山本孝子譯《有關新出的粟特文資料——新手書記寫給父親的一封信:兼介紹日本西嚴寺橘資料》,《敦煌學輯刊》2010 年第 3 期,第 171—185 頁。

〔日〕吉田豊著,田衛衛譯,西村陽子校《有關和田出土 8—9 世紀于闐語世俗文書的劄記(三)》,《敦煌學輯刊》2012 年第 1 期第 143—158 頁、第 2 期第 165—176 頁、第 3 期第 148—161 頁。

張楨《評〈粟特人在中國——歷史、考古、語言的新探索〉》,《考古與文物》2009 年第 2 期,第 106—111 頁。

韓香《五代十國時期中亞胡人在内地的活動》,《青海民族大學學報》2013 年第 4 期,第 46—51 頁。

韓香《魏晉南北朝時期西域賈胡在絲路沿綫的活動》,《西域研究》2014 年第 1 期,第 46—52 頁。

韓香《理解粟特文明的一把鑰匙——讀榮新江教授新作〈中古中國與粟特文明〉》,周偉洲主編《西北民族論叢》第十三輯,北京:社會科學文獻出版社,2016 年,第 313—321 頁。

馬曉玲《中古時期入華粟特人墓葬的發現與研究》,《中國史研究動態》2015 年第 3 期,第 35—42 頁。

馬曉玲《中國境内粟特人家族墓地的考古學觀察》,《考古學研究》第十一輯,北京:科學出版社,2019 年,第 222—238 頁。

馮培紅《粟特研究又一春——榮新江〈中古中國與粟特文明〉介評》,《敦煌吐魯番研究》第十七卷,上海:上海古籍出版社,2016 年,第 411—423 頁。

陳瑋《新出〈唐曹懷直墓誌〉所見安史之亂前後粟特武人動向研究》,《中華文史論叢》2016 年第 3 期,第 321—345 頁。

雍際春《天水出土石棺床與絲綢之路上的粟特人》,《甘肅日報》2018 年 1 月 2 日第 9 版,第 1—6 頁。

王素《北魏爾朱氏源出粟特新證——隋修北魏爾朱彥伯墓誌發覆兼説虞弘族屬及魚國今地》,《故宮博物院院刊》2018 年第 5 期,第 57—71 頁。

么振華《安金藏事蹟及其溯源——粟特人華化歷程的個案考察》,《蘭州學刊》2018 年第 8 期,第 88—99 頁。

[意] Matteo Compareti 著,李思飛譯《兩件中國新見非正規出土入華粟特人葬具:國家博物館藏石堂和安備墓圍屏石榻》,沙武田主編《絲綢之路研究集刊》第四輯,北京:商務印書館,2019 年,第 67—78 頁。

習通源《塔吉克斯坦、烏兹別克斯坦考古調查——粟特時期》,《文物》2019 年第 1 期,第 44—66 頁。

魏迎春、馬振穎《新見武威粟特安氏家族唐〈李弼墓誌〉考釋》,《蘭州大學學報》2020 年第 1 期,第 99—105 頁。

白玉冬《12—13 世紀粟特—回鶻商人與草原遊牧民的互動》,《民族研究》2020 年第 3 期,第 117—125 頁。

劉復興、楊富學《秦州粟特米氏墓誌銘新探》,《石河子大學學報》2020 年第 3 期,第 91—97 頁。

榮新江《胡素馨〈衍相:七至十世紀中國和中亞佛教壁畫〉中譯本序》,《敦煌研究》2020 年第 3 期,第 117—119 頁。

沙武田《唐、吐蕃、粟特在敦煌的互動——以莫高窟第 158 窟爲中心》,《敦煌研究》2020 年第 3 期,第 14—26 頁。

張玉霞《隋唐洛陽粟特移民分析》,《中州學刊》2020 年第 3 期,第 139—145 頁。

崔永紅《漢唐時期粟特人在青海的活動概況及遺蹟》,《青海民族大學學報》2020 年第 4 期,第 144—150 頁。

張國才、柴多茂《武威粟特康氏與涼州薩寶之職再探——以出土墓誌〈康阿達墓誌銘〉爲中心》,《社科縱橫》2020 年第 6 期,第 99—103 頁。

趙淩飛《中央歐亞視閾下的絲路民族與唐帝國——森安孝夫〈絲綢之路與唐帝國〉述評》,《唐都學刊》2020 年第 6 期,第 19—27 頁。

孫武軍《入華粟特人墓葬圖像的新解讀——讀沈睿文〈中古中國祆教信仰與喪葬〉》,杜文玉主編《唐史論叢》第三十二輯,西安:三秦出版社,2021 年,第 372—381 頁。

鄭旭東《西安新出唐代粟特裔翟伯墓誌研究二題》,《石河子大學學報》2021
年第 5 期,第 99—104 頁。

高瑞豔、王永平《全球史視野下唐研究的範本——評森安孝夫〈絲綢之路與唐
帝國〉》,杜文玉主編《唐史論叢》第三十四輯,西安:三秦出版社,2022 年,
第 423—441 頁。

李瑞哲《魏晉南北朝隋唐時期陸路絲綢之路上的胡商》,四川大學博士學位論
文,2007 年 4 月。

高文文《唐河北藩鎮粟特後裔漢化研究》,中央民族大學博士學位論文,2012
年 5 月。

孫武軍《北朝隋唐入華粟特人墓葬圖像的文化與審美研究》,西北大學博士學
位論文,2012 年 6 月。

馬曉玲《北朝至隋唐時期入華粟特人墓葬研究》,西北大學博士學位論文,
2015 年 12 月。

龍成松《中古胡姓家族研究》,武漢大學博士學位論文,2016 年 5 月。

劉森垚《中古西北胡姓與邊疆經略研究》,陝西師範大學博士學位論文,2018
年 6 月。

陳明迪《墓誌所見唐代邊疆與民族若干問題研究》,南京師範大學博士學位論
文,2020 年 2 月。

韓樹偉《西北出土契約文書所見習慣法比較研究》,蘭州大學博士學位論文,
2020 年 3 月。

朱建軍《交融與互鑒——新見吐蕃、吐谷渾出土文物研究》,蘭州大學博士學
位論文,2022 年 5 月。

車娟娟《中古時期入華粟特女性的婚姻與社會生活》,蘭州大學碩士學位論
文,2013 年 5 月。

郭範琳《唐代金銀器中的粟特文化因素研究》,西北大學碩士學位論文,2016
年 5 月。

李琴《粟特回鶻系文字發展史略》,中央民族大學碩士學位論文,2016 年 5 月。

巴哈 Yusufov Bakhodir《粟特與唐朝商貿關係的探究》,西北大學碩士學位論
文,2018 年 6 月。

楊菁菁《北朝至隋唐入華粟特人石質葬具藝術研究》,西北大學碩士學位論
文,2018 年 6 月。

李相南《粟特人與後梁、後唐的政治》,浙江大學碩士學位論文,2021 年 5 月。

尹皓《敦煌僧人曹法鏡的佛學思想溯源與實踐》,蘭州大學碩士學位論文,

2022 年 3 月。

陳古目草《吐魯番出土粟特史料文獻研究——以"曹""何"二姓爲中心》,西南民族大學碩士學位論文,2022 年 5 月。

龔衍玲《中古時期吐魯番敦煌的祆、佛信仰——基於粟特人名的探究》,廣州大學碩士學位論文,2022 年 5 月。

宋興洋《安史之亂與粟特人華化關係研究——以出土墓誌爲中心》,蘭州大學碩士學位論文,2022 年 5 月。

武紫璇《吐魯番出土文獻之粟特史料研究——以"安""史"二姓爲中心》,西南民族大學碩士學位論文,2022 年 5 月。

謝泳琳《隋唐兩京粟特人居葬地研究——以墓誌材料爲中心》,西北大學碩士學位論文,2022 年 6 月。

基金項目：本文係國家社會科學基金項目"佉盧文文獻所見漢晉鄯善國史研究"(21XZS016)階段性成果。

《敦煌學國際聯絡委員會通訊》稿約

　　一、本刊由"敦煌學國際聯絡委員會""中國敦煌吐魯番學會"和"首都師範大學古文獻研究中心"共同主辦,策劃：高田時雄、柴劍虹；主編：郝春文。本刊的内容以國際敦煌學學術信息爲主,刊發的文章的文種包括中文(規範繁體字)、日文和英文,每年出版一期。截稿日期爲當年3月底。

　　二、本刊的主要欄目有：每年的各國敦煌學研究綜述、歷年敦煌學研究的專題綜述、新書訊、各國召開敦煌學學術會議的有關信息、書評或新書出版信息、項目動態及熱點問題爭鳴、對國際敦煌學發展的建議、重要的學術論文提要等,歡迎就以上内容投稿。來稿請寄：上海市徐匯區桂林路100號上海師範大學歷史系陳大爲,郵政編碼：200234,電子郵箱：chendw@shnu.edu.cn。

　　三、來稿請附作者姓名、性别、工作單位和職稱、詳細地址和郵政編碼以及電子郵箱,歡迎通過電子郵件用電子文本投稿。

圖書在版編目（CIP）數據

2023 敦煌學國際聯絡委員會通訊／郝春文主編；陳
大爲副主編. 一上海：上海古籍出版社，2023.7
ISBN 978−7−5732−0757−9

Ⅰ.①2⋯　Ⅱ.①郝⋯　②陳⋯　Ⅲ.①敦煌學—叢刊
Ⅳ.①K870.6−55

中國國家版本館 CIP 數據核字（2023）第 120182 號

2023 敦煌學國際聯絡委員會通訊

郝春文　主編

陳大爲　副主編

上海古籍出版社出版發行

（上海市閔行區號景路 159 弄 1−5 號 A 座 5F　郵政編碼 201101）

（1）網址：www.guji.com.cn

（2）E-mail：guji1@guji.com.cn

（3）易文網網址：www.ewen.co

上海惠敦印務科技有限公司印刷

開本 787×1092　1/16　印張 12.5　插頁 4　字數 218,000

2023 年 7 月第 1 版　2023 年 7 月第 1 次印刷

ISBN 978−7−5732−0757−9

K·3402　定價：88.00 元

如有質量問題，請與承印公司聯繫